Online-Mediennutzung und wahrgenommene soziale Ressourcen

Emese Domahidi

Online-Mediennutzung und wahrgenommene soziale Ressourcen

Eine Metaanalyse

Emese Domahidi
Tübingen, Deutschland

Dissertation Westfälische Wilhelms-Universität Münster, 2015

ISBN 978-3-658-13812-7 ISBN 978-3-658-13813-4 (eBook)
DOI 10.1007/978-3-658-13813-4

Die Deutsche Nationalbibliothek verzeichnet diese Publikation in der Deutschen Nationalbibliografie; detaillierte bibliografische Daten sind im Internet über http://dnb.d-nb.de abrufbar.

Springer VS

Gedruckt auf säurefreiem und chlorfrei gebleichtem Papier

Springer VS ist Teil von Springer Nature
Die eingetragene Gesellschaft ist Springer Fachmedien Wiesbaden GmbH

Danksagung

Dieses Buch ist eine Fassung meiner Dissertationsschrift, die ich im Mai 2015 an der Westfälischen Wilhelms-Universität Münster eingereicht habe. Es beschäftigt sich mit dem Zusammenhang von Online-Mediennutzung und wahrgenommenen sozialen Ressourcen. Das Reizvolle an dem Thema sozialer Ressourcen ist, dass es sich dabei nicht um ein abstraktes Konzept handelt, sondern um ein greifbares Phänomenen mit Alltagsbezug. Auch und gerade für die Promotion gilt, dass eine solche Arbeit nur durch Unterstützung aus dem akademischen und persönlichen Netzwerk gelingen kann.

Thorsten Quandt, der diese Dissertation nicht nur als Erstgutachter betreut hat, sondern auch jahrelang mein Vorgesetzter war, gilt mein großer Dank für die Eintrittskarte in die Welt der Wissenschaft und die Herausforderungen, vor die er mich während dieser Zeit gestellt hat. Das mir gleichzeitig entgegengebrachte Vertrauen, die Freiheit die er mir bei meiner Arbeit ließ und seine Unterstützung, auch in den schwierigen Phasen der Dissertation, waren außergewöhnlich. Thomas Friemel war bereit, das Zweitgutachten zu übernehmen und hat mich zur richtigen Zeit darauf hingewiesen, nicht nur Kritik an der sozialwissenschaftlichen Praxis zu üben, sondern auch aktiv nach Lösungen zu suchen. Sonja Utz hat mir dankenswerterweise die Zeit gegeben, die Promotion abzuschließen und das Manuskript für die Publikation vorzubereiten.

Die Arbeit entstand größtenteils während meiner Anstellung als wissenschaftliche Mitarbeiterin an der Universität Hohenheim und an der Westfälischen Wilhelms-Universität Münster. Mein Dank gilt allen Kollegen dort, die mich in dieser Zeit begleitet haben – drei möchte ich jedoch besonders hervorheben: Jens Vogelgesang war stets bereit, seine außergewöhnliche Expertise mit mir zu teilen. Dabei hat er mein Verständnis dafür, was Wissenschaft und wissenschaftliches Arbeiten sind und sein sollten, entscheidend mitgeprägt und nicht nur damit einen wertvollen Beitrag an dieser Arbeit geleistet. Elisabeth Günther war mir in dieser Zeit eine unverzichtbare Geprächspartnerin und hat mir vielfach emotionale sowie praktische Unterstützung geboten. Michael Scharkow hat mich bei der automatischen Inhaltsanalyse unterstützt und mir wiederholt wertvolles methodisches Feedback gegeben.

Mein großer Dank gilt Yvonne Buschermöhle, Malte Schmidt, Desiree Steppat und Lukas Wagner, die als studentische Mitarbeiter und Mitarbeiterinnen den empirischen Teil der Arbeit unterstützt haben – sei es durch Recherche- oder Codieraufgaben. Mein Wissen über die Methode der Metaanalyse basiert auf einem besonders lehrreichen Seminar von Bernd Weiß und Ariel Aloe bei der GESIS in Köln. Bernd Weiß war bereit, sich meinen Fragen – auch über dieses Seminar hinaus – zu stellen. Simone Haas habe ich ein umsichtiges Lektorat und die Unterstützung bei der Endredaktion des Manuskripts zu verdanken. Schließlich wäre diese Dissertation ohne die Arbeit der Autorinnen und Autoren der Primärstudien nicht möglich gewesen. Insbesondere danke ich all denen, die bereit waren, mich durch die Bereitstellung von angeforderten Informationen zu unterstützen.

Meinen Eltern, Kati und Sanyi, gebührt der größte Dank für ihre bedingungslose Liebe und Unterstützung, nicht nur während der Promotion, sondern bei allen Projekten meines Lebens. Mein Bruder Alex war mir stets ein Vorbild darin, Herausforderungen anzunehmen und sich nicht mit mittelmäßigen Lösungen zufrieden zu geben. Olaf danke ich für seine Geduld mit mir und die beste Unterstützung, die man sich von seinem Partner wünschen kann. Schließlich bin ich froh, dass meine guten Freunde und Freundinnen Verständnis für meine oft zeitintensive und nervenaufreibende Arbeit hatten und mir dabei erhalten geblieben sind. Ohne diese Unterstützung aus meinem persönlichen Netzwerk hätte ich mit den vielfältigen Herausforderungen auf dem Weg zur abgeschlossenen Dissertation nicht fertig werden können.

Emese Domahidi

Kapitelübersicht

Inhalt

Abbildungsverzeichnis

Tabellenverzeichnis

Abkürzungsverzeichnis

Bef.	Befragung
bspw.	beispielsweise
ca.	circa
d. h.	das heißt
df	degrees of freedom
Engl.	Englisch
ES	empirische Studie
etc.	et cetera
FEM	Fixed-Effects-Modell
Ges.	Gesamt
ICC	Intraclass Correlation
K's α	Krippendorf's α
KD	korrelationsbasiertes Design
N/Nn	Nutzung/Nichtnutzung
Nfreq	Nutzungsfrequenz
Nseit	Nutzung seit
Nzeit	Nutzungszeit
OM	Online-Medien
OMN	Online-Mediennutzung
QS	quantitative Studie
REM	Random-Effects Modell
SD	standard deviation
SNS	soziale Netzwerkseiten
Sonst.	Sonstige
vgl.	vergleiche
WSK	wahrgenommenes Sozialkapital
WSR	wahrgenommene soziale Ressourcen
WSU	wahrgenommene soziale Unterstützung
z. B.	zum Beispiel

1. Gegenstand und Anliegen der Arbeit

1.1 Entdeckungszusammenhang

Garry Turks Video *Look up*[1] war 2014 im Netz ein Überraschungshit (laut Spiegel Online[2] hatte es elf Millionen Klicks in den ersten zehn Tagen nach Veröffentlichung), der von der Netzgemeinde kontrovers diskutiert wurde. Die sogenannten sozialen Online-Medien, so Turks These, seien nämlich gar nicht sozial, sondern würden Menschen in die soziale Isolierung führen. Und so verkündet er die vermeintlich tragische Situation der Nutzenden eben dieser Online-Medien:

> I have 422 friends, yet I am lonely. (...) All this technology we have it's just an illusion, of community, companionship, a sense of inclusion. Yet, when you step away from this device of delusion, you awaken to see a world of confusion. (Turk, 2014)

Der Ausweg sei, sich aus dem Sog der Online-Medien zu befreien und sich wieder dem echten Offline-Leben zuzuwenden. Auch die Lebens- und Liebesgeschichte, die Turk in dem Video wiedergibt, hätte es so nicht gegeben, hätte der Protagonist nicht kurz vom Smartphone aufgeblickt und seine Traumfrau kennengelernt. Das Video löste eine hitzige (Online-)Debatte aus, inwiefern die kulturpessimistische Sichtweise, die in dem Video vertreten wird, stimmig oder übertrieben sei. An dieser Diskussion der Netzgemeinde, welche vorwiegend in sozialen Netzwerken und Blogs stattfand, beteiligten sich Wissenschaftler und Wissenschaftlerinnen[3], ebenso wie etablierte Medien[4] und trugen damit zum Hype des Videos bei.

Sind Online-Medien nun für die soziale Eingebundenheit der Nutzenden in die Gesellschaft schädlich oder eben nicht? Eine solche Debatte fand nicht zum

---

1 Garry Turk (2014) Look up – A spoken film for an online generation. Abgerufen unter: https://www.youtube.com/watch?v=Z7dLU6fk9QY&feature=kp

2 Artikel vom 5.5.14: Webvideo „Look Up“: Aufruf zum Abschalten wird YouTube-Hit. http://www.spiegel.de/netzwelt/web/youtube-video-look-up-elf-millionen-klicks-in-zehn-tagen-a-967649.html

3 http://blogs.scientificamerican.com/guest-blog/2014/05/16/look-up-exaggerates-damages-of-social-media/

4 http://www.vice.com/de/read/ist-look-up-das-verlogenste-und-duemmste-video-des-jahres

ersten Mal statt, denn die Diskussion um die positiven oder negativen sozialen Folgen von Online-Medien ist weitaus älter als das Video *Look up*. Bereits seit dem Aufkommen und Populärwerden des Internets ist die öffentliche und wissenschaftliche Diskussion von den Sorgen um die negativen und den Hoffnungen auf die positiven Auswirkungen der *Online-Mediennutzung*[5] auf die soziale Eingebundenheit der Nutzenden geprägt. Höchstens die einzelnen Anwendungen, die in diesem Kontext betrachtet werden und wurden, haben sich nach und nach verändert.

Die Frage nach dem Zusammenhang zwischen der Nutzung von Online-Medien und der sozialen Eingebundenheit der Nutzenden ist nach wie vor höchst relevant, sowohl für die Forschung als auch für die Gesellschaft. Denn immer mehr bestimmen Online-Medien unseren Alltag: 80% der Deutschen sind bereits online (Eimeren & Frees, 2014) und insbesondere mobile Endgeräte erlauben den Nutzenden, quasi jederzeit und überall Zugriff auf das Internet und ihre sozialen Kontakte zu haben (Vorderer et al., 2015). Für die Individuen spielt ihr Sozialleben eine hervorgehobene Rolle. Enge soziale Kontakte wie Freunde und Familie[6] machen nachgewiesenermaßen glücklich und zufrieden (Stegbauer, 2010), bestimmen in einem entscheidenden Maß unsere Identität (Smith & Mackie, 2007) mit. Die aus diesen Beziehungen resultierenden Vorteile wie z. B. *soziale Unterstützung* helfen, den Alltag zu meistern und sind sogar bei physischen und psychischen Krankheiten nützlich (Cohen & Syme, 1985). Wie das Verhältnis von Online-Mediennutzung und der sozialen Eingebundenheit der Nutzenden beschaffen ist, ist daher eine äußerst relevante und viel untersuchte Forschungsfrage.

1.2 Stand der Forschung und das spezifische Interesse der Arbeit

Die Erforschung der Frage nach dem Zusammenhang von Online-Mediennutzung und der sozialen Eingebundenheit der Nutzenden entstand Anfang der 1990er Jahre, als das Internet langsam einer breiteren Bevölkerung zugänglich wurde. Das Thema wurde von Beginn an kontrovers diskutiert, denn einige Forschende gingen von einer zunehmenden sozialen Isolierung, verursacht

5 Begriffe werden bei der ersten Nennung kursiv hervorgehoben. Danach werden sie in der üblichen Formatierung belassen.
6 Diese Arbeit bedient sich der gegenderten Sprache. Bei einigen feststehenden Begriffen kann diese leider nicht zur Anwendung kommen. Hierzu gehören u. a. „Freunde und Familie", „Freunde von Freunden" und „Inter-Coder-Reliabilität".

durch das Internet (z. B. Kraut et al., 1998; Nie 2001; Nie, Hillygus, & Erbring, 2002) aus, während andere Ergebnisse auf positive Effekte hindeuteten (Katz & Aspden, 1997; Rainie et al., 2000). Im Laufe der Zeit explodierten analog zu den Nutzungszahlen der Online-Medien auch die Forschungsbemühungen in diesem Bereich.

Dabei verfestigte sich zum einen die Erkenntnis, dass das sogenannte Internet als Medium zweiter Ordnung eine Vielzahl von Online-Medien beinhaltet (Beck, 2006; 2010), die unterschiedliche Auswirkungen auf die Nutzenden haben können. Zum anderen differenzierte sich das Forschungsfeld in unterschiedliche Teilbereiche aus und fokussierte sich zunehmend auf soziale Netzwerkseiten (SNS) im Internet. Die Frage nach den Auswirkungen der Online-Mediennutzung auf die sozialen Ressourcen der Rezipierenden wurde einer der meist untersuchten Aspekte (Weissensteiner & Leiner, 2011; Wilson, Gosling, & Graham, 2012) in diesem Bereich. Die neuere Forschungsliteratur zeigt (z. B. Ellison, Steinfield, & Lampe, 2007; Haythornthwaite & Kendall, 2010; Mesch & Talmud, 2006; Wang & Wellman, 2010), dass computervermittelte Kommunikation nicht per se gefährlich für das Sozialleben der Rezipierenden ist, sondern dazu führen kann, dass bereits bestehende Beziehungen vertieft und neue aufgebaut werden. Haythornthwaite und Kendall (2010) schlussfolgern dementsprechend fast schon euphorisch: „Early on, the question was whether community could exist online; now the question may be whether it can exist without online“ (S. 4).

Andere Forschungsarbeiten berichten auch negative Effekte von Online-Mediennutzung (z. B. Shen & Williams, 2011). Diese Effekte sind eher klein und treffen nur unter bestimmten Umständen auf bestimmte Zielgruppen zu. Insgesamt zeigt sich also, dass man differenziertere Fragen stellen und zwischen unterschiedlichen Nutzenden und verschiedenen Nutzungsarten unterscheiden muss. Dementsprechend begannen die Forschenden verstärkt, den Einfluss von Drittvariablen auf die Relation zwischen Online-Mediennutzung und der sozialen Eingebundenheit der Nutzenden zu betrachten (Shen & Williams, 2011; Valkenburg & Peter, 2009; Yee, 2006).

Die Auswirkungen der Online-Mediennutzung auf die soziale Eingebundenheit der Nutzenden sind auf mannigfaltige Arten gemessen worden. Indikatoren waren sowohl die Anzahl von wichtigen Kontaktpersonen und Kontakthäufigkeit mit Freunden und Familie (z. B. Katz & Aspden, 1997; Kraut et al., 1998, Nie & Erbring, 2000) als auch die Eingebundenheit in die Gemeinschaft bzw. Nachbarschaft (Hampton & Wellman, 2003; Wellman et al., 2001); Vertrauen (Putnam, 2001) sowie die Ermittlung der sozialen Ressourcen, wie soziale Unterstützung und *soziales Kapital* (Williams, 2006). Die vorliegende Arbeit fokussiert aus diesen Möglichkeiten eines der populärsten Konzepte der Soziologie (Portes, 1998) und Sozialpsychologie. Sie betrachtet die vielfach diskutierten Auswirkungen von Online-Mediennutzung auf die sozialen Ressourcen der Nutzenden, indem sie die Fluktuation von *Sozialkapital* (Bourdieu 1983; 1987a; 1987b; Lin, 2002; Putnam, 2001) und *sozialer Unterstützung* (Barrera, 1986) misst. Diese können als "the resources embedded in social networks accessed and used by actors for actions" (Lin, 2002, S. 25) definiert werden. Die Akteurinnen und Akteure haben also soziale Beziehungen mit anderen Individuen und können so bestimmte soziale Ressourcen für ihre Handlungen abrufen.

Speziell widmet sich die Arbeit dem sogenannten *wahrgenommenen Sozialkapital* bzw. der *wahrgenommenen sozialen Unterstützung* (z. B. Ellison et al., 2007; Ellison, Steinfield, & Lampe, 2011; Shen & Williams, 2011; Steinkuehler, & Williams, 2006; Williams, 2006), welche insbesondere im Zuge der Online-Forschung wichtig wurden. Die beiden Konzepte wurden im Rahmen unterschiedlicher Disziplinen ursprünglich unabhängig voneinander (weiter-)entwickelt. Dennoch sind sie einander konzeptionell sehr ähnlich, denn sie beschreiben eine durch das Individuum wahrgenommene, eigene soziale Ressource, die zu seinem Vorteil gereichen kann. Damit unterscheiden sich wahrgenommenes Sozialkapital und wahrgenommene soziale Unterstützung maßgeblich von anderen verwandten Konzepten, wie z. B. dem Vertrauen als eine Art Sozialkapital nach Putnam (2001).

Die *wahrgenommenen sozialen Ressourcen* der Individuen werden in den unterschiedlichsten Kontexten vermutet. So wird die wahrgenommene soziale Unterstützung in der Literatur z. B. in emotionale oder instrumentelle Unterstützung eingeteilt (Cobb, 1976; Langford et al., 1997; Veiel, 1985), da man der vielfältigen Lebenswirklichkeit der Akteurinnen und Akteure gerecht werden will. Ähnlich wird auch das wahrgenommene Sozialkapital in verschiedene Dimensionen, wie z. B. *bridging* und *bonding*[7] (Ellison et al., 2007; Putnam, 2001; Williams, 2006) eingeteilt.

1.3 Forschungsdesiderate und methodisches Vorgehen

Die Vielzahl der Studien, die sich explizit oder implizit mit dem Zusammenhang von Online-Mediennutzung und wahrgenommenen sozialen Ressourcen befassen, beschreibt ein unübersichtliches Forschungsfeld mit einigen Besonderheiten und Lücken. Unterschiedliche Operationalisierungen von Online-

7 Da bis heute auch in der deutschen Forschungsliteratur die englischen Bezeichnungen bridging und bonding und nicht die deutschen Begriffe bindendes und brückenbildendes Sozialkapital üblich sind, werden sie auch in der Arbeit so verwendet.

Mediennutzung (z. B. reine Nutzungszeit vs. Intensität der Nutzung) und wahrgenommenen sozialen Ressourcen machen die Ergebnisse der Studien schwer vergleichbar. Gleichzeitig wird diese Praxis der Uneinheitlichkeit durch die Forschungsliteratur kaum reflektiert. Da zahlreiche wissenschaftliche Arbeiten zu diesem Themenkomplex vorhanden sind, ist das herausragende Forschungsdesiderat nicht die erneute Untersuchung der Fragestellung im Sinne einer Primärstudie, sondern die Systematisierung des schwer zugänglichen Forschungsfelds.

Orientierung bieten bislang nur einige wenige Überblicksstudien (Weissensteiner & Leiner, 2011; Wilson et al., 2012), die sich jedoch nicht explizit dem Verhältnis von Online-Mediennutzung und den wahrgenommenen sozialen Ressourcen widmen, sondern vielmehr einzelne Online-Medien wie Facebook betrachten. Auch Primärstudien fokussieren sich oftmals auf ein Online-Medium (z. B. soziale Netzwerke) oder speziell auf einen populären Vertreter dieses Online-Mediums (z. B. Facebook). Ein Vergleich der unterschiedlichen Online-Medien und der unterschiedlichen Messung ihrer Nutzung findet allerdings kaum statt. Damit gilt: Während die Forschung bereits die unterschiedlichsten Nutzenden fest im Blick hat und teilweise zwischen verschiedenen Nutzungsformen differenziert, ist die Beachtung der unterschiedlichen Messarten der relevanten Konzepte Online-Mediennutzung und wahrgenommene soziale Ressourcen bis heute eine Forschungslücke. Gleichzeitig gilt: Im Gegensatz zu dem vertrauens- und beteiligungsbasierten Begriff des Sozialkapitals von Putnam wurde das Konzept wahrgenommene soziale Ressourcen noch nicht in einem größeren Zusammenhang untersucht, obwohl es ihm an Popularität und Relevanz in nichts nachsteht. Die vorliegende Arbeit will diese Forschungslücke füllen und sich auf die Beziehung von Online-Mediennutzung und wahrgenommenen sozialen Ressourcen konzentrieren.

Folglich ist eine Systematisierung der vorliegenden Forschungsliteratur von großer Bedeutung, denn nur so können unterschiedliche Herangehensweisen aufgedeckt und berücksichtigt, divergierende Ergebnisse erklärt sowie Forschungslücken identifiziert werden. Die forschungsleitende Fragestellung der Arbeit ist daher zweigeteilt und die erste übergeordnete Forschungsfrage fokussiert das Forschungsfeld selbst.

1. Wie ist das Forschungsfeld zum Zusammenhang von Online-Mediennutzung und den wahrgenommenen sozialen Ressourcen beschaffen?

Insbesondere ist diese Systematisierung von Interesse, da wahrgenommene soziale Ressourcen zu einem der meist genutzten Konzepte gehören, wenn es darum geht, das Verhältnis zwischen Online-Mediennutzung und der sozialen Eingebundenheit der Nutzenden zu erhellen. Doch unterschiedliche Studien führen zu unterschiedlichen Ergebnissen. Die Beziehung von Online-Mediennutzung und wahrgenommenen sozialen Ressourcen auf der individuellen Ebene bleibt letztlich unklar. Die zweite forschungsleitende Frage widmet sich daher dieser Frage:

2. Wie ist der Zusammenhang von Online-Mediennutzung und den wahrgenommenen sozialen Ressourcen der Individuen?

Um diese forschungsleitenden Fragen beantworten zu können, muss die vorliegende Arbeit über den Horizont von Primärstudien hinausgehen und sich auf das wissenschaftliche Gebiet als Ganzes fokussieren. Für den empirischen Teil der Studie wurde daher die Methode eines systematischen Reviews (Card, 2012) gewählt. Diese besteht aus einem sogenannten Survey (Card, 2012) für die Beschreibung des Forschungsfelds sowie einer Metaanalyse für die empirische Prüfung des Zusammenhangs zwischen Online-Mediennutzung und den wahrgenommenen sozialen Ressourcen der Individuen. Ein besonderer Schwerpunkt wird auf die Metaanalyse gelegt, da diese es erlaubt, die bisherigen Ergebnisse zu systematisieren und zu synthetisieren. Ziel der Metaanalyse ist, die Heterogenität der Befunde aufzudecken und zu beschreiben, einen übergeordneten Ergebniswert über alle Studien hinweg zu berichten und die Heterogenität der Ergebnisse aus den Primärstudien zu erklären (Borenstein et al., 2009; Weiss & Aloe, 2014).

In der vorliegenden Arbeit sollen sowohl die Differenzen zwischen den unterschiedlichen Online-Medien, die im Fokus stehen, sowie den divergierenden Messungen von Online-Mediennutzung in den Primärstudien berücksichtigt werden. Gleichzeitig werden die verschiedenen Dimensionen und Subdimensionen des Konzepts wahrgenommene soziale Ressourcen, die Charakteristika der Primärstudien und die den Erhebungen zugrunde liegenden Stichproben analysiert werden. Ziel der systematischen Reviews ist es, möglichst viele Primärstudien in die Untersuchung einzuschließen, um die Antwort auf die Forschungsfragen auf eine breite Datenbasis zu stellen. Grundlage der empirischen Untersuchung sind die zunächst 6659 Treffer, die durch die entwickelten Suchbegriffe in 17 Datenbanken der Metadatenbank Ebsco-Host gefunden wurden. Durch ein mehrstufiges Auswahlverfahren wurden die relevanten Forschungsbeiträge ausgewählt, nach einem umfangreichen Codebuch codiert und dann im Rahmen der Metaanalyse die unterschiedlichen Effektstärken untersucht.

1.4 Aufbau der Arbeit

In der vorliegenden Arbeit soll der Zusammenhang von Online-Mediennutzung und der Akkumulation von wahrgenommenen sozialen Ressourcen untersucht werden. Die Arbeit gliedert sich in einen theoretischen und empirischen Teil. Abbildung 1 stellt den der Arbeit zugrundeliegenden Aufbau und Forschungsprozess dar:

Kapitel 2 wendet sich zunächst der Aufarbeitung der hitzigen Forschungsdiskussion über die sozialen Auswirkungen der Nutzung des Internets und der unterschiedlichen Online-Medien zu. Hierdurch soll dargestellt werden, in welche Forschungstradition die vorliegende Arbeit sich einordnet. Anschließend werden die theoretischen Grundlagen der Arbeit gelegt: In Kapitel 3 wird die Entwicklung der Begriffe Sozialkapital und soziale Unterstützung vertiefend diskutiert. Kapitel 4 wendet sich der theoretischen Fundierung der Online-Medien und der Messung ihrer Nutzung zu.

Das darauf folgende Kapitel steht zwischen Theorie und Empirie und ist das Bindeglied zwischen den beiden. In Kapitel 5 werden die Forschungsdesiderate in der wissenschaftlichen Literatur zum Verhältnis von Online-Mediennutzung und wahrgenommenen sozialen Ressourcen auf Grundlage der vorangegangenen Kapitel benannt, die in der Arbeit verwendeten Konzepte konkretisiert und ein erweitertes Forschungsmodell entworfen. In Kapitel 6 wird die Erhebungs- und Auswertungsmethode der vorliegenden Arbeit erläutert und die Durchführung der Studie mit den unterschiedlichen Schritten der Literaturrecherche sowie der Auswahl und Codierung der Primärstudien vorgestellt. In Kapitel 7 werden die Ergebnisse präsentiert. In Kapitel 8 werden die vorliegende Arbeit und die darin erzielten Ergebnisse sowie die Studie insgesamt abschließend bewertet und zudem in das weitere Feld der Forschung eingeordnet.

Übergeordnete Forschungsfragen

1. Wie ist das Forschungsfeld zum Zusammenhang von OMN und WSR beschaffen?
2. Wie ist der Zusammenhang von OMN und den WSR der Individuen?

Gliederung der Arbeit

Kapitel 1	Einleitung
Kapitel 2	Forschungsstand
Kapitel 3	Theoretische Grundlagen: WSR
Kapitel 4	Theoretische Grundlagen: OMN
Kapitel 5	Erkenntnisinteresse, Forschungsfragen und Hypothesen
Kapitel 6	Durchführung der empirischen Studie: Methode, Operationalisierung der Konzepte, Auswahl- und Codierprozess
Kapitel 7	Survey: Beschreibung des Forschungsfelds / Metaanalyse: Ermittlung des Zusammenhangs von OMN und WSR
Kapitel 8	Resümee, Limitationen, Implikationen der Arbeit und Ausblick

Abbildung 1: Aufbau der vorliegenden Arbeit

2. Soziale Konsequenzen der Online-Mediennutzung

An dieser Stelle soll zunächst die frühe Online-Forschung dargestellt werden, die sich intensiv mit der Relation von Internetnutzung und der sozialen Eingebundenheit der Nutzenden beschäftigt und das Feld stark geprägt hat. Wahrgenommene soziale Ressourcen stehen nicht immer explizit im Fokus der frühen Forschungsliteratur. Insofern wird dieser Teil über Sozialkapital und soziale Unterstützung hinausführen und erörtern, wie die teilweise hitzige Diskussion um die möglichen positiven und negativen Effekte vor allem in der frühen Phase der Online-Forschung verlaufen ist (Kap. 2.1). Schnell wird deutlich werden, dass die Diskussion sich spätestens beim Aufkommen des sogenannten Web 2.0 (O'Reilly, 2007) schnell ausdifferenziert hat und neue Variablen eingeführt worden sind, um Nutzende und Nutzung differenzierter zu beschreiben (Kap. 2.2). Im nächsten Schritt soll die spezifische Forschungsliteratur zum Zusammenhang von Online-Mediennutzung und wahrgenommenen sozialen Ressourcen betrachtet werden (Kap. 2.3), die in den letzten Jahren eine große Rolle im Bereich der Online-Forschung gespielt hat (Weissensteiner & Leiner, 2011; Wilson et al., 2012). Abschließend werden die wichtigsten Ergebnisse des Kapitels kurz zusammengefasst (Kap. 2.4).

2.1 Etablierung als neues Forschungsfeld

Da sich sowohl die Gesellschaft als auch Medien und Forschung schon seit längerem fragen, wie Online-Mediennutzung im Hinblick auf die soziale Eingebundenheit der Nutzenden zu bewerten ist, dreht sich eine der Hauptdiskussionen des (neuen) Forschungsfelds *Online* um eben diese Frage. Bei der Darstellung dieser Debatte gilt es, eine grundlegende Frage zu klären, die weit über die Beziehung von Online-Mediennutzung und wahrgenommenen sozialen Ressourcen hinausgehen muss: Welche sozialen Konsequenzen entstehen, wenn Interaktionen zwischen Individuen nunmehr verstärkt online stattfinden? Knüpfte und pflegte man früher noch Kontakte, z. B. in der unmittelbaren Nachbarschaft (Fischer, 1982), nutzen inzwischen immer mehr Menschen computervermittelte Kommunikation (CvK) über das Internet; sei es um soziale Beziehungen aufrechtzuerhalten oder aufzubauen (Busemann, 2013; Döring, 2003; Duggan & Smith, 2013; Quitney & Rainie, 2010).

Da der CvK über Online-Medien andere Charakteristika zugesprochen werden als der klassischen Face-to-Face-Kommunikation, wurden je nach Kommunikationsmodus merkbare Unterschiede für die soziale Eingebundenheit der Nutzenden erwartet (für einen Überblick vergleiche z. B. Döring, 2003; Robinson & Giles, 2001). Obwohl frühzeitig verkündet wurde "that relational communication in CMC should become similar over time to that exhibited by face-to-face counterparts in otherwise similar situations" (Walther, 1992, S. 80), blieben die Sorgen um mögliche negative Auswirkungen (Kiesler, 1986; Sproull & Kiesler, 1986) bestehen. Es würde den Rahmen der Arbeit sprengen, diese Diskussion, die als Grundlage der folgenden Literaturschau betrachtet werden kann, hier vollständig wiederzugeben. Zum Einstieg in diesen Forschungsbereich empfehle ich das Buch *The New Handbook of Language and Social Psychology* (Robinson & Giles, 2001).

Eine Möglichkeit, diese vielfach diskutierten sozialen Konsequenzen von Online-Mediennutzung auf die soziale Eingebundenheit der Nutzenden zu messen, besteht darin, die Fluktuation von sozialen Ressourcen (Bourdieu 1983; 1987a; 1987b; Lin, 2002; Putnam, 2001) bei den einzelnen Akteurinnen und Akteuren zu betrachten, z. B. anhand des sogenannten wahrgenommenen Sozialkapitals oder wahrgenommener sozialer Unterstützung (z. B. Ellison et al., 2007; 2011; Shen & Williams, 2011; Steinkuehler, & Williams, 2006; Williams, 2006). Neben dem wahrgenommenen Sozialkapital oder sozialer Unterstützung haben die Forschungsarbeiten viele zusätzliche Indikatoren für eine als wünschenswert geltende soziale Einbettung der Nutzenden fokussiert, wie z. B. Kommunikation mit Freunden und Familie, Nachbarschaftlichkeit, Vertrauen, Einsamkeit und Wohlbefinden (z. B. Kraut et al., 1998; Putnam, 2001).

Die öffentliche und wissenschaftliche Diskussion ist seit Aufkommen des Internets von der Sorge um die negativen Auswirkungen der Online-Mediennutzung geprägt. Diese eher diffuse Angst vor gesellschaftlichen Veränderungen durch (technologischen) Fortschritt ist nicht nur charakteristisch für die Auseinandersetzung mit dem Medium Internet:

> Panic about the decline of social connectivity is an old story. Commentators have offered different reasons, ranging from industrialization, capitalism, socialism, urbanization to bureaucratization [...]. Some have blamed technology, especially since the invention and diffusion of trains, cars, telephones, radios, and televisions. (Wang & Wellmann, 2010, S.1149)

Die Sorgen und Hoffnungen um Online-Kommunikation sowie die soziale Eingebundenheit von Rezipierenden sind schon relativ alt und kamen bereits vor dem großen Erfolg der Web 2.0-Anwendungen, wie z. B. der sozialen Netzwerkseiten, auf. Die frühe Online-Forschung – in der Literatur oft eingeteilt in die zwei gegensätzlichen Positionen, *cyberoptimists* und *cyberpessimists* oder *utopianism* und *dystopianism* (Boase & Wellman, 2006) – hat sich schon an dieser Frage abgearbeitet (für einen Überblick vgl. z. B. Bargh & McKenna, 2004; Kraut et al., 1998; Nie, 2001; Nie & Hillygus, 2002; Valkenburg & Peter, 2009). An dieser Stelle soll auf wegweisende und besonders kontrovers besprochene Studien aus dieser Diskussion eingegangen werden, um die Grundzüge der Debatte aufzuzeigen. Die verschiedenen Sichtweisen werden am Ende des Kapitels tabellarisch zusammengefasst (Tabelle 1).

Die HomeNet-Studie von Kraut et al. (1998) steht beispielhaft für die pessimistische Sichtweise auf die Wirkung des Internets und wird heute noch hauptsächlich zitiert um auf den negativen Zusammenhang von Internetnutzung und der sozialen Eingebundenheit der Rezipierenden zu verweisen. Angesichts der Bedeutung physischer Nähe für die Entstehung von sozialen Kontakten (Monge & Contractor, 2003) postulieren die Forschenden (Kraut et al., 1998) negative Auswirkungen des Internets auf die soziale Einbindung und das psychologische Wohlbefinden der Nutzenden.

Für die HomeNet-Studie wurde die Internetnutzung der ersten zwei Jahren von 93 Familien aus acht Nachbarschaften in Pittsburgh untersucht. Soziale Einbindung wurde mittels Kommunikation mit der Familie, Größe der sozialen Netzwerke und sozialer Unterstützung gemessen (Kraut et al., 1998). Die Ergebnisse der Studie zeigen, dass Internetnutzung mit dem Rückgang der Face-to-Face-Kommunikation in der Familie und dem Rückgang der sozialen Netzwerke der Nutzenden assoziiert war. Hierbei konnten nur bei der Variable soziale Unterstützung keine signifikanten Zusammenhänge gefunden werden. Erklärt wurden diese Befunde mit der mittlerweile sehr bekannten These des *social displacement*: „The time that people devote to using the Internet might substitute for time that they had previously spent engaged in social activities“ (Kraut et al., 1998, S.1029). Ähnlich äußert sich etwas später Nie (2001) in seinem ebenfalls oft zitierten Überblicksartikel *Sociability, interpersonal relations, and the Internet. Reconciling conflicting findings*: „simply because of the inelasticity of time, Internet use may actually reduce interpersonal interaction and communication“ (S. 420). Da in der vorliegenden Forschungsliteratur die Hypothese des *social displacement* selten expliziert ist, soll diese nun in Kürze dargestellt werden.

Die erste Grundannahme der Hypothese lautet: Computervermittelte Kommunikation online weise qualitative Unterschiede zu dem sogenannten Normalzustand, der Face-to-Face-Kommunikation offline auf (Spears, Lea, & Postmes, 2001). Die Technologie verändere die Bedingungen der Interaktionen, folglich auch die Interaktionen und Relationen selbst und habe damit auch eine Auswirkung auf die soziale Eingebundenheit der Rezipierenden. Da die Zeit, die online gemeinsam verbracht wird, in ihrer Qualität nicht an die Face-to-Face gemeinsam verbrachte Zeit herankäme und Online-Kontakte somit nicht die gleiche Qualität hätten wie realweltliche Verbindungen, nimmt man negative Auswirkung der Internetnutzung an (Kraut et al., 1998). Die zweite Grundannahme bezieht sich auf die sogenannte Inelastizität der Zeit (Kraut et al., 1998; Nie, 2001; Nie et al., 2002; Putnam, 2001): Wenn die Nutzenden also die Zeit mit ihren (weniger wertvollen) Online-Kontakten verbringen, vernachlässigen sie aufgrund des begrenzten Zeitbudgets automatisch ihre Offline-Kontakte. Da Online-Kontakte weniger wertvoll sind als die Offline-Kontakte würden die Nutzenden hierdurch vermutlich soziale Ressourcen verlieren. Die social displacement-Hypothese wurde auch in anderen Studien untersucht.

Nie und Erbring (2000) sowie eine Nachfolgestudie von Nie et al. (2002) kamen zu ähnlichen Schlüssen wie das Forschungsteam um Kraut (1998). Nie und Erbring befragten im Jahr 1999 ein repräsentatives Zufallssample aus amerikanischen Haushalten zu ihrer Internetnutzung und sozialen Eingebundenheit. Die Ergebnisse (Nie & Erbring, 2000) zeigen, dass insbesondere Vielnutzende (>10h/Woche) einen Rückgang an telefonischem Kontakt mit ihren Freunden und ihrer Familie sowie insgesamt an sozialen Aktivitäten berichten. In einer Nachfolgestudie untersuchen Nie et al. (2002) schließlich differenzierter, welche Nutzungsformen zur sozialen Eingebundenheit der Nutzenden beitragen. Hierfür benutzen sie ein repräsentatives Sample unter Verwendung der Methode der Tagebuchuntersuchungen. Sie fanden, dass „ [...] no matter how time online is measured, and no matter which type of social activity is considered, time spent on the Internet reduces time spent in face-to-face relationships [...]“ (Nie et al., 2002). Insbesondere zeige sich, so die Autoren, dass die Internetnutzung zu Hause sich negativ auf die Kontakte mit Freunden und Familie auswirke, während die Nutzung am Arbeitsplatz dazu führe, dass weniger Zeit mit Kollegen und Kolleginnen verbracht würde.

Die Studie von Kraut et al. (1998) ist sicherlich eine der meistzitierten, wenn es darum geht, auf Befunde zu den negativen sozialen Konsequenzen von Internetnutzung zu verweisen. In einer Nachfolgestudie des Forschungsteams zeigt sich jedoch, dass diese Ergebnisse nicht reproduziert werden können. In der dritten Erhebungswelle der HomeNet-Studie (Kraut et al., 2002) zeigen sich keine signifikanten Zusammenhänge zwischen Internetnutzung und sozialer Einbindung der Rezipierenden, gemessen an der Kommunikation mit der Familie, Größe der sozialen Netzwerke und sozialer Unterstützung. Dass die unterschiedlichen Studien und Erhebungswellen zu unterschiedlichen Ergebnissen führen, erklären Kraut et al. (2002) damit, dass die Untersuchungspersonen gelernt hätten, mit dem Internet verantwortungsvoll umzugehen. Um aufzuzeigen, welche Unterschiede es zwischen einzelnen Nutzenden gibt, wurde die HomeNet-Studie mit einem anderen Sample reproduziert und weitere Variablen wurden eingeführt. Hier war das Ziel der Forschenden, auf die Persönlichkeitsmerkmale der Nutzenden einzugehen und zwei unterschiedliche Grundannahmen zum Verhältnis von Online-Mediennutzung und den sozialen Konsequenzen der Nutzung zu testen.

Die sogenannte *rich get richer*-Hypothese (Kraut et al., 2002) postuliert, dass extrovertierte Nutzende bzw. solche, die bereits viel soziale Unterstützung haben, positive soziale Konsequenzen der Internetnutzung erfahren. Die entgegengesetzte *social compensation*-Hypothese (Kraut et al., 2002) nimmt an, dass introvertierte Nutzende oder solche, die wenig soziale Unterstützung haben, negative soziale Konsequenzen der Internetnutzung erfahren. Mit der Einführung dieser These werden die möglichen positiven oder negativen Effekte ausdifferenziert und neben der reinen Internetnutzung auch die Charakteristika der individuellen Nutzenden betrachtet.

Obwohl die Ergebnisse dieser Nachfolgestudie zeigen, dass Internetnutzung grundsätzlich positive Effekte auf die Eingebundenheit der Nutzenden hat und auch zu größeren soziale Netzwerken und mehr Kommunikation mit der Familie führen kann, gilt das vor allem für die extrovertierten Befragten und diejenigen, die von Anfang an mehr soziale Unterstützung als der Durchschnitt hatten (Kraut et al., 2002). Die Schlussfolgerung daraus lautet, dass „[t]hose who are already effective in using social resources in the world are likely to be well positioned to take advantage of a powerful new technology like the Internet" (Kraut et al., 2002, S. 24); die rich get richer-Hypothese kann vorläufig beibehalten werden. Die hier genannten Studien von Kraut et al. (1998; 2002), Nie und Erbring (2000) sowie von Nie et al. (2002) haben einen maßgeblichen Einfluss auf die Erforschung des Zusammenhangs von Online-Mediennutzung und der sozialen Eingebundenheit der Nutzenden, denn hier werden bereits die wichtigsten Annahmen von social displacement, rich get richer und social compensation eingeführt. Diese dominieren bis heute die Diskussion.

Das neue Medium Internet gab allerdings nicht nur Anlass zu Sorgen, sondern auch zu Hoffnungen. Ebenfalls eine der frühen – wenn auch weniger oft zitierten – Studien zu den sozialen Konsequenzen der Internetnutzung von Katz und Aspden (1997) widerspricht dem Ergebnis von Kraut et al. (1998) und kommt zu einem ähnlichen Ergebnis wie Kraut et al. (2002). Katz und Aspden (1997) fanden bei einem Zufallssample keine signifikanten Unterschiede zwischen Internetnutzenden und Nicht-Nutzenden bezüglich der Teilnahme in religiösen und/oder gesellschaftlichen Organisationen. Ihre Ergebnisse zeigen hingegen, dass Internetnutzende häufig mit Freunden oder Familienmitgliedern über das Internet kommunizieren und, dass eine Minderheit auch neue Freunde und Freundinnen über das Internet kennenlernt und diese dann auch offline trifft (Katz & Aspden, 1997). Die Autoren schlussfolgern, dass „the Internet appeared to augment existing traditional social connectivity" (Katz & Aspden, 1997, S. 86). Auch wenn das Zufallssample, das Katz und Aspden (1997) benutzen, geeigneter erscheint als z. B. das willkürlich ausgewählte Studierendensample von Kraut et al. (1998; 2002), beruhen ihre Befunde doch auf einer Querschnittsstudie, mit der Kausalitätsannahmen, wie sie in der rich get richer- und social compensation-Hypothese formuliert werden, nicht geprüft werden können.

Katz, Rice und Aspden (2001) präsentieren deswegen in einer Nachfolgestudie auch die längsschnittliche Evidenz, dass die soziale Eingebundenheit der Internetnutzenden und ihre sozialen Interaktionen über die Zeit nicht abgenommen haben. Sogar das Gegenteil sei der Fall:

> Users tend to communicate with others through other media (especially telephone) more than do nonusers, meet more with their friends, and interact more with others in general, although in a more widely dispersed physical environment. (Katz et al., 2001, S. 416)

Diese eher positive Sicht auf die Internetnutzung, wie sie z. B. durch Katz und Aspden (1997) vertreten wird, verkehrt Argumente internetkritischer Studien ins Gegenteil. Die *social augmentation*-Hypothese (Katz & Aspden, 1997) postuliert, dass Online-Kontakte Offline-Kontakte ergänzen, statt sie zu ersetzen. Das Zeitbudget sei nämlich zumindest nicht für alle Individuen dermaßen begrenzt und ausgeschöpft wie befürchtet. Indem die Technologie die Bedingungen der Interaktionen verändere, würde Kommunikation deutlich leichter und effizienter. Zudem biete das Internet die Möglichkeit, mit bisherigen Kontaktpersonen zu kommunizieren und zusätzliche neue Kontakte zu knüpfen.

Diese Sichtweise ist unter dem Begriff *efficiency*-Hypothese bekannt geworden und geht von der Annahme aus, dass Kommunikation, Kontaktaufnahme und -pflege online besser und schneller erfolgen könnten (Franzen, 2000). Außerdem wird postuliert, dass die Internetnutzenden eine neue Art von Gemeinschaft erleben könnten: Vorteile des Internets bestünden zum Beispiel in der Möglichkeit der Kommunikation innerhalb von Interessensgruppen, die räumlich weit voneinander entfernt sind. Diese Sichtweise wird in der Literatur (z. B. Nie et al., 2002) als die *communitarian*-Hypothese bezeichnet. Die zwei letzten graduell unterschiedlichen Hypothesen zu den positiven Auswirkungen des Internets entstammen Forschungsarbeiten, die ähnliche positive Zusammenhänge finden wie Katz und Aspden (1997).

Einer der ersten Berichte des *PEWInternet and American Life Project* (Rainie et al., 2000) untersucht die sozialen Konsequenzen der E-Mail- und Internetnutzung von Frauen und findet dabei „clear evidence that email and the Web have enhanced users' relationships with their family and friends – results that challenge the notion that the Internet contributes to isolation“ (Rainie et al., 2000, S. 20). Ebenfalls im Jahr 2000 erschien *The UCLA Internet Report* (Lebo, 2000), der sich ausführlich mit den Auswirkungen der Internetnutzung auf das Sozialleben der Befragten beschäftigt. Laut Selbstauskunft sei der Kontakt der per Zufall ausgewählten Befragten mit Freunden und Familie seit der Internetnutzung gestiegen. Gleichzeitig gibt ein Viertel der Befragten an, dass sie online neue Freunde und Freundinnen kennengelernt haben – die Hälfte dieser Personen hatte schon mal mindestens einen dieser Online-Freunde auch offline getroffen (The UCLA Internet Report, 2000).

Die Studien *PEWInternet and American Life Project* (Rainie et al., 2000) und *UCLA Internet Report* (Lebo, 2000) legen den Fokus auf den Vergleich von Internetnutzung und Nichtnutzung. Sie berücksichtigen nicht die Zeit, die online verbracht wird und wurden für dieses Vorgehen bereits vielfach kritisiert (z. B. Nie et al., 2002). Doch auch Untersuchungen mit erweitertem Blickfeld führen zu ähnlichen Ergebnissen: Franzen (2000) zeigt an einer Untersuchung unter Schweizer Internetnutzenden und Nicht-Nutzenden, dass Internetnutzende im Schnitt mehr Freunde und Freundinnen haben, insbesondere wenn sie oft E-Mail nutzen.

Tabelle 1 gibt einen Überblick über die wichtigsten Thesen und darüber, wer sie vertreten hat. In den besprochenen Studien divergieren oftmals die Stichprobe, die Operationalisierung der Nutzung und der sozialen Auswirkungen. Aus diesem Grund sind die Ergebnisse nur bedingt vergleichbar; ebensowenig ist auf Basis einer narrativen Literaturübersicht ersichtlich, warum die genannten Primärstudien zu den unterschiedlichen Ergebnissen kommen. Festzuhalten ist allerdings, dass diese frühen Studien, die Annahmen, die sie getroffen haben, sowie die Ergebnisse, die sie zeigen, weitgehend die Entwicklung der Debatte zum Verhältnis von Internetnutzung und der sozialen Eingebundenheit der Nutzenden bis heute bestimmen.

Tabelle 1: Hypothesen der frühen Online-Forschung zu den sozialen Konsequenzen von Online-Mediennutzung

Hypothese	Annahmen	Vertreten von
Social displacement	Zeit, die online verbracht wird, muss von den Offline-Aktivitäten abgezogen werden; diese werden quasi ersetzt. Online-Kontakte sind nicht so wertvoll wie Offline-Kontakte.	Kraut et al., 1998; Nie, 2001; Nie et al., 2002
Rich get richer	Sozial gut integrierte und extrovertierte Nutzende erfahren positive soziale Konsequenzen der Internetnutzung.	Kraut et al., 2002
Social compensation	Sozial nicht gut integrierte und introvertierte Nutzende erfahren negative soziale Konsequenzen der Internetnutzung.	Kraut et al., 2002
Social augmentation	Online-Kontakte ersetzen die Offline-Kontakte nicht, sondern ergänzen diese.	Katz & Aspden, 1997; Rainie et al., 2000
Communitarian	Da man durch das Internet mit anderen Nutzenden, die räumlich weit entfernt sind, oder ähnliche Interessen haben, kommunizieren kann, entsteht ein Vorteil.	UCLA Internet Report, 2000
Efficiency	Das Internet macht die Kommunikation deutlich leichter sowie effizienter und befördert damit die soziale Eingebundenheit der Nutzenden.	Franzen, 2000; Katz et al., 2001

2.2 Weiterentwicklung der Diskussion und neue Fragestellungen

In den Studien zum Zusammenhang von Internetnutzung und der sozialen Eingebundenheit der Nutzenden wurden sowohl negative als auch positive Zusammenhänge gefunden und es lässt sich zunächst nicht eindeutig klären, warum es zu diesen unterschiedlichen Befunden kam. Es offenbart sich aber, dass auch die frühe Diskussion – entgegen der späteren dichotomen Einteilung in „utopianism“ und „dystopianism“ (Boase & Wellman, 2006) – nicht holzschnittartig von positiven oder negativen Effekten berichtet, sondern durchaus früh Differenzierungen zwischen Nutzung und Nutzenden vornimmt. Auch hierin findet sich schon die Erkenntnis, dass sowohl positive als auch negative Effekte von Internetnutzung nur unter bestimmten Umständen auftreten, auf bestimmte Zielgruppen zutreffen und zum Teil sehr klein sind. Dazu kommt, dass man nach und nach dazu überging, das Internet nicht singulär zu betrachten, sondern eingebettet in das soziale Leben der Nutzenden, die mit ihren unterschiedlichen Kontakten durch eine Vielzahl von Medien kommunizieren (Hampton & Wellman, 2003). Wie diese Online- und Offline-Netzwerke der Individuen zusammenhängen, war daher ein wichtiges Forschungsthema für die folgenden Jahre.

Haythornthwaite und Kendall weisen im Vorwort einer Sonderausgabe der Fachzeitschrift *American Behavioral Scientist* zu dem Thema darauf hin, dass „a growing body of research is now addressing the intersection, crossovers, and synergies between online and offline worlds“ (2010, S. 1). Die Weiterentwicklung der Diskussion beinhaltet die Beschäftigung 1) mit der Größe und Beschaffenheit der Online-/Offline-Netzwerke, 2) mit den Unterschieden zwischen einzelnen Nutzenden, 3) mit der Bedeutung der lokalen Eingebundenheit der Nutzenden und 4) der Chancen und Risiken für spezielle Populationen. Diese Themen werden hier nicht erschöpfend, sondern nur schlaglichtartig beleuchtet, um transparent zu machen, in welche Forschungstradition sich die vorliegende Arbeit einordnet.

Ein Thema ist die Größe und Beschaffenheit der sozialen Netzwerke der Individuen. Verschiedene Studien fokussieren sich darauf, ob die Nutzung der Online-Medien zu größeren oder kleineren sozialen Netzwerken führt. Wang und Wellman (2010) betrachten z. B. den Zeitraum zwischen 2002 und 2007 hinsichtlich der Frage, ob und wie amerikanische Freundschaftsnetzwerke sich verändert haben. Sie stellen fest, dass Internetnutzende keineswegs weniger Freunde haben als Nicht-Nutzende. Im Gegenteil: Vielnutzende hatten sowohl online als auch offline mehr Freunde. Damit widersprechen sie den Ergebnissen von McPherson, Smith-Lovin und Brashears (2006), die 2004 im Vergleich zu 1985 insgesamt weniger Vertrauenspersonen pro Befragten und damit mehr isolierte Befragte in Amerika diagnostiziert hatten. Auch bei diesen beiden etwas neueren Studien fällt auf, dass letztlich unterschiedliche Konzepte erhoben werden, das rollenbasierte Freundschaftskonzept und das kommunikationsbasierte Vertrauenspersonenkonzept. Diese zwei Begriffe sind daher nur bedingt miteinander vergleichbar; trotzdem werden sie mangels anderer Referenzpunkte miteinander verglichen (Wang & Wellman, 2010).

Andere Studien differenzieren diese Beziehungen weiter aus, betrachten einzelne Mechanismen der sozialen Eingebundenheit in einem Online-Kontext und betten diese theoretisch ein. Die *Media Multiplexity Theory* (Haythornthwaite,

2005) besagt, dass z. B. engere Kontakte (*strong ties*) durch unterschiedliche Medien gepflegt werden, während sich schwache Kontakte (*weak ties*) eher auf ein Medium beschränken. Damit trägt Haythornthwaite der Tatsache Rechnung, dass den Individuen mannigfaltige Kommunikationsmedien zur Verfügung stehen und wendet sich der Frage zu, inwiefern die Nutzung dieser Medien mit der Qualität von unterschiedlichen sozialen Kontakten in Zusammenhang steht. In diese Richtung sind auch die Studien um das *modality switching*, also um das Wechseln des Kommunikationsmodus von einem Medium in das andere, einzuordnen. Ramirez und Zhang (2007) beschäftigen sich unter anderem mit den Auswirkungen von *modality switching* auf Beziehungen, welche durch computervermittelte Kommunikation entstanden sind. Ihre Ergebnisse zeigen, dass Face-to-Face-Treffen mit Online-Kontakten sowohl Chancen (in der frühen Phase einer Beziehung) als auch Risiken (in der späten Phase einer Beziehung) bergen (Ramirez & Zhang, 2007). Das Ausmaß an Selbstdarstellung online und offline unterscheide sich, schlussfolgern die Autoren, und dass: "The results suggest that the timing and direction of the shift from CMC to FtF interaction are important influences in how relational messages are interpreted" (Ramirez & Zhang, 2007, S. 304). Die Ergebnisse der Forschung verweisen zusätzlich darauf, dass die Art der Mediennutzung und die Art der untersuchten Beziehung eine Rolle bei den Effekten spielt (ähnlich auch Ramirez & Wang, 2008). Andere versuchen herauszufinden, wie genau Freundschaften im Internet entstehen und fortgeführt werden (McKenna, Green, & Gleason, 2002). Dabei zeigt sich z. B., dass Authentizität auch online förderlich für die Entstehung von Freundschaften ist.

Neben der Größe und Beschaffenheit der Netzwerke ist die Differenzierung zwischen den verschiedenen Nutzendengruppen ebenfalls ein hochaktuelles Thema auf dem Gebiet. Es heißt, dass verschiedene Nutzende unterschiedlich erfolgreich darin seien, neue Freundschaften zu knüpfen (Di Gennaro & Dutton, 2007; Valkenburg, Peter, & Schouten 2006). Folglich werden in den Studien diese differenziert betrachtet um festzustellen, wie sich individuelle Unterschiede auf die soziale Eingebundenheit auswirken. Verstärkt werden nun Erwachsene (z. B. De Schutter, 2010; Lenhart, Jones, & Macgill, 2011) und Heranwachsende (z. B. Valkenburg & Peter, 2009; Valkenburg et al., 2006) separat untersucht. Auch Geschlechterunterschiede werden als entscheidender Faktor bezüglich der Mediennutzung (Friemel, 2014) sowie der Akkumulation von Sozialkapital ermittelt (Barker, 2009; Yee et al., 2007). Diese Unterscheidung ist schon immer implizit in den Studien vorhanden, da Alter und Geschlecht meist als Kontrollvariablen eingeführt werden (z. B. Nie & Erbring 2000). Im Zuge der Erforschung neuer Online-Medien werden jedoch weitere Einflussfaktoren berücksichtigt. So wurden in den letzten Jahren beispielsweise Selbstdarstellung

(Bargh, McKenna, & Fitzsimons, 2002; McKenna et al., 2002; Trepte, Reinicke, & Juechems, 2012; Valkenburg & Peter, 2009; Vitak, 2012) und Persönlichkeit (Shen & Williams, 2011; Swickert et al., 2002; Yee, 2006) als wichtige Prädiktoren für den Zusammenhang von Online-Mediennutzung und sozialer Eingebundenheit in weiterem Sinne eingeführt, vor allem im Zuge der Forschung zu sozialen Netzwerkseiten.

Eine weitere Unterscheidung, die eher selten besprochen wird, ist die zwischen unterschiedlichen Kulturkreisen. Da die meisten der vielzitierten Studien zum Forschungsfeld aus dem nordamerikanischen Kontext stammen, gelten die Ergebnisse zunächst nur für diesen Kulturraum. Studien, die z. B. andere Kulturkreise und Gesellschaften, die bekanntermaßen eine andere Art der Soziabilität pflegen, betrachten (e.g. Japan: Miyata & Kobayashi, 2008; China: Shen et al., 2009) oder gar mit den westlichen Kulturkreisen vergleichen (e.g. amerikanische und chinesische Nutzer (Chu & Choi, 2010), sind rar.

Neben der generellen Differenzierung der unterschiedlichen Nutzenden fällt das Augenmerk immer stärker auch auf die sogenannte *physical proximity* (Monge & Contractor, 2003), also die geographische Nähe und ihre Rolle in der Online-Kommunikation. Der Wohnort der Rezipierenden und ihre Nachbarschaften, die für die soziale Eingebundenheit der Nutzenden schon immer als essentiell (Fischer, 1982) galten, geraten durch diese Sichtweise verstärkt ins Blickfeld. Insbesondere das Forschungsteam um Barry Wellman widmet sich ausführlich der Beziehung von Internetnutzung und lokalen Gemeinschaften. Wellman et al. (2001) orientieren sich an dem Sozialkapitalbegriff von Putnam und betrachten sowohl Netzwerkressourcen, Teilnahme an gesellschaftlichen und politischen Gruppen als auch die Eingebundenheit der Akteurinnen und Akteure in die Gemeinschaft. Sie stellen heraus, dass die meisten Befragten das Internet nutzen, um bereits bestehende Kontakte aufrecht zu erhalten. Die Internetnutzungszeit und -historie hat jedoch keinen oder nur sehr geringen Einfluss auf die Teilnahme an politischen Gruppen und Organisationen sowie die Eingebundenheit der Befragten in die Gemeinschaft. Für zukünftige Studien wird daher eine differenziertere Betrachtung von unterschiedlichen Nutzungsweisen des Internets gefordert (Wellman et al., 2001).

Hampton und Wellman (2003) beschäftigen sich speziell mit dem Einfluss des Internets auf lokale Gemeinschaften und das Nachbarschaftsverhältnis im kanadischen Netville – einer Art Versuchsdorf, in dem einige der Bewohner und Bewohnerinnen an das Internet angeschlossen wurden und andere nicht. Ihre Ergebnisse zeigen, dass die durch das Internet Vernetzten im Vergleich zu den Nicht-Nutzenden mehr Bekannte in der Nachbarschaft haben und auch mehr mit ihnen kommunizieren. Allerdings untersucht die Studie aufgrund der besonderen Situation in Netville eine vergleichsweise kleine Population. Ähnlich argumentiert allerdings auch Hampton (2007), der immerhin vier Nachbarschaften und damit eine größere Population untersucht und feststellt, dass längere Internetnutzung dazu führt, dass mehr Kontakte in der Nähe der Rezipierenden, also in ihrer Nachbarschaft, aufgebaut und gepflegt werden und insgesamt mehr mit der lokalen Gemeinschaft kommuniziert wird.

Einige Forschende untersuchen detaillierter spezielle Nutzungsarten und ihren Einfluss auf die lokale Kommunikation: Mesch und Talmud (2010) fanden in einer Langzeitstudie heraus, dass in Israel nicht Internetnutzung generell, sondern die Nutzung von lokalen Online-Foren die Eingebundenheit der Nutzenden in lokale Organisationen und Gemeinschaftsaktivitäten erhöht. Zusammengefasst zeigen diese Studien, dass das Internet meist nicht zur Kommunikation mit Unbekannten in der großen weiten Welt, sondern gerade zur Kontakterhaltung und -aufbau in der lokalen Gemeinschaft benutzt wird. Häufig besprochen ist in diesem Themenfeld auch das Problem des sogenannten *digital divide*. Hier steht die These im Vordergrund, dass Menschen, die keinen Internetzugang haben auch weniger an der lokalen Gemeinschaft teilnehmen (Mesch & Talmud, 2010) und weniger Freundschaften (Wang & Wellman, 2010) haben als Menschen mit Internetzugang.

Für einen höheren Erkenntnisgewinn bezüglich der Frage nach der Auswirkung von Internetnutzung und Nichtnutzung wird die Betrachtung spezieller Populationen vorgenommen. Hierzu zählen zum Beispiel Menschen, die als sozial gefährdet gelten, z. B. Menschen mit physischen oder psychischen Krankheiten oder Defiziten. Im Gegensatz zur rich get richer-Hypothese wird in den Untersuchungen für diese Personengruppe ein deutlicher Mehrwert durch Internetnutzung festgestellt. Dieser besteht in der (nicht lokal begrenzten) Erreichbarkeit und anderen sozialen Anforderungen, wie z. B. visuelle Anonymität und Asynchronität, die gerade für sozial gefährdete Populationen vorteilhaft sein können. Für einsame (Morahan-Martin & Schumacher, 2003) und deprimierte (Bessière et al., 2008) Nutzendengruppen könnte das Internet eine wertvolle Möglichkeit zum Aufbau und zur Pflege von sozialen Kontakten bieten.

Die sogenannten sozialen Fähigkeiten (Kowert, Domahidi, & Quandt, 2014) spielen somit bei der Internetnutzung eine große Rolle und sind weit stärkere Prädikatoren für das Sozialkapital der Nutzenden als die Nutzungszeit an sich. Insbesondere im Umfeld der Forschung zu sozialer Unterstützung wurde der Einfluss von Online-Medien auf Populationen, die unter physischen oder psychischen Krankheiten leiden, wie z. B. Depression (z. B. Oh, Ozkaya, & LaRose, 2014; Shaw & Gant, 2002), Krebs (z. B. Donovan et al., 2014; Fogel et al., 2002) und AIDS (z. B. Leserman et al., 2000; Mo & Coulson, 2010a, 2010b) sowie auf deren Angehörige (z. B. Han & Belcher, 2001; Lee et al., 2007) erkundet. Die Ergebnisse zeigen zumeist positive Zusammenhänge zwischen sozialer Unterstützung und Online-Mediennutzung (Campbell, Cumming, & Hughes, 2006; Shaw & Gant, 2002). Allerdings vereinzelt auch, dass Internetnutzung in bestimmten Fällen Depressionen (Bessière et al., 2008) und das Gefühl von Einsamkeit (Burke, Marlow, & Lento, 2010) sogar verstärken kann. Bei physischen Krankheiten zeigt sich, dass die Befragten Foren häufig intensiv nutzen, um weitere Informationen über ihre Krankheit zu bekommen (Donovan et al., 2014) und, dass die Nutzung mit erhöhter wahrgenommener sozialer Unterstützung und weniger Einsamkeit verbunden ist (Fogel et al., 2002).

Resümierend lässt sich festhalten, dass die Forschung zum Zusammenhang von Online-Mediennutzung und der sozialen Eingebundenheit der Nutzenden sich nach einer divergierenden Anfangsphase konsolidiert und ausdifferenziert hat. Neben der Beschäftigung der Forschung mit der Größe und Beschaffenheit von Online-/Offline-Netzwerken, den Unterschieden zwischen einzelnen Nutzenden, der Bedeutung der lokalen Eingebundenheit sowie der Chancen und Risiken für spezielle Populationen differenzierte sich der Gegenstand der Forschung – die Online-Medien selbst – heraus. Während die frühe Forschung es mit Internet, E-Mail und Chat zu tun hatte, entstanden im weiteren Verlauf der Entwicklung des Mediums soziale Netzwerkseiten und riesige digitale Spielewelten online, die sogenannten *Massively Multiplayer Online Games* (MMOPGs), die nicht nur eine riesige Anzahl an Nutzenden finden, sondern mit neuen Features auch die Bedingungen der Kommunikation verändern.

2.3 Die Erforschung der wahrgenommenen sozialen Ressourcen

Während die sogenannte frühe Online-Forschung zwar die Konsequenzen der Internetnutzung auf das Sozialleben der Nutzenden betrachtet, beschäftigt sie sich – verglichen mit der vorliegenden Arbeit – wenig explizit mit dem Konzept wahrgenommenes Sozialkapital oder wahrgenommene soziale Unterstützung. Stattdessen werden von den im vorangegangenen Kapitel genannten Forschenden (z. B. Kraut et al., 1998; Nie, 2001; Nie & Hillygus, 2002) auch verwandte Konzepte, wie die Anzahl der sozialen Kontakte, Nachbarschaftlichkeit und Vertrauen gemessen. Diese unterschiedlichen Begriffe stehen auch für die soziale Eingebundenheit der Nutzenden und werden oftmals parallel verwendet – ohne auf die unterschiedlichen theoretischen Implikationen der Konzepte einzugehen. Als die Forschung zu den sozialen Konsequenzen der Online-Medien für die Nutzenden sich als wichtiger Bereich etabliert hatte, gab es zwei Veränderungen, die das Feld in hohem Maße prägen und daher für die vorliegende Arbeit eine besondere Rolle spielen. Sie werden hier überblicksartig dargestellt, denn sie begründen in besonderem Maße das Forschungsinteresse der vorliegenden Arbeit.

Erstens wurde neben den üblichen Maßen für soziale Eingebundenheit ein anderes Konzept zentral für die Forschungsliteratur: Die wahrgenommenen sozialen Ressourcen (vgl. Kap. 3). Zweitens kam es parallel dazu zu einer explosionsartigen Ausweitung der Internetnutzung, z. B. in Form der Entwicklung von neuen Online-Diensten im sogenannten *Web 2.0* (O'Reilly, 2007) (auch *Social Web* genannt). Kaum sechs Jahre nach der Studie von Kraut et al. (1998) wurde im Jahr 2004 das Unternehmen Facebook Inc. gegründet[8] und trat seinen Siegeszug an. Im gleichen Jahr wurde auch das MMORPG *World of Warcraft*[9] veröffentlicht und erreichte ebenfalls sehr hohe Nutzungszahlen. Damit hatten sich in kürzester Zeit massentaugliche Online-Medien entwickelt, die wie in diesem Kapitel gezeigt werden soll, die Forschung zu den sozialen Konsequenzen – insbesondere zu wahrgenommenen sozialen Ressourcen – stimulieren sollten.

Im Jahr 2006 veröffentlichte Dimitri Williams den Aufsatz *On and Off the 'Net: Scales for Social Capital in an Online Era* und zog damit eine Forschungswelle zum wahrgenommenen Sozialkapital nach sich. Wahrgenommene soziale Unterstützung wurde schon vorher vor allem in zahlreichen Studien im Umfeld der Gesundheitskommunikation untersucht, von der Kommunikationswissenschaft jedoch weitgehend vernachlässigt (für einen Überblick vgl. Kap. 3). Diese Konzepte berücksichtigen insbesondere die Perspektive der Individuen und die Unterscheidung zwischen den Dimensionen online und offline. Gleichzeitig führen sie verschiedene Subdimensionen von Sozialkapital und sozialer Unterstützung – je nach Art der Kontakte und Bedürfnisse der Individuen – ein (für eine ausführlich Besprechung vgl. Kap. 3). Damit eignen sich die Konzepte des wahrgenommenen Sozialkapitals und wahrgenommener sozialer Unterstützung besonders für die Messung der sozialen Eingebundenheit der Nutzenden im Online-Kontext. Die umfängliche Forschungsliteratur in diesem Bereich weist allerdings einige Besonderheiten auf, die für die vorliegende Arbeit von Bedeutung sind.

Die Differenzierung zwischen verschiedenen Arten von sozialen Kontakten und unterschiedlichen sozialen Bedürfnissen der Individuen wird in der neueren Forschung verstärkt fokussiert. Bezüglich Internet und sozialer Eingebundenheit existieren Hinweise darauf, dass für Online-Medien die dichotome Unterscheidung von *strong* und *weak ties* (Granovetter, 1973) zu kurz greift. Insbesondere werden auch die sogenannten *maintained ties* (Ellison et al., 2007) sowie die

8 http://www.theguardian.com/technology/2007/jul/25/media.newmedia
9 http://media.wow-europe.com/infographic/en/world-of-warcraft-infographic.html

latent ties (Teten & Allen, 2005) erwähnt. Die *maintained ties* beziehen sich auf Personen, die man zwar kennt – oftmals aus einem Offline-Kontext – mit denen man allerdings online nur noch marginalen Kontakt hat. Ein Beispiel dafür dürften alte Schulfreunde und Schulfreundinnen sein. Als *latent ties* werden hingegen noch nicht vorhandene Kontakte bezeichnet, auf die man bei Bedarf jedoch zugreifen könnte. Gemeint sind damit z. B. Freunde von Freunden, die bei der Jobsuche ebenfalls nützlich sein können. Neue Wege gehen Studien wie die von Gilbert & Karahalios (2009), die die Stärke der Verbindungen in Facebook untersuchen und postulieren, dass schwache und starke Verbindungen zwei entgegengesetzte Pole auf einem Kontinuum sind. D. h. Verbindungstypen lassen sich nicht nur in zwei, sondern theoretisch in viel mehr verschiedene Typen aufteilen.

Entsprechend tauchen auch neue Dimensionen des Sozialkapitals auf, wenn sie auch nicht ganz so populär werden wie die Aufteilung in bridging und bonding. Als dritte Form des Sozialkapitals wird bei Ellison et al. (2007) das *aufrecht erhaltene Sozialkapital* (maintained social capital) eingeführt und von einigen Studien übernommen (z. B. da Cunha Recuero, 2008; Steinfield, Ellison, & Lampe, 2008).

Die meisten Studien zum Verhältnis von Online-Mediennutzung und wahrgenommenem Sozialkapital beschäftigen sich mit einem spezifischen Online-Medium – dabei dominieren insbesondere SNS und digitale Spiele die Diskussion. Da SNS, insbesondere Facebook, eine besonders breite Basis an Nutzenden haben, ist die gesamte Online-Forschung durch eine relativ starke Fokussierung auf das spezifische Online-Medium Facebook geprägt (Wilson et al., 2012). Als einer der ersten Arbeiten nach der Skalenentwicklung durch Williams (2006) untersucht die Studie von Ellison et al. (2007) die Verbindung zwischen der Nutzung von Facebook und der Bildung sowie der Aufrechterhaltung von Sozialkapital. Die Ergebnisse zeigen, dass Studierende durch Facebook hauptsächlich ihre bestehenden Offline-Beziehungen pflegen oder solche Bindungen verfestigen, die ansonsten wahrscheinlich flüchtige, kurzzeitige Bekanntschaften geblieben wären. In anderen Worten: Die Freundschaften bewegen sich von offline zu online (Ellison et al., 2007).

Die Studie von 2007 ist die erste in einer Reihe von Veröffentlichungen rund um das Thema Facebook-Nutzung und das wahrgenommene Sozialkapital der Nutzenden aus dem Wirkungskreis des Forschungsteams (z. B. Brooks et al., 2014; Ellison et al., 2011; Steinfield et al., 2008; Vitak & Ellison, 2012; Vitak, Ellison, & Steinfield, 2011), in der unterschiedliche Aspekte dieser Relation zumeist an einem studentischen Sample untersucht werden. Im Zentrum dieser Studien stehen neben den unterschiedlichen Dimensionen von Sozialkapital (Ellison et al., 2007) die Strategien der Vernetzung (Ellison et al., 2011), die

Auswirkung der unterschiedlichen Persönlichkeitseigenschaften der Nutzenden und ihr Kommunikationsverhalten (Steinfield et al., 2008) auf ihre sozialen Ressourcen. Seltener werden die unterschiedlichen Eigenschaften der Facebook-Netzwerke (Brooks et al., 2014) und ihr Einfluss auf die sozialen Ressourcen der Nutzenden betrachtet. Digitale Onlinespiele haben zwar auch eine breite Basis an Nutzenden, besonders im Fokus stehen sie aber, weil sie von Anfang an spezifische Sorgen im Zusammenhang mit der sozialen Eingebundenheit der Nutzenden erweckten (Domahidi, Festl, & Quandt, 2015). So wird beispielsweise im Kontext der Sucht-Forschung soziale Isolation als eine negative Konsequenz von übermäßigem Spielen befürchtet (Domahidi & Quandt, 2015; Griffiths & Hunt, 1998; Wan & Chiou, 2006).

Es gibt eine große Anzahl an Studien, die sich mit den sozialen Implikationen von digitalen Onlinespielen beschäftigen (Cole & Griffiths, 2007; Ducheneaut et al., 2006; Kowert et al., 2015; Shen & Williams, 2011; Williams et al., 2006) und auch einige, die sich speziell mit den Implikationen für das Sozialkapital der Nutzenden auseinandersetzen (Domahidi et al., 2014; Kowert et al., 2014; Trepte et al., 2012; Williams, 2007). Williams (2007) fand bei einer Befragung der Mitglieder einer Onlinespiele-Community, dass Spielzeit negativ mit Offline-Sozialkapital assoziiert wird. Zusätzlich zeigen seine Ergebnisse, dass online und offline unterschiedliche Arten von Sozialkapital generiert werden. Williams (2007) schlussfolgert daher, dass die Nutzung von digitalen Onlinespielen zwar bridging Sozialkapital erhöhen, gleichzeitig aber das bonding Sozialkapital senken kann.

Andere Studien konnten (Collins & Freeman, 2013) keine signifikanten Zusammenhänge (weder positiv noch negativ) zwischen dem Offline-Sozialkapital der Spielenden und Online-Gaming feststellen. Allerdings fanden sie auch kein höheres Online-Sozialkapital bei den Nutzenden von digitalen Spielen. Collins und Freeman (2013) schlussfolgern, dass das Onlinespielen nicht entscheidend zum Sozialkapital der Nutzenden beiträgt. Dennoch kann es eventuell helfen, neue und für die Spielenden durchaus bedeutsame Beziehungen zu knüpfen. Eine große Schwäche der meisten Studien ist hierbei, dass sie spezifische Populationen, meistens besonders involvierte Spieler, untersuchen. Studien, die auf repräsentativen Befragungen basieren, finden meist sehr kleine oder gar keine Medieneffekte (Domahidi, Breuer, Kowert, Festl, & Quandt, 2016). Obwohl sich die meisten Studien auf die Online-Medien digitale Spiele oder Facebook fokussieren, gibt es durchaus Arbeiten, die die Relation zwischen der Nutzung von anderen Online-Medien wie Myspace (z. B. Pfeil, Arjan, & Zaphiris, 2009), Linkedin (z. B. Papacharissi, 2009), Twitter (z. B. Hofer & Aubert, 2013) und LastFm (z. B. Baym & Ledbetter, 2009) mit dem wahrgenommenen Sozialkapital bzw. der wahrgenommener sozialen Unterstützung der Nutzenden betrachten. Einige der oben genannten Studien analysieren mehr als ein Online-Medium, indem sie z. B. neben der Facebook-Nutzung auch die allgemeine Internetnutzung abfragen (Ellison et al., 2007). Bis heute mangelt es jedoch an Überblickarbeiten, die verschiedene Online-Medien detailliert betrachten und vergleichen.

Mit zunehmender Forschungsliteratur zum Thema wird deutlich, dass es nicht nur gilt, zwischen verschiedenen Nutzenden zu unterscheiden, sondern dass auch unterschiedliche Messarten von Online-Mediennutzung zu unterschiedlichen Effekten führen. Mediennutzung wird insbesondere von dem Forschungsteam rund um Nicole Ellison einerseits als Internet- und Facebook-Nutzungszeit verstanden, und zusätzlich als Facebook-Intensity, eine Skala die die Kombination von Nutzungszeit, die Anzahl an Freunden und Freundinnen bei Facebook und emotionaler Zugehörigkeit zu Facebook repräsentiert. In der Studie von 2007 (Ellison et al., 2007) zeigt sich die reine Internetnutzungszeit nicht als signifikanter Prädiktor für bridging und bonding Sozialkapital, aber für maintained Sozialkapital, während Facebook-Intensity für alle drei Dimensionen von Sozialkapital ein signifikanter positiver Prädiktor ist. Schon hier ist die Bedeutung der Messung von Online-Mediennutzung ersichtlich.

Auch einige Folgestudien beschäftigen sich mit dem Thema der divergierenden Online-Mediennutzung der Individuen und inwiefern diese Unterschiede einen Einfluss auf die gefundenen Effekte haben. Insbesondere Informationssuche scheint mit dem wahrgenommenen Sozialkapital der Nutzenden assoziiert zu sein, während der Versuch, neue Freundinnen und Freunde zu finden oder bereits bestehende Beziehungen aufrechtzuerhalten, keine Rolle spielt (Ellison et al., 2011). Andere Studien versuchen insbesondere, die Facebook-Nutzungszeit weiter zu differenzieren und sich einzelne Funktionen sowie Nutzungsarten anzuschauen. Burke, Kraut und Marlow (2011) zeigen, dass aktive Facebook-Nutzung mit höherer und passiver Facebook-Nutzung mit niedrigerem wahrgenommenem Sozialkapital assoziiert wurde. Das gilt jedoch nur für die Dimension bonding Sozialkapital, während das bridging Sozialkapital vor allem mit der Anzahl der Facebook-Freunde verknüpft wird. In einer Folgestudie untersuchen Burke et al. (2010) den Einfluss der direkten Kommunikation mit Freundinnen und Freunden, den passiven Konsum von sozialen Nachrichten und broadcasting bei Facebook auf die Akkumulation von Sozialkapital. Ihre Ergebnisse zeigen, dass nur die direkte Kommunikation mit Freundinnen und Freunden einen positiven Einfluss auf das Sozialkapital der Nutzenden hat. Andere (Yoder & Stutzman, 2011) kamen hingegen zu dem Schluss, dass nur Facebook-Wall-Posts mit dem bridging Sozialkapital verbunden werden.

Die Differenzierung der spielebezogenen Aktivitäten über die reine Spielzeit hinaus fand auch in der Forschung zu digitalen Spielen Beachtung. So unterscheidet Zhong (2011) zwischen Spielzeit und kollektivem Spielen, das er mit Anzahl der Clanaktivität und der emotionalen Verbindung zu dem Clan misst. Seine Ergebnisse zeigen, dass kollektives Spielen positiv mit online bridging und bonding Sozialkapital assoziiert ist. Dagegen ist die reine Spielzeit negativ, sowohl mit Online- als auch mit Offline-Sozialkapital assoziiert. Die Forderung nach einer differenzierten Nutzungsmessung wird auch mithilfe der Unterscheidung zwischen der reinen und der sozialen Nutzungszeit beantwortet (z. B. Domahidi et al., 2014).

Eine systematische Übersicht über die Literatur, die sowohl die kritische Betrachtung des Konzepts der wahrgenommenen sozialen Ressourcen als auch der (Messung der) Online-Mediennutzung leisten kann, ist bis heute eine Forschungslücke.

2.4 Zusammenfassung der Diskussion

Im vorliegenden Kapitel konnte gezeigt werden, dass der Zusammenhang zwischen Online-Mediennutzung und der sozialen Eingebundenheit der Nutzenden bereits in der frühen Online-Forschung rege diskutiert und von verschiedenen Seiten beleuchtet wurde. Damit wurden die Grundannahmen und -richtungen auch der nachfolgenden Forschung nachhaltig beeinflusst. In der neueren Online-Forschung kann die Beziehung von Online-Mediennutzung und der sozialen Eingebundenheit der Nutzenden sicherlich als eins der Modethemen gelten (Wilson et al., 2012).

Die frühe Forschung zum Zusammenhang zwischen Online-Mediennutzung und der sozialen Eingebundenheit der Nutzenden hat aber entscheidende Defizite. Zum einen wurden unterschiedliche Indikatoren verwendet um die soziale Eingebundenheit der Nutzenden zu messen. Zu diesen Indikatoren gehören unter anderem Vertrauen, soziale Einbettung, Größe der Freundeskreise, Mitgliedschaft in Organisationen, wahrgenommenes Sozialkapital und wahrgenommene soziale Unterstützung, um hier nur die populärsten Konzepte aufzuführen. Bereits in der frühen Online-Forschung hat sich aber gezeigt, dass es mit diesen unterschiedlichen Indikatoren nicht möglich ist, einheitliche Aussagen zu treffen und die Studien zu vergleichen. Diese frühen Studien und die Annahmen, die sie getroffen haben sowie die Ergebnisse, die sie zeigen, bestimmen weitgehend die Entwicklung der Debatte über das Verhältnis von Internetnutzung und der sozialen Eingebundenheit der Nutzenden bis heute.

Früh wurde die Forschungsdiskussion ausdifferenziert, indem man neue Forschungsinteressen entwickelte. Die Weiterentwicklung der Diskussion beinhaltet die Beschäftigung mit der Größe und Beschaffenheit der Online-/Offline-

Netzwerke, mit den Unterschieden zwischen einzelnen Nutzenden, mit der Bedeutung der lokalen Eingebundenheit der Nutzenden sowie der Chancen und Risiken für spezielle Populationen.

Zwei Entwicklungen prägten in den 2000er Jahren das Forschungsfeld: Erstens wurde das wahrgenommene Sozialkapital (Williams, 2006) neben den üblichen Maßen für soziale Eingebundenheit zentral für die Forschungsliteratur. Zweitens kam es parallel dazu zu einer explosionsartigen Ausweitung der Internetnutzung und der Entstehung von Online-Medien wie Facebook und WoW, die neue Impulse für die Forschung gaben. Im Zuge des erhöhten Forschungsinteresses betrachten verschiedene Studien unterschiedliche Online-Medien und verschiedene Nutzungsformen und kommen dabei zu unterschiedlichen Ergebnissen. Doch beide Differenzierungen – 1) unterschiedliche Online-Medien und 2) unterschiedliche Nutzungsformen – werden kaum bewusst und explizit vorgenommen. Vielmehr wächst die Forschungsliteratur organisch, indem sich Forschende mal dem einen, mal dem anderen Online-Medium zuwenden, während sie außerdem unterschiedliche Operationalisierungen von Mediennutzung benutzen.

Damit ist die Vielzahl an Forschungsliteratur zum Zusammenhang von Online-Mediennutzung und der sozialen Eingebundenheit der Nutzenden nur schwer vergleichbar und bedarf zwingend einer Systematisierung. Die vorliegende Arbeit hat genau dieses Ziel und muss daher zunächst ein vergleichbares Konzept erarbeiten (vgl. Kap. 3). Danach sollen die unterschiedlichen Online-Medien und ihre unterschiedlichen Nutzungsformen betrachtet werden (vgl. Kap. 4)

3. Theoretische Fundierung der sozialen Ressourcen

In diesem Kapitel soll das Konzept der wahrgenommenen sozialen Ressourcen erläutert werden. Dafür ist es nötig, zunächst eine kurze Einführung in das Forschungsfeld und die spezifische Entwicklung der Begriffe zu geben (Kap. 3.1). Danach soll die theoretische Fundierung stattfinden. Zunächst aus soziologischer Perspektive (Kap. 3.2), die zwischen ressourcenorientierten und normativen Ansätzen unterscheidet. Die sozialpsychologische Perspektive (Kap 3.3) hingegen ist weniger an einer Großtheorie, sondern vielmehr an dem konkreten Nutzen des Konzeptes interessiert. Insbesondere im Zuge des Aufkommens der Online-Medien gewann die Forschung zu den wahrgenommenen sozialen Ressourcen an Popularität und wurde auch konzeptionell nochmal überarbeitet und verändert. Obwohl die Neukonzeptionierung zum größten Teil wie beiläufig in empirischen Studien stattfand, soll an dieser Stelle einmal kritisch reflektiert werden, wie genau das Konzept wahrgenommene soziale Ressourcen in diesem Zusammenhang zu bestimmen ist (Kap. 3.4). Die Hauptergebnisse des Kapitels werden abschließend noch einmal zusammengefasst (Kap. 3.5).

3.1 Einführung in die Diskussion um soziale Ressourcen

In diesem Kapitel geht es darum, eine grundlegende theoretische Perspektive der Arbeit zu erläutern, den Ansatz der sozialen Ressourcen. Die schiere Masse an Artikeln, die sich theoretisch oder empirisch mit diesem Forschungsbereich beschäftigen, ist überwältigend: So fanden z. B. Fulkerson und Thompson (2008) 1218 Artikel zu Sozialkapital in einer Suche für die Jahre 1988–2006 in der Datenbank *Sociological Abstracts*; eine heutige Suche nach Sozialkapital oder soziale Unterstützung bei *Google Scholar* führt zu 17.600 Suchergebnissen.[10] Doch nicht nur die schiere Anzahl der Forschungsartikel, sondern auch die unterschiedlichen Denkschulen, die sich mehr oder weniger unabhängig voneinander entwickelten und agierten, machen das Feld so unübersichtlich (Haug, 2007). An dieser Stelle soll eine Einführung in die Diskussion gegeben

10 Ausgeführt am 06.09.2014

und damit gleichzeitig die Vorgehensweise der Arbeit bei der theoretischen Erarbeitung der Begriffe wahrgenommenes Sozialkapital und wahrgenommene soziale Unterstützung begründet.

Grundsätzlich gilt eine Zweiteilung: Das soziologisch geprägte Gebiet soziales Kapital und der psychologisch geprägte Bereich soziale Unterstützung werden in der Forschungsliteratur kaum zusammen betrachtet, obwohl sie sich sehr ähnlich sind. Das Konzept des Sozialkapitals hat bereits einige berühmte Soziologen und Soziologinnen beschäftigt: Mark Granovetter, Pierre Bourdieu, James Coleman, Nan Lin und Robert Putnam sind sicherlich die bekanntesten – aber bei weitem nicht die einzigen – Vertreter. In der Forschungsliteratur ist diese Vielfältigkeit der Auseinandersetzung und die Uneinigkeit der Theoretiker und Theoretikerinnen durchaus antizipiert worden. Putnam bemerkt: „The term social capital itself turns out to have been invented at least six times over the twentieth century, each time to call attention to the ways in which our lives are made more productive by social ties“ (Putnam, 2001, S.19). Während Putnam also sechs Quellen der Sozialkapitaldiskussion ausmacht, betonen Fulkerson und Thompson (2008), dass es eher drei davon gäbe, da sich einige Werke aufeinander bezögen und die meisten Referenzen bei der Verwendung des Begriffs direkt oder indirekt auf einen der drei Autoren Coleman, Bourdieu oder Putnam verweisen.

Fulkerson und Thompson erkennen zwei Hauptrichtungen der theoretischen Reflexion des Sozialkapitals: Die *normative Bestimmung* des Sozialkapitals, welche durch die Theoretiker Coleman und Putnam repräsentiert wird, ist durch Putnams Bestseller *Bowling Alone: The Collapse and Revival of American Community* (2001) auch dem nichtwissenschaftlichen Publikum bekannt geworden. Bei dieser normativen Perspektive geht es vor allem um die Makroebene und Sozialkapital bezieht sich auf den aggregierten Nutzen aus sozialen Beziehungen für eine Gemeinschaft von Menschen (Fulkerson & Thompson, 2008). Im Gegensatz dazu kann Sozialkapital eher ressourcenorientiert ausgelegt werden. Diese Perspektive – in der Tradition Bourdieus oder Lins – fokussiert mehr auf die Individuen und die Interaktionen zwischen ihnen und versucht damit, Macht und Ungleichheit zu erklären (Fulkerson & Thompson, 2008). Fulkerson und Thompson (2008) betonen jedoch, dass die normative und ressourcenorientierte Perspektive sich überschneiden und nicht trennscharf voneinander abzugrenzen sind. Sie schlagen daher vor, von „Idealtypen“ zu sprechen. Die vorliegende Arbeit wird zunächst dieser dichotomen Einteilung von Sozialkapital in ressourcenorientiert und normativ folgen und sie schließlich um ein Mischkonzept erweitern: Das Konzept des wahrgenommenem Sozialkapitals, wie es im Zuge der Online-Mediennutzung entwickelt wurde. Selbstredend gibt es auch Forschende, die nicht dieser dichotomen Einteilung der Forschungsliteratur zu

Sozialkapital folgen, sondern eigene Typologien entwickelt haben. Haug (2007) unterscheidet die Sozialkapital-Definitionen von neun verschiedenen Autoren und Autorinnen und identifiziert mindestens vier Diskussionsstränge mit vier Schlüsseltheorien: 1) Coleman, der den *Rational Choice* Ansatz verfolgt, 2) Bourdieu, der soziales Kapital als individuelle Ressource wahrnimmt und versucht, das Konzept in einen größeren Zusammenhang zu integrieren, 3) Putnam, der den Begriff hauptsächlich bezogen auf die politische Kultur verortet und als Ressource auf der Makroebene betrachtet, und 4) die Netzwerkforschenden, die soziales Kapital als individuelle Ressource bezeichnen, die von der Stellung im Netzwerk abhängt. Zusammenfassend hält Haug dann fest,

> daß [sic],Soziales Kapital' zumindest ein sehr schillernder Begriff ist. Es läßt [sic] sich kein einheitliches Konzept von sozialem Kapital herauskristallisieren. Sowohl theoretische als auch empirische Studien verwenden den Begriff soziales Kapital in gänzlich unterschiedlichen Kontexten. (Haug, 2007, S. 30)

Andere Arbeiten, wie die von Siisiainen (2003), konzentrieren sich darauf, einzelne Theoretiker – in diesem Fall Bourdieu und Putnam – detailliert zu vergleichen, anstatt das ganze Feld der Sozialkapitaldiskussion zu kartographieren. Wiederum andere beschäftigen sich mit den Grundlagen, die hinter der Idee von Sozialkapital stecken und besprechen z. B. verschiedene Definitionen von sozialen Beziehungen (Kikuchi & Coleman, 2012) im Zuge der Sozialkapitaldiskussion. Portes (1998) konzentriert sich auf die zeitgenössischen theoretischen Betrachtungen und identifiziert Mechanismen, die Sozialkapital erzeugen, wie Werte, Solidarität, reziproke Austauschprozesse und Vertrauen ebenso wie positive und negative Auswirkungen (Portes, 1998).

Offenbar scheint der Begriff soziales Kapital – wie auch viele andere Begriffe in den Sozialwissenschaften – einer weitergehenden Systematisierung und Standardisierung zu bedürfen. Die Provenienz ist umstritten, die unterschiedlichen Denkschulen erzeugen eine Reihe von Forschungsbemühungen, die sich unter einem Begriff mit mehr oder weniger verschiedenen Phänomenen beschäftigen. Unumstritten ist, dass es unterschiedliche Ansätze und Perspektiven der Forschung zu Sozialkapital gibt und diese anhand einer Vielzahl von Kriterien identifizierbar sind (Fulkerson & Thompson, 2008; Haug, 2007; Kikuchi & Coleman, 2012; Putnam, 2001; Siisiainen, 2003).

Neben der Soziologie hat sich auch die (Sozial)Psychologie mit dem Nutzen von sozialen Beziehungen beschäftigt – hier allerdings unter dem Begriff der sozialen Unterstützung. Auffällig ist bei der Diskussion um soziale Unterstützung eine stärkere Ausrichtung auf den konkreten Nutzen von sozialen Beziehungen sowie die Messbarmachung dieser Vorteile (Smith & Mackie, 2007). Weniger im Fokus steht hingegen der Versuch, das Konzept theoretisch zu verorten. Daher soll die Entwicklung der sozialen Unterstützung eher in seinen Grundzügen und keineswegs in der gleichen Breite wie die des Sozialkapitals dargestellt werden.

Dem Grundgedanken nach geht es bei sozialer Unterstützung eher um den konkreten Nutzen aus sozialen Ressourcen in bestimmten problematischen Lebenssituationen (Shumaker & Brownell, 1984) als um das reine Besitzen einer (sozialen) Ressource wie beim Sozialkapital. Allerdings beinhalten die Definitionen von sozialer Unterstützung meist nicht den Gedanken an konkrete, sondern an potentielle soziale Unterstützung (Albrecht & Adelman, 1987; Barrera, 1986) so wie das einzelne Individuum sie wahrnimmt. In diesem Sinne sind sich die beiden Ansätze Sozialkapital und soziale Unterstützung näher als zunächst gedacht. Die Forschung zu sozialer Unterstützung hat nicht mit der gleichen Vielfalt an theoretischer Durchdringung zu kämpfen, aber gleichwohl wie Sozialkapital mit der Vieldeutigkeit der Begriffe und der Mannigfaltigkeit der Subkonzepte (Barrera, 1986). Eine weitere wichtige Besonderheit besteht darin, dass soziale Unterstützung eher im Bereich der Gesundheitsforschung anzusiedeln ist (Lakey & Cohen, 2000), während soziales Kapital in der Soziologie weniger mit der mentalen oder physischen Gesundheit in Verbindung gebracht wurde.

Auch für soziale Unterstützung hat die Forschungsliteratur unterschiedliche Perspektiven identifiziert. Lakey und Cohen (2000) verweisen auf drei Hauptrichtungen der Forschung zu sozialer Unterstützung, erstens in Verbindung mit Stressbewältigung, zweitens mit Fokus auf soziale Beziehungen und drittens hinsichtlich der sozialkonstruktivistischen Perspektive. Die drei Richtungen treffen jeweils unterschiedliche Annahmen darüber, wie soziale Unterstützung den Individuen zu Gute kommen kann. Zum einen beklagt Barrera (1986) die Vagheit des Begriffs und zum anderen bemerkt er die Uneinigkeit in der Forschungsliteratur sowohl bei der Definition der Begriffe als auch bei der empirischen Messung von sozialer Unterstützung (Barrera, 1986; ähnlich argumentieren auch Lakey & Cohen, 2000 und Langford et al., 1997). Barrera fordert daher, dass das Konzept soziale Unterstützung in weitere Unterkategorien eingeteilt werden muss, die sich auf jeweils unterschiedliche Lebensbereiche beziehen (Barrera, 1986; Langford et al., 1997). Obwohl diese Subdimensionen eine genauere Vermessung von sozialer Unterstützung erlauben, sorgen sie auch für mehr Unübersichtlichkeit in dem Forschungsfeld.

Daneben, dass 1) unterschiedliche Fachrichtungen jeweils 2) mehrfach mehrdeutige Konzepte mit unterschiedlichen Grundannahmen entwickelt haben, kommt 3) als weitere Schwierigkeit hinzu, dass viele empirische Arbeiten, die das Konzept der wahrgenommenen sozialen Ressourcen verwenden, gewissermaßen theorielos arbeiten. Diese Primärstudien untersuchen Sozialkapital bzw.

soziale Unterstützung zwar empirisch, lösen aber die Konzepte zumeist aus ihrer theoretischen Verankerung los (Fulkerson & Thompson, 2008; Lakey & Cohen, 2000). In diesem Teil der Arbeit soll daher zur Begriffsklärung zunächst die Diskussion um soziale Ressourcen im Sinne einer historischen Begriffsklärung theoretisch beleuchtet werden. Die wichtigsten theoretischen Beiträge und Autoren werden besprochen und danach in Zusammenhang zueinander gebracht. So sollen sowohl gemeinsame Linien und Spezifika als auch die Unterschiede der einzelnen Perspektiven deutlich werden. Doch ist – wie bereits Fulkerson und Thompson (2008) bemerkt haben – die Unterscheidung der verschiedenen Sichtweisen eine idealtypische Differenzierung. Besonders im Zuge der Diskussion von Online-Mediennutzung und wahrgenommenen sozialen Ressourcen werden die angeblich distinktiven Merkmale der Perspektiven vermischt (Kap. 3.4). Das Ziel der Ausführungen besteht daher nicht darin, eine vollständige Literaturübersicht zu bieten, sondern unterschiedliche Strömungen der Forschung aufzuzeigen, die verschiedene Bestandteile zur Erforschung von wahrgenommenen sozialen Ressourcen beigetragen haben.

3.2 Die soziologische Perspektive: Soziales Kapital

In der vorliegenden Arbeit geht es nicht um die erneute Aufarbeitung der Diskussion um Sozialkapital; vielmehr soll der für das vorliegende Forschungsinteresse relevante Bereich des wahrgenommenen Sozialkapitals herausgearbeitet werden. Dieses Vorhaben ist jedoch nur durchführbar, wenn das Konzept in die Gesamtheit der Sozialkapitaldiskussion eingeordnet wird. Diese Arbeit folgt der Einteilung in zwei Grundrichtungen, nämlich in die normative und die ressourcenorientierte Auslegung des Sozialkapitals nach Fulkerson und Thompson (2008). Diese Perspektive hat den Vorteil, dass sie im Gegensatz zu einer detaillierteren Einteilung (z. B. Haug, 2007; Putnam, 2001) eine übersichtliche Orientierung zwischen den Unterschieden und Gemeinsamkeiten der verschiedenen Arbeiten zu Sozialkapital ermöglicht. Für die Zwecke dieser Arbeit ist daher diese dichotome Einteilung am besten geeignet. Am Ende des Kapitels werden die einzelnen Positionen tabellarisch zusammengefasst (vgl. Tabelle 2).

3.2.1 Die ressourcenorientierte Perspektive

Hier soll die ressourcenorientierte Perspektive auf das Sozialkapital anhand der Werke von Mark Granovetter, Pierre Bourdieu und Nan Lin vorgestellt werden. Diese Aufzählung ist notwendigerweise unvollständig, denn eine komplette Aufarbeitung der Historie und theoretischen Bestimmung des Begriffs Sozialkapital ist nicht das Ziel dieser Arbeit. Die hier angeführten Theoretiker – Granovetter, Bourdieu und Lin – haben im Besonderen zu der ressourcenorientierten Perspektive, wie es für die Forschung zu Online-Mediennutzung relevant ist, beigetragen – aufgezählt werden sie in chronologischer Reihenfolge.

3.2.1.1 Granovetter und der Wert von unterschiedlich starken Verbindungen

Mark Granovetters Aufsatz *The strength of weak ties* (1973) ist einer der meistrezipierten Aufsätze der Soziologie[11]. Und obwohl der Begriff Sozialkapital nicht einmal in seinem Aufsatz vorkommt, kann Granovetter als Vordenker der Diskussion begriffen werden, denn seine eigentlich netzwerkanalytische Perspektive (Friemel, 2005; Jansen, 2003) wird in Arbeiten zum Sozialkapital mehrfach aufgegriffen, so zum Beispiel auch bei Lin (2002). Trotzdem wird der Name Granovetter in den meisten Überblicksarbeiten nicht erwähnt. Eine Ausnahme bildet der Beitrag von Fulkerson und Thompson (2008), die Granovetters Einfluss würdigen und diesen auch bei Coleman und Putnam verorten.

Aus der Perspektive der Netzwerkanalyse untersucht Granovetter, wie Individuen unterschiedliche Ressourcen – z. B. Information – durch Verbindungen mit verschiedenen Kontaktpersonen erreichen können. Er strebt nach der Überbrückung des Mikro-Makro-Dualismus und schaut sich dafür Interaktionen zwischen Dyaden mit unterschiedlicher Verbindungstärke an. Für diese Berücksichtigung der Akteurinnen und Akteure samt ihrer umgebenden Struktur bietet sich die Perspektive der Netzwerkanalyse an, weil sie die „Bedeutsamkeit des Eingebettetseins" (Jansen, 2003, S. 11) von Akteurinnen und Akteuren postuliert – wie auch der Begriff des Sozialkapitals.

Granovetter (1973) betrachtet drei Arten der Verbindungen zwischen einzelnen Individuen. Die sogenannten strong, weak und absent ties. Die Definition dieser Verbindungsarten verbleibt auf einer mehr metaphorischen Ebene, obwohl sich der Autor durchaus Gedanken um das Messen dieser Konzepte macht: „[T]he strength of a tie is a (probably linear) combination of the amount of time, the emotional intensity, the intimacy (mutual confiding), and the reciprocal

11 Google Scholar zeigte zum Zeitpunkt der Recherchen (07.07.2014) 28541 Zitationen an.

services which characterize the tie" (Granovetter, 1973, S. 61). Die weiterführende Diskussion um die Messung der Stärke von Verbindungen und die Abgrenzung von starken und schwachen Verbindungen überlässt Granovetter explizit zukünftigen Studien. Sein Hauptinteresse gilt den unterschiedlichen Arten von Ressourcen in Form von Informationen, die durch die verschiedenen Verbindungen weitergegeben werden. Während starke Verbindungen eher redundante Informationen bringen, stehen die schwachen Verbindungen für neue Informationen, die in bestimmten Situationen – wie bei der Jobsuche – besonders wertvoll sein können. Während starke Beziehungen normalerweise in ein dichtes Beziehungsnetz eingewebt sind, gilt für die Gegenseite folgendes: „In the 'weak' sector, however, not only will ego's contacts not be tied to one another, but they will be tied to individuals not tied to ego" (Granovetter, 1973, S. 69).

Damit verweist Granovetter auf den Wert unterschiedlicher sozialer Kontakte und stellt heraus, dass die Individuen je nach Art ihrer Verbindungen unterschiedliche Ressourcen ansammeln können. In einer Nachfolgestudie greift Granovetter (1983) seine ursprünglichen Thesen von der Stärke der schwachen Beziehungen auf und erweitert sie. So betrachtet er beispielsweise die Forschung zu schwachen Verbindungen detaillierter und stellt fest, dass vor allem diejenigen Kontakte für die Jobsuche hilfreich sind, die die Position einer Brücke (zur Erläuterung von Positionen und Kommunikationsrollen im Netzwerk vgl. Burt, 2000; Friemel, 2008) im Netzwerk einnehmen und, dass der sozioökonomischer Status der Individuen bestimmt, ob sie mehr schwache oder starke Verbindungen haben.

Mit der Aufteilung von sozialen Beziehungen in starke und schwache Verbindungen sowie der Feststellung des Wertes auch der schwachen Relationen ist Granovetter ein Vordenker der Sozialkapitaldiskussion. Insbesondere ist sein Einfluss in der ressourcenorientierten Sichtweise von Bourdieu, aber auch der Netzwerktheorie verpflichteten Perspektive von Lin sowie der von Putnam eingeführten Differenzierung von Sozialkapital in die Subdimensionen bridging und bonding evident.

3.2.1.2 Bourdieu und die unterschiedlichen Kapitalformen

Pierre Bourdieu ist einer der prominentesten Vertreter der Sozialkapitaldiskussion und wird häufig auch in der Kommunikationswissenschaft rezipiert (Scheu, 2012; Wiedeman & Meyen, 2013); oft jedoch nicht wegen des sozialen, sondern des kulturellen Kapitals. Kein Wunder, denn Bourdieus Hauptwerk *Die feinen Unterschiede* (Bourdieu, 1987a) dreht sich vorrangig um das sogenannte kulturelle Kapital während in keinem seiner Werke das soziale Kapital im Vordergrund steht.

Mit der *Theorie der Praxis* versucht Bourdieu eine Brücke zwischen der Mikro- und der Makroebene (Treibel, 1997) zu schlagen, d. h. sowohl die subjektiven Handlungen der einzelnen Individuen als auch die sie umgebende objektive Struktur in einer Theorie zu berücksichtigen (Schwingel, 2003). Wichtig ist zudem die Betrachtung der sozialen Praxis, da Bourdieu zwar unterstellt, dass die meisten Handlungen unbewusst ablaufen, jedoch betont „dass auch in diesen Handlungen ein sozialer Sinn enthalten ist" (Barlösius, 2006, S. 32), auch wenn er den handelnden Personen nicht unmittelbar bewusst ist. Diese Überlegung spiegelt sich auch in Bourdieus Arbeit wieder; seine Vorgehensweise ist oft induktiv und basiert auf einer empirische Analyse der Lebenswelt der Individuen. Erst im zweiten Schritt steht die theoretische Einordnung der beobachteten Phänomene.

Das Konzept des *Habitus* wird von Bourdieu eingeführt (Schwingel, 2003), um die Vorgänge der Praxis, also die Handlungen der Individuen in der Gesellschaft, aufzuschlüsseln. Die entsprechende Definition verortet den Habitus als ein Intermediär, welche die Handlungen der Individuen rahmt. Bourdieu nennt sie: "Systeme dauerhafter Dispositionen, strukturierte Strukturen, die geeignet sind, als strukturierende Strukturen zu wirken, mit anderen Worten: als Erzeugungs- und Strukturierungsprinzip von Praxisformen und Repräsentationen" (Bourdieu, 1979, S. 165). Dieser ist damit eine „Vermittlungsinstanz" (Barlösius, 2006, S. 47) zwischen Struktur und Handlung. Der Habitus der Individuen ist ihnen durch ihre Sozialisation vorgegeben und prägt ihre Handlungen. Ersichtlich ist das z. B. in *Die feinen Unterschiede* (1987a), wenn Bourdieu die durch den Habitus der unterschiedlichen Klassen geprägten Kleidungs-, Musik- und Essensstile der von ihm analysierten Individuen hervorhebt. Barlösius betont, dass der Habitus zum einen „Erzeugungsprinzip" ist, indem er bestimmte Praxisformen generiert und zum anderen „Klassifizierungsprinzip", da er dafür sorgt, dass die Außenwelt ähnlich aufgefasst wird (2006, S. 57).

Die individuellen Handlungen der Akteurinnen und Akteure sind also geprägt von der Sozialstruktur, in der sie leben. Gleichzeitig sind es ihre Handlungen, die diese sozialen Strukturen, die die Handelnden geprägt haben, verfestigen und reproduzieren. Diese Einstellungen und damit auch Einschränkungen durch den Habitus trägt das Individuum meist unbemerkt in sich. Reibungspunkte entstehen allerdings, wenn die Entstehungsbedingungen des Habitus nicht mehr mit den neuen Lebensbedingungen der Akteure und Akteurinnen übereinstimmen (z. B. bei sozialen Aufsteigern wie Neureichen) (Barlösius, 2006). Ein weiterer Baustein in Bourdieus *Theorie der Praxis* sind die sogenannten *Felder*. Felder (z. B. Wissenschaft oder Wirtschaft) sind die externen

Strukturen (Bourdieu, 1983), in denen sich die Individuen nach bestimmten Regeln bewegen und gemäß ihres Habitus handeln. Die Felder sind von Machtkämpfen der Handelnden geprägt und stehen auch untereinander in Konkurrenz. Felder sind also dadurch gekennzeichnet, dass sie eine relative Autonomie aufweisen, hierarchisch angeordnet sind und eine interne soziale Strukturierung aufweisen (Barlösius, 2006). Die unterschiedlichen Kapitalformen, unter ihnen das Sozialkapital, werden von Bourdieu eingeführt um die feldspezifischen Handlungschancen der Akteurinnen und Akteure abzubilden. Das ökonomische Kapital dient dabei als Vorbild, wird jedoch aus dem wirtschaftswissenschaftlichen Zusammenhang auf andere Bereiche – wie die Kultur und das Soziale – übertragen, um die komplexe Wirklichkeit der Individuen zu erfassen.

Bourdieu unterscheidet zwischen dem ökonomischen, dem (objektivierten, inkorporierten und institutionalisierten) kulturellen Kapital, dem sozialen Kapital und dem symbolischen Kapital (Bourdieu, 1983). Diese Kapitalformen sollen zusammen die gesellschaftlichen Interaktions- und Austauschprozesse insgesamt beschreiben. Sie sind unter bestimmten Bedingungen ineinander transformierbar, wobei das ökonomische Kapital die universelle Zahlungsweise ist. Das symbolische Kapital ist als einzige Kapitalform nicht akkumulierte Arbeit, sondern kann aus den anderen Kapitalsorten gewonnen werden: „Symbolische Macht verleiht die Macht, die bestehenden Kräfteverhältnisse in den Feldern zu legitimieren" (Barlösius, 2006, S. 111). Das für die vorliegende Arbeit entscheidende soziale Kapital definiert Bourdieu wie folgt:

> Das Sozialkapital ist die Gesamtheit der aktuellen und potentiellen Ressourcen, die mit dem Besitz eines dauerhaften Netzes von mehr oder weniger institutionalisierten Beziehungen gegenseitigen Kennens oder Anerkennens verbunden sind; oder, anders ausgedrückt, es handelt sich dabei um Ressourcen, die auf der Zugehörigkeit zu einer Gruppe beruhen. (Bourdieu, 1983, S. 6)

Es wird deutlich, dass Bourdieu das soziale Kapital als eine Ressource sieht, die den individuellen Akteurinnen und Akteuren zur Verfügung steht, allerdings aus den Beziehungen zu anderen entsteht. Eine Besonderheit ist, dass Bourdieu das Dauerhafte der Beziehungen betont und, dass diese institutionalisiert sind. Nicht jede Beziehung ist also in der Lage, Sozialkapital zu produzieren. Es scheint eine gewisse Beziehungsarbeit über die Zeit von Nöten zu sein, ja mehr noch die Zugehörigkeit zu einer Gruppe.

> Die Existenz eines Beziehungsnetzes ist weder eine natürliche noch eine soziale ‚Gegebenheit', [sondern] das Produkt individueller oder kollektiver Investitionsstrategien, die bewusst oder unbewusst auf die Schaffung und Erhaltung von Sozialbeziehungen gerichtet sind, die früher oder später einen unmittelbaren Nutzen versprechen. (Bourdieu, 1983, S. 7)

Das Sozialkapital eines Individuums hängt von unterschiedlichen Faktoren ab: 1) Von dem Umfang seines persönlichen Netzwerks. 2) Davon, wie viele von diesen Relationen in dauerhafte Beziehungen umgewandelt wurden und 3) von dem vorhandenen Kapital seiner Kontaktpartnerinnen und Kontaktpartner. Damit wird das Sozialkapital zu einer Ressource der Individuen neben anderen und ist, wie die anderen Formen des Kapitals, maßgeblich bestimmt von der Zugehörigkeit zu einer sozialen Klasse. Diese Annahme zeigt, wie wichtig bei Bourdieu die sozialen Klassen sind und wie starr diese Verhältnisse in der Gesellschaft seiner Zeit waren. Dieses Gesellschaftsbild spielt in der heutigen Forschung zum Sozialkapital kaum noch eine Rolle.

3.2.1.3 Lin und soziales Kapital im Netzwerk

Nan Lins Hauptwerk *Social Capital. A Theory of Social Structure and Action* (2002) wird als die explizite Verbindung von Netzwerkanalyse und sozialem Kapital betrachtet (Haug, 2007). Diese Verbindung liegt nahe, befassen sich doch beide Konzepte im Grunde genommen mit den Interaktionen bzw. Verbindungen von mehreren Handelnden. Obwohl diese Verbindung bereits in Granovetters und Bourdieus Werk angelegt ist, kommt Lin der Verdienst zu, das Zusammenspiel zu explizieren. Als besondere Stärke von Lins Ansatz kann die explizite Ausarbeitung des Begriffes Sozialkapital gelten, auch in Verbindung mit verwandten gängigen Konzepten, die Eingang in die Forschungsliteratur gefunden haben, wie z. B. der Diskussion um weak und strong ties (Granovetter, 1973, 1983). Lin bezieht sich auf die Tradition der bereits vorhandenen Forschungsliteratur der Sozialkapitaldiskussion und verortet sich gegen die Position von Putnam, dessen Buch *Bowling Alone* kurz zuvor erschienen war. Außerdem adaptiert und flexibilisiert Lin Bourdieus ressourcenorientierten Ansatz.

Da es in dieser Arbeit nicht um eine netzwerktheoretische Fundierung von Sozialkapital geht, wird am Beispiel von Lin diese Richtung abgearbeitet und daraufhin generell unter die ressourcenorientierten Ansätze subsummiert. Andere Theoretikerinnen und Theoretiker, z. B. Burt (1984; 1997; 2000), die sich ausführlich mit Positionen im Netzwerk beschäftigen und versuchen, Sozialkapital mittels einer Netzwerkanalyse empirisch messbar zu machen, werden in dieser Arbeit vernachlässigt, denn sie spielen kaum eine Rolle für die Forschung zum Zusammenhang von Online-Mediennutzung und wahrgenommenem Sozialkapital. An dieser Stelle soll bei weiterem Interesse auf Überblicksarbeiten verwiesen werden (z. B. Haug, 2007), die diese fruchtbaren Ansätze detaillierter besprechen.

Die meisten Versionen der Sozialkapitaltheorie können laut Lin (1999, 2002) den neo-kapitalistischen Theorien zugeordnet werden, da sie davon ausgehen, dass diese Kapitalform eine Investition oder Produktion von individuellen Personen ist. Als grundlegende Prämisse hinter dem Sozialkapital identifiziert Lin folgerichtig „investment in social relations with expected returns in the marketplace“ (Lin, 2002, S. 19) und betont damit sowohl die nötigen Investitionen in als auch den möglichen Nutzen der Akteurinnen und Akteure aus sozialen Beziehungen. Soziales Kapital funktioniert, da es den Informationsaustausch erleichtert, den Einfluss auf andere Personen ermöglicht und ihnen damit quasi als soziales Gewebe dient (Lin, 2002). Wie man solche soziale Beziehungen weiter differenzieren kann, macht Lin mit einem Verweis auf die Arbeit von Flap (1994) deutlich. Dieser macht drei Elemente des sozialen Kapitals aus: 1) Die Anzahl der sozialen Beziehungen, 2) ihre Stärke und 3) die Ressourcen, die diesen Beziehungen zur Verfügung stehen. Auffällig ist, wie ähnlich auch Bourdieu bestimmt hat, wovon das Sozialkapital des Einzelnen abhängt.

Lin hebt zusätzlich die Eingebundenheit der Individuen in Netzwerken hervor und definiert soziales Kapital als "the resources embedded in social networks accessed and used by actors for actions" (Lin, 2002, S. 25). Dabei ist zum einen wichtig, dass die möglichen Ressourcen zwar den Individuen zur Verfügung stehen, aber in soziale Netzwerke eingebunden sind (Lin, 1999) und zum zweiten, dass sich die Handelnden über diese Relationen und Ressourcen (zumeist) bewusst sind (Lin, 2002). Damit setzt sich Lin z. B. von Bourdieu ab, für den die Relationen und Ressourcen in die gesamtgesellschaftliche Wirklichkeit eingebunden sind und den Akteurinnen und Akteuren unbewusst sein können.

Ähnlich zu Bourdieu entwickelt Lin auch eine Gesellschaftstheorie und bestimmt zentrale Elemente, die das soziale Kapital hervorbringen. Bei ihm nehmen die drei Konzepte *Struktur*, *Interaktion* und *Handlung* zentrale Rollen ein. Ressourcen sind materielle oder symbolische Güter, denen ein bestimmter Wert zugesprochen wird. Ressourcen zu erhalten oder zu erlangen, ist nach Lin die zentrale Motivation, die die Handlungen der Individuen bestimmt. Ressourcen sind aber nach Lin (2002) in die soziale Struktur selbst eingebettet. Die soziale Struktur besteht demnach aus Individuen, die in einem hierarchischen Verhältnis (bestimmt durch unterschiedlichen Zugriff auf Ressourcen) zueinander stehen und nach bestimmten Regeln handeln. Die Ressourcen sind mit bestimmten Positionen in dieser Sozialstruktur verbunden, d. h. sie gehören nicht zu dem Individuum, das die Position bekleidet, sondern zu der Position selbst. Positionen bieten den Zugang zu mehr Ressourcen und damit zu mehr Macht und Autorität (Lin, 2002).

Grundsätzlich lassen sich nach Lin zwei Arten von Ressourcen unterscheiden: Persönliche Ressourcen, die dem Agierenden immanent sind, und relationale Ressourcen, welche in soziale Strukturen eingebettet sind, von Einzelnen jedoch abgerufen werden können (Lin, 2002). Letztere sind das, was Lin unter sozialem Kapital versteht. Je höher ihre Stellung in der Hierarchie, desto mehr wertvolle Ressourcen sind den Handelnden zugänglich. Das erinnert sehr an die bourdieusche Auffassung von sozialen Klassen und ihren unterschiedlichen Ressourcen sowie Handlungsmöglichkeiten. Doch bezieht Lin sich explizit nicht auf soziale Klassen, sondern sieht die netzwerkartigen Gesellschaftsstrukturen deutlich flexibler als Bourdieu. Auch kritisiert er an Bourdieu, dass dieser in einem Klassendenken verhaftet sei und den Gedanken der gesellschaftlichen Mobilität ablehne (Lin, 2002). Im Gegensatz zu Bourdieu gehe es Lin also nicht um die Vorteile bestimmter Klassen in der Gesellschaft sondern um die Vorteile bestimmter Positionen im Sozialgefüge.

Mit Verweis auf Burt (2000) formuliert Lin Annahmen, die sich konkret auf die Position der Individuen im Netzwerk beziehen und diese Position als ein Prädiktor für soziales Kapital nennen: Je besser die originäre Position der Individuen im Netzwerk ist, desto besser haben diese Zugang zu sozialem Kapital. Je näher Akteurinnen und Akteure zu sogenannten Brücken-Positionen im Netzwerk sind und je mehr Ressourcen diese Brücken haben, desto besser ist auch der Zugang der Individuen zu sozialem Kapital (Lin, 2002). Nur konsequent ist, dass Lin auch zu einem der Entwickler des sogenannten Positionsgenerators (Lin, Fu, & Hsung, 2001) geworden ist, indem er Sozialkapital anhand der Anzahl der Personen mit unterschiedlichen Berufen im eigenen Netzwerk misst.

Die relationalen Ressourcen, also das Sozialkapital, entstehen durch Interaktionen der Handelnden. Interaktionen erfolgen zumeist unter Individuen mit ähnlichen Eigenschaften (Homophilie). Diese homophilen Interaktionen sind weniger kostenintensiv für die Akteurinnen und Akteure. Heterophile Interaktionen können unter Umständen jedoch wertvoller sein, betont Lin (2002). Die Handelnden sind nach diesem Ansatz darauf bedacht, ihre Ressourcen zu erhalten und neue Ressourcen hinzu zu gewinnen. Ersteres nennt Lin expressive Handlungen. Die Ressourcengewinnung hingegen bezeichnet er als instrumentelle Handlungen. Expressive Handlungen sind primär und beinhalten vor allem homophile Interaktionen, da so Ressourcen beibehalten werden können. Instrumentelle Handlungen beziehen sich auf das Hinzugewinnen von Ressourcen und sind meist im Kontext von heterophilen Interaktionen gewinnbringend.

Mit dieser dichotomen Unterscheidung ist Lin Granovetters strong und weak ties sehr nahe. Denn während strong ties als homophil gelten (die Individuen sind sich ähnlich und gehören zur gleichen sozialen Gruppe), werden weak ties als heterophil (die Individuen sind sich weniger ähnlich und gehören nicht zur gleichen sozialen Gruppe) bezeichnet. Während die Stärke der Verbindungen generell ein Indikator dafür ist, wie gut Sozialkapital abgerufen werden kann, sind die weak ties insbesondere für den Erfolg der instrumentellen Handlung ausschlaggebend, wobei die starken Verbindungen insbesondere die expressiven Handlungen befördern. Damit erkennt Lin wie Granovetter allen schwachen Verbindungen eine Rolle zu, die Bourdieu nicht gesehen hat, als er hauptsächlich auf institutionalisierte Beziehungen und geschlossene Gruppen abzielte.

Im Gegensatz zu Bourdieu und Granovetter, die beim Verfassen der Werke zum Sozialkapital das Internet noch nicht kannten, beschäftigt sich Lin explizit mit den Möglichkeiten von Online-Medien für das Zustandekommen von Sozialkapital. Er spricht dem Internet grundsätzlich ein großes Potential zur positiven Veränderung des sozialen Kapitals zu und nimmt auch einen erheblichen Anstieg auf Grund des Entstehens von *cybernetworks* (Lin, 2002, S. 212) an. Hauptsächlich bieten für Lin Online-Medien die große Chance, sich von bisherigen Beschränkungen freizumachen: „No longer is social capital constrained by time or space; cybernetworks open up the possibility for global reaches in social capital" (Lin, 2002, S. 227). Es stellt sich allerdings die Frage, inwieweit neue erweiterte Sozialkapitaltheorien benötigt werden oder, ob die bisherigen Theorien und Annahmen einfach auf die Online-Mediennutzung übertragen werden können (Lin, 2002). Kritisch sieht Lin aber auch mögliche Probleme, z. B. den sogenannten *digital divide* (Bonfadelli, 2002; Kubicek & Welling, 2000), unerwünschte Nachrichten von Werbung bis Propaganda sowie die Wahrung der Privatsphäre als mögliche Gefahren der Online-Mediennutzung, die auch von der Sozialkapitalforschung berücksichtigt werden sollten (Lin, 2002).

Abschließend gilt es darauf hinzuweisen, dass Lin zwar in der Forschungsliteratur durchaus wahrgenommen und anerkannt ist, aber weitaus weniger rezipiert wird als Bourdieu oder Putnam. Das ist ausgesprochen schade, schließlich bietet er ein ausgereiftes theoretisches Gebilde an, in dem sich das Konzept Sozialkapital als eine Netzwerkressource gut einfügt. Gleichzeitig erweist sich seine Konzeptualisierung als weniger starr als die von Bourdieu.

3.2.2 Die normative Perspektive

Coleman und Putnam sollen in diesem Kapitel als Vertreter der normativen Perspektive herangezogen werden, da sie richtungsbestimmend für die Diskussion sind und beide die Bedeutung von Sozialkapital nicht für die Individuen, sondern primär für die Gesellschaft herausstellen. Die theoretischen Bemühungen der beiden Autoren sind deutlich mehr auf das Sozialkapital zugeschnitten und weniger eine Gesellschaftstheorie, in der auch Sozialkapital vorkommt, wie z. B. bei Bourdieu.

3.2.2.1 Coleman und die soziale Struktur

Ausgehend von den sozialen Beziehungen der einzelnen Personen bestimmt Coleman eben diese als Ressourcen. Allerdings betont er, dass die Annahme, Individuen handelten autonom und bauten eigenständig Ressourcen auf, eine Illusion sei. Er verweist vielmehr auf Granovetters und Lins frühe Arbeiten, in denen herausgestellt wird, dass die Individuen in die sie umgebende Struktur eingebettet sind. Darauf aufbauend, entwickelt Coleman seine Definition von Sozialkapital. Nach seiner Ansicht setzt sich diese soziale Ressource aus unterschiedlichen Dingen zusammen, die aber zwei Hauptcharakteristika gemeinsam haben: „They all consist of some aspect of a social structure, and they facilitate certain actions of individuals who are within the structure“ (Coleman, 1994, S. 302).

Coleman folgt einem Rational Choice-Ansatz, erkennt aber an, dass die Handelnden sozial determiniert sind und sieht soziales Kapital als eine handlungsleitende Ressource. Soziales Kapital steht nicht direkt den Akteurinnen und Akteuren zu, sondern ist in ihren Beziehungen verortet. Als Ressource kann er aber von den Individuen instrumentell benutzt werden: „The function identified by the concept of 'social capital' is the value of these aspects of social structure to actors as resources that they can use to achieve their interests“ (Coleman, 1988, S. 101).

Im Gegensatz zu beispielsweise Bourdieu differenziert Coleman das Konzept weiter aus und bietet drei unterschiedliche Formen von Sozialkapital an: „obligations and expectations, information channels, and social norms“ (Coleman, 1988, S. 95). Die formale Definition dieser drei Bestandteile zeigt die Interdependenzen zwischen ihnen: „If A does something for B and trusts B to reciprocate in the future, this establishes an expectation in A and an obligation on the part of B“ (Coleman, 1988, S. 95). Die Rolle von Informationen bei der Ausführung von Handlungen nimmt für Coleman eine zentrale Rolle ein. Soziale Beziehungen können in diesem Fall einen Informationsvorsprung gewähren und andere Kosten ersparen (wie z. B. Aufmerksamkeit). Zum anderen spielt es eine Rolle, welche sozialen Verpflichtungen die einzelnen Individuen besitzen, d. h. wie viel Hilfe sie abrufen können. Normen wiederum helfen, bestimmte soziale Verhaltensweisen zu verfestigen und können daher ebenfalls eine eigene Form von Sozialkapital sein (Coleman, 1994).

Wie auch die vorher erwähnten Theoretiker, betont Coleman, dass die eigene gesellschaftliche Stellung die zur Verfügung stehenden Ressourcen determiniert. Verschiedene soziale Konstellationen können dafür sorgen, dass mehr oder eben weniger soziales Kapital vorhanden ist. Coleman verweist z. B. auf *closure* (die Schließung bzw. Engmaschigkeit von sozialen Netzwerken) und die

Existenz von sozialen Organisationen als konstitutives Merkmal für mehr Sozialkapital (Coleman, 1994). Sind engmaschige soziale Netzwerke und Institutionen vorhanden, entstehen nach Coleman multiplexe Beziehungen, die ebenfalls zu mehr Sozialkapital führen. Die dahinterliegende Annahme ist, dass multiplexe Beziehungen besonders wertvoll sind, da sie in verschiedenen Kontexten eingesetzt werden können. Diesen Punkt wird später auch Putnam bei seiner großen Gesellschaftskritik aufgreifen. Auch können Hierarchien für eine unterschiedliche Verteilung von Sozialkapital sorgen, denn Ranghöhere haben mehr Zugriff auf die wertvolle Ressource (Coleman, 1994).

Die gesellschaftliche Perspektive spielt insofern eine Rolle, als dass Coleman für das Zustandekommen von sozialem Kapital ein generelles Vertrauen der Individuen in ihre Umgebung für nötig hält; ein Aspekt, der später von Putnam aufgegriffen wird. Als (wenig geglücktes) Beispiel wählt Coleman zunächst das Beispiel Arzt-Patient-Verhältnis und illustriert, wie Klagen gegen vermeintlich falsche Behandlungen die Kosten der Gesundheit in die Höhe getrieben haben (Coleman, 1994). Auch der Fall einer Mutter, die sogar den Wohnort gewechselt hat um eine sicherere Umgebung für ihr Kind zu finden, wird angeführt. Es können also sowohl Individuen als auch Gruppen oder Gesellschaften vom Sozialkapital profitieren. Allerdings gehört das soziale Kapital nicht den Individuen und, obwohl es eine Ressource ist, kann es nicht einfach umgewandelt oder ausgetauscht werden (Coleman, 1994). Wieder wird hier Colemans Perspektive auf die Gesellschaft klar: Sozialkapital ist für ihn ein öffentliches Gut, von dem alle profitieren und nicht nur die, die darin investiert haben: „The public-good aspect of most social capital means that it is in a fundamentally different position with respect to purposive action that are most other forms of capital“ (Coleman, 1994, S. 317).

3.2.2.2 Putnam und die Diagnose des Verfalls

Putnams Beschäftigung mit Sozialkapital resultiert aus der Sorge um die Abnahme eben dieser Ressource in der Gesellschaft. Sein Werk *Bowling Alone* (Putnam, 2001) macht diese Befürchtung zum Thema und ist sicherlich eins der meist rezipierten Werke zum Themenkomplex Sozialkapital.

Putnam (2001) verortet Sozialkapital auf der Makroebene als Ressource der Gesellschaft und lässt die Individuen nur noch als Produzierende dessen auftreten: „'Social capital' refers to features of social organization such as networks, norms, and social trust that facilitate coordination and cooperation for mutual benefit“ (Putnam, 2001, S. 2). Hier wird der Einfluss Colemans deutlich, denn Putnam verwendet dessen Sozialkapitaldimensionen. Putnams Diagnose lautet, dass das Sozialkapital in den USA drastisch zurückgehe. Ein Indikator dafür sei z. B., dass das bürgerschaftliches Engagement im zeitgenössischen Amerika insgesamt abgenommen habe, was z. B. unter anderem an einer sinkenden Beteiligung in Organisationen ersichtlich wäre. Dabei geht es ihm ausdrücklich nicht um die formelle Teilnahme im Sinne einer passiven Mitgliedschaft, sondern um die aktive Beteiligung der Bürgerinnen und Bürger. Um diese These zu belegen mäandert sein Werk (Putnam, 2001) durch die USA des 20. Jahrhunderts und diagnostiziert einen zunehmenden Verfall der Gesellschaft. Putnam belegt diesen anhand verschiedener Studien über die Beteiligung der Bürgerinnen und Bürger an der Politik, der Zivilgesellschaft, der Religion sowie an sozialen Beziehungen beruflicher und informeller Art. Verantwortlich macht Putnam für diesen vermeintlichen Rückgang des Sozialkapitals unter anderem die Medien, vor allem in Form des Fernsehers, die den individuellen und individualisierten Geschmack und Konsum unterstützten. Daneben spielen auch andere zeitgenössische Entwicklungstendenzen, z. B. freiwillige oder unfreiwillige Mobilität und Zeitdruck, in einer veränderten Lebens- und Arbeitswelt eine Rolle. Putnam stellt also im Gegensatz zu Bourdieu das Konzept Sozialkapital in das Zentrum seiner Überlegungen, ohne erst die theoretischen Grundlagen einer Großtheorie zu schaffen. Seine Definition von Sozialkapital geht weit über die individuellen Personen hinaus: „[S]ocial capital refers to the connections among individuals – social networks and the norms of reciprocity and trustworthiness that arise from them“ (Putnam, 2001, S.19).

Sozialkapital entsteht also nicht in bestimmten gesellschaftlichen Klassen, sondern durch die Art, in der Beziehungen zwischen den Individuen beschaffen sind. Auch Putnam sieht nicht jede soziale Beziehung zur Produktion von Sozialkapital geeignet, sondern zielt auf die formalisierten Beziehungen ab (z. B. im Sinne der aktiven Mitgliedschaft in Organisationen). Obwohl Putnam sich auf die gesellschaftlichen Folgen von Sozialkapital fokussiert und immer auch diese hervorhebt, sieht er diese durchaus auch beim Individuum: „Social capital can thus be simultaneously a ‚private good' and a ‚public good'“ (Putnam, 2001, S. 20). Sozialkapital kann also zumindest teilweise direkt der involvierten Person zugutekommen, weitaus wichtiger und folgenreicher ist aber die Auswirkung der individuellen Handlungen auf die gesamte Gesellschaft.

Eine der wichtigsten Unterscheidungen, die Putnam – beeinflusst von Mark Granovetters Idee, doch begrifflich unterschiedlich zu ihm – einführt, ist die Differenzierung von Sozialkapital in bridging und bonding. Damit differenziert er das übergroße Konzept Sozialkapital und macht klar, dass Sozialkapital durchaus verschieden sein kann, je nachdem, von wem es bezogen wird. „Some forms of social capital are [...] inward looking and tend to reinforce exclusive identities and homogeneous groups“ (Putnam, 2001, S. 22), erklärt Putnam zum

Begriff des bonding Sozialkapital. Dieser würde dazu dienen, sich spezieller reziproker Handlungen zu versichern und Solidarität zu mobilisieren. Bridging Sozialkapital hingegen sei eher geeignet, sich mit neuen vorteilhaften Kontakten zu verbinden um wertvolle nicht-redundante Informationen zu erhalten und ist dadurch „outward looking and encompass people across diverse social cleavages“ (Putnam, 2001, S. 22). Beide Formen des Sozialkapitals sind jedoch nicht einander konträr entgegengesetzt, sondern zwei Dimensionen eines Konzepts. Obwohl – oder gerade weil – sich Putnam weniger für die Theorie selbst interessiert, sondern gesellschaftliche Defizite aufzeigen will, differenziert und konkretisiert er die Idee von Sozialkapital stärker als Pierre Bourdieu.

Zudem betrachtet er explizit und recht ausführlich die Rolle der Medien. Verschiedene Medien dienen Putnam jeweils dazu, bestimmte Entwicklungen zu illustrieren. Das Telefon wird erwähnt als ein Beispiel für die Unberechenbarkeit der Nutzung neuer Technologien (Putnam, 2001), da die Technologie zwar den Rahmen der Möglichkeiten bestimmt, aber erst die tatsächliche Nutzung diesen ausgestaltet. So verweist Putnam darauf, dass beim Telefon die Erwartungen seitens Industrie und Forschung (Broadcasting) nicht mit der tatsächlichen Nutzung (Einzelkommunikation) übereinstimmen. Der Fernseher erscheint bei Putnam als einer der Gründe für den individuellen und individualisierten Geschmack und Konsum der Bürgerinnen und Bürger und damit auch als Hauptgrund für den Rückgang des Sozialkapitals: „So far we have discovered that television watching and especially dependence upon television for entertainment are closely correlated for civic disengagement“ (Putnam, 2001, S. 235). Inwiefern diese These haltbar ist, kann im Rahmen dieser Arbeit nicht besprochen werden; für eine prägnante Darstellung der Kritik an Putnam sei Lin (2002) empfohlen.

Am Beispiel von Internet und Online-Medien spielt Putnam durch, ob sich im Zuge der Digitalisierung neue Möglichkeiten zur sozialen Einbettung der Individuen – trotz abnehmender Offline-Kontakte der Akteurinnen und Akteure – bieten. So diskutiert Putnam, ob computervermittelte Kommutation gemeinsam mit dem Erstarken der Kleingruppen und sozialen Bewegungen zu den möglichen Rettern von Sozialkapital gehören könnte. In seinen Augen bleibt die Auswirkung der Internetnutzung jedoch abzuwarten: „For the moment I conclude that the Internet will not automatically offset the decline in more conventional forms of social capital, but that it has the potential“ (Putnam, 2001, S.180). Ganz deutlich unterscheidet Putnam hier zwischen zwei Möglichkeiten des Internets, das sowohl eine aktive soziale Vernetzung erzeugen als auch der individualisierten Unterhaltung dienen kann. Letzteres hätte in seinen Augen einen ähnlichen Effekt wie das Fernsehen, während ersteres der Abnahme des Sozialkapitals entgegenwirken könnte.

3.2.3 Zusammenfassung

In den vergangenen Kapiteln wurden unterschiedliche soziologische Perspektiven auf das Sozialkapital dargestellt. Es ist nun deutlich, dass der Begriff Sozialkapital sich zwar immer auf die Investitionen in und den Nutzen aus sozialen Beziehungen bezieht, ansonsten aber mehrdeutig ist. Bereits die grundlegende Perspektive ist recht unterschiedlich. Pierre Bourdieu (1983; 1987a; 1987b) denkt in sozialen Klassen und Machtkämpfen zwischen denselben. Das Sozialkapital dient – wie auch z. B. das kulturelle Kapital – dazu, die eigene soziale Stellung aufrechtzuerhalten oder zu verbessern.

Putnam betrachtet soziales Kapital als Klebemittel der Gesellschaft, eine Ressource, die dafür sorgt, dass diese funktioniert und lebenswert ist. Klassendenken kommt in Robert Putnams Buch *Bowling Alone* (2001) nur insoweit vor, als dass bestimmte sozio-ökonomische Merkmale es mehr oder weniger wahrscheinlich machen, dass der Bürgerinnen und Bürger sich an den sogenannten nützlichen Aktivitäten beteiligen. Der von Putnam diagnostizierte Verfall der Zivilgesellschaft im modernen Amerika betrifft jedoch alle und ist damit kein Klassenproblem. Nan Lin (1999; 2002) stellt wieder die Handlungen und Interaktionen der Individuen sowie deren Netzwerk ins Zentrum seiner Betrachtungen und legt damit den Schwerpunkt auf die Struktur in die die Akteurinnen und Akteure eingebettet sind. Verbunden mit diesen jeweils unterschiedlichen Grundideen unterscheiden sich auch die konkreten Bestimmungen des Begriffes Sozialkapital.

Grundsätzlich betont diese ressourcenorientierte Perspektive die Ressourcen und Interaktionen der individuellen Personen und auch die Vorteile, die sich dadurch für diese ergeben können. Sozialkapital gehört hier zu den Handelnden und/oder ist in ihre Sozialstrukturen eingebettet. Dabei hat Granovetter einen der Grundsteine gelegt, den Begriff Sozialkapital jedoch selbst nie verwendet. Das Sozialkapital nimmt in Bourdieus Werk einen eher kleinen Teil ein und ist nur in der Verankerung der Gesellschaftstheorie – zwischen Feld und Habitus – verständlich. Diese ressourcenorientierte Sichtweise hat Lin aufgenommen und seine eigene (Netzwerk)Perspektive auf dieser Basis und im Gegensatz dazu deutlich gemacht.

An der normativen Perspektive fällt eine stärkere Fokussierung auf die Missstände der Gesellschaft auf und weniger stark auf das Hinarbeiten eines ausgefeilten theoretischen Konstrukts. Die Verortung des Sozialkapitals findet auf der Makroebene statt; sie ist eine Ressource der Gesellschaft geworden. Die Individuen produzieren sie zwar und profitieren auch indirekt von ihnen, doch Institutionen und andere gesellschaftliche Organisationen bilden das Kernstück des Konzepts, da nur sie Sozialkapital speichern können. Tabelle 2 stellt über-

Tabelle 2: Übersicht über die theoretischen Perspektiven auf Sozialkapital

	Ressourcenorientierte Perspektive			Normative Perspektive	
	Granovetter	Bourdieu	Lin	Coleman	Putnam
Erzeugung	Interaktionen zwischen Individuen	Interaktionen zwischen Individuen	Interaktionen zwischen Individuen	Interaktionen zwischen Individuen	Interaktionen zwischen Individuen
Profit	Individuen	Individuen (und Klassen)	Individuen (und ihre Netzwerke)	(Individuen, Gruppen und) Gesellschaft	(Individuen und) Gesellschaft
Aufbewahrung	Dyaden	Gruppen	Soziale Netzwerke	Organisationen, Gesellschaft	Organisationen, Gesellschaft
Beziehungen	Starke und schwache Beziehungen	Institutionalisierte (starke) Beziehungen	Starke und schwache Beziehungen	Starke und schwache Beziehungen	Starke und schwache institutionalisierte Beziehungen
Empirische Untersuchung	Mikroebene	Mikroebene	Mikro-/Mesoebene	Meso- und Makroebene	Meso- und Makroebene
(Mögliche) Operationalisierung	z. B. Kontakthäufigkeit, Rating als starke und schwache Kontakte durch die Befragten	Zugang zu bestimmten Individuen und Gruppen durch institutionalisierte Beziehungen	Positionsgenerator	Generalisiertes Vertrauen, Teilnahme an gesellschaftlichen Organisationen	Generalisiertes Vertrauen, Teilnahme an gesellschaftlichen Organisationen
Zentrale theoretische Konstrukte	Starke und schwache Beziehungen	Theorie der Praxis, Feld, Habitus, unterschiedliche Kapitalformen	Struktur, Interaktion, Handlung	Verpflichtungen und Erwartungs-, Informationskanäle und soziale Normen	Vertrauen, Reziprozität, Gemeinschaftlichkeit, bridging und bonding

blicksartig die wichtigsten Charakteristika der aufgezählten Konzeptionen, wie sie in den vorangegangenen Kapitels besprochen wurden, dar.

Es ist erkennbar, dass trotz der einen allen gemeinsamen Grundidee vom Nutzen der sozialen Beziehungen die verschiedenen theoretischen Perspektiven unterschiedliche Konzeptionen von Sozialkapital hervorgebracht haben. Während sich alle einig sind, dass die Erzeugung von und der Zugriff auf Sozialkapital durch die Interaktionen zwischen Individuen geschieht, herrscht Uneinigkeit darüber, wo das Kapital aufbewahrt wird, wer eigentlich über diese Ressource verfügen und von ihr profitieren kann oder wie diese Ressource empirisch untersucht werden soll. Als Kontrast und Ergänzung soll nun die (sozial)psychologische Perspektive vorgestellt werden, die sich eigenständig und parallel zu der soziologischen Perspektive entwickelt hat

3.3 Die sozialpsychologische Perspektive: Soziale Unterstützung

Die Arbeiten um den Begriff der sozialen Unterstützung sind insgesamt weniger der Versuch einer Gesellschaftstheorie, als eine Ausformulierung und empirische Messbarmachung der Nutzen und Funktionen von sozialen Beziehungen. Dem Grundgedanken nach geht es somit eher um konkrete Hilfeleistungen, sowohl im Alltag als auch in schwierigen Situationen, und weniger um eine reine (soziale) Ressource wie beim Sozialkapital. Allerdings beinhalten die Definitionen von sozialer Unterstützung meist nicht den Gedanken an konkrete, sondern an potentielle bzw. wahrgenommene soziale Unterstützung (Albrecht & Adelman, 1987; Barrera, 1986). Dass die Probleme ähnlich wie bei der theorielastigeren Sozialkapitaldiskussion gelagert sind, überrascht nicht. Schließlich sind sich die beiden Konzepte nicht nur in der Operationalisierung, sondern auch in der Grundidee – den Nutzen von sozialen Beziehungen zu erfassen – unglaublich ähnlich. Während in der Forschungsliteratur zu Sozialkapital hauptsächlich die unterschiedlichen theoretischen Ansätze für Verwirrung sorgen, gibt es bei sozialer Unterstützung vergleichsweise weniger Theoriearbeit, dafür aber eine differenzierte empirische Betrachtung von sozialer Unterstützung, also viele Subdimensionen und mannigfaltige Versuche, diese messbar zu machen. Deswegen werden hier auch nicht einzelne theoretische Positionen detailliert betrachtet, sondern eher die Aufgliederung des Konzeptes beleuchtet.

3.3.1 Wahrgenommene soziale Unterstützung

Auch bei der Diskussion um soziale Unterstützung bemängeln die Überblicksarbeiten (Barrera, 1986; Lakey & Cohen, 2000; Shumaker & Brownell, 1984) die Vieldeutigkeit des Begriffs und, dass die Forschungsarbeiten zu dem Thema unter einem Begriff ganz unterschiedliche Konzepte untersuchen. House, Umberson und Landis (1988) verorten die Ursprünge der Forschungsrichtung bei den Vorlesungen von John Cassel und Sydney Cobb im Jahre 1976 – zwei Epidemiologen mit einem starken Interesse an der Psychologie, die sich mit der Wichtigkeit von sozialen Beziehungen für den Erhalt der Gesundheit und den Verlauf von Krankheiten beschäftigten. Ihre Arbeit fand daraufhin viel Beachtung in der Forschungsgemeinde (Israel & Rounds, 1987) und zog eine Reihe von Folgestudien nach sich, vor allem in den Themenkomplexen Gesundheitserhaltung, Stressbewältigung und Krankheitsüberwindung.

Zum einen galt das Forschungsinteresse der Frage, ob soziale Unterstützung und Gesundheit positiv assoziiert werden (*direct or main effect hypothesis*) oder ob soziale Unterstützung die pathologischen Effekte von Stress reduziert und so seine positive Wirkung entfaltet (*buffering hypothesis*) (Cohen & Syme, 1985). Cohen und Syme (1985) bemerken jedoch kritisch, dass die unterschiedlichen Ergebnisse oftmals mit den unterschiedlichen Konzeptionen von sozialer Unterstützung zusammen hängen:

> Direct effects generally occur when the support measure assesses the degree to which a person is integrated within a social network, while bulfering effects occur when the support measure assesses the availability of resources that help one respond to stressful events. (Cohen & Syme, 1985, S. 6)

Daher fordern die Autoren dazu auf, die Forschungsbemühungen darauf zu richten, wie sich soziale Unterstützung in beiden Messarten zu weiteren Mediatoren von Gesundheit verhält.

Shumaker und Brownell (1984) erkunden die Effekte der sozialen Unterstützung sowohl für Sender als auch für Empfänger und bringen damit die Idee der Reziprozität ausdrücklich ins Spiel. Sie verweisen weiterhin auf die Kontextbedingungen für soziale Unterstützung, die sowohl die Eigenschaften der Handelnden als auch der Netzwerke und Orte beinhalten. Man erkennt also beim Blick auf die frühe Forschung zu sozialer Unterstützung, dass keineswegs von Anfang an klar war, was man genau mit dem Konzept untersuchen wollte.

Die Definition des Begriffs soziale Unterstützung ist folgerichtig auch uneinheitlich in der Literatur (Barrera, 1986; Israel & Rounds, 1987; Lakey & Cohen, 2000), was häufig thematisiert wird. Lakey und Cohen (2000) sehen drei Hauptrichtungen der Forschung zu sozialer Unterstützung: die Stressbewältigungsperspektive, die sozialkonstruktivistische Perspektive und die Perspektive, welche die sozialen Beziehungen der Individuen fokussiert. Die drei Richtungen haben jeweils unterschiedliche Annahmen darüber, wie soziale Unterstützung den Individuen nützen kann. Insbesondere beziehen sich die Autoren – ganz in der Tradition des Feldes (Cohen & Syme, 1985) – auf gesundheitliche Auswirkungen bei den Rezipierenden: Wirkt soziale Unterstützung direkt oder indirekt auf ihre Gesundheit?

Barrera (1986) beklagt in seiner Überblicksarbeit die Verwendung von unterschiedlichen Definitionen in den verschiedenen Studien, die drei verschiedenen Probleme mit sich bringt. 1), „definitions of social support are often so vague or so broad that the concept is in danger of losing its distinctiveness“, 2) „that there is little consensus on how social support should be defined“ (Barrera, 1986, S. 414) sowie 3), dass auch die empirische Messung von sozialer Unterstützung uneinheitlich geschieht. Barrera (1986) postuliert folglich, dass der Begriff soziale Unterstützung zu unspezifisch ist und in weitere Unterkategorien eingeteilt werden muss, um als Forschungskonzept nützlich zu sein. Grundsätzlich unterscheidet er zwischen 1) *social embededdness*, 2) *perceived social support* und 3) *enacted support*. Sehr ähnlich ist auch die Einteilung von beispielsweise House et al. (1985), die ebenfalls drei Richtungen identifizieren, nämlich 1) die Quantität der Beziehungen, 2) die Art der umgebenden Struktur und 3) den Inhalt dieser Austauschbeziehungen, die sie als soziale Unterstützung betiteln. Leavy (1983) identifiziert nur zwei Typen, nämlich 1) Struktur und 2) Inhalt der sozialen Beziehungen, was Barreras (1986) sozialer Eingebettetheit und wahrgenommener sozialer Unterstützung entspricht.

Social embeddedness, also die soziale Eingebettetheit der einzelnen Personen, bezieht sich auf das Vorhandensein und die Quantität von sozialen Beziehungen für Individuen. Obwohl diese nicht per se soziale Unterstützung bieten müssen, können sie als Indikatoren für potentielle Quellen von sozialer Unterstützung angesehen werden. Barrera (1986) nennt zwei Arten, nach denen dieses Unterkonzept gemessen wird: Einmal wird grundsätzlich das Vorhandensein von sozialen Beziehungen (z. B. Freundschaften) abgefragt. Ein anderer Ansatz ist in seinen Augen die soziale Netzwerkanalyse, die zwar über das schiere Vorhandensein von Beziehungen hinausgeht, diese aber trotzdem in das Zentrum der Betrachtungen stellt. Barreras Kritik an der Perspektive ist, dass sie zwar wichtige Relationen identifiziert, aber oftmals versäumt „to illuminate the mechanism of social support's hypothesized influence on stress or psychological distress“ (Barrera, 1986, S. 416).

Ein anderes Unterkonzept nach Barrera (1986) ist enacted social support. Es bezieht sich auf die Handlungen der Personen, die der Umgebung soziale Unterstützung bieten. Bei der Erforschung dieser Richtung geht es darum, zu erfahren, was die Leute tun, wenn sie jemanden aktiv unterstützen wollen, z. B. im Krankheitsfall. Die Reziprozität, welche von fast allen Sozialkapitaltheorien nur implizit erwähnt wurde, bekommt hier ein eigenes Forschungsprogramm. Eine dem enacted social support von Barrera sehr ähnliche Bestimmung ist das sogenannte received social support (Dunkel-Schetter, Feinstein, & Call, 1986) die neben der erhaltenen sozialen Unterstützung auch die Zufriedenheit der Individuen damit erhebt. Obwohl letzteres sicherlich eine sinnvolle Erweiterung des Konzeptes ist, bleibt die Frage, inwiefern die Akteure und Akteurinnen zwischen tatsächlich erhaltenen und wahrgenommenen sozialen Ressourcen sinnvoll unterscheiden können, weiterhin offen.

Neben der numerischen oder der darüber hinausgehenden Analyse der vorhandenen Relationen mithilfe der Netzwerkanalyse zielt die Forschung zu sozialer Unterstützung auch auf die Perspektive der Individuen ab: „Perceived social support has emerged as a prominent concept that characterizes social support as the cognitive appraisal of being reliably connected to others“ (Barrera, 1986, S. 416). Hierbei geht es im Gegensatz zur Quantifizierung der Relationen um die wahrgenommene Unterstützung, die Individuen für sich berichten. Diese Einschätzung kann unabhängig davon sein, inwiefern die Individuen tatsächlich nützliche soziale Beziehungen haben und ob sie von diesen Kontakten tatsächlich soziale Unterstützung erhalten. Die sogenannte wahrgenommene soziale Unterstützung will also messen, inwiefern Individuen potentielle Verfügbarkeit von und Angemessenheit der Unterstützung erfahren. Damit ist die wahrgenommene soziale Unterstützung begrifflich am nächsten zu der ressourcenorientierten soziologischen Sozialkapitaldiskussion, betrachtet sie doch potentielle soziale Ressourcen, die den Individuen zur Verfügung stehen und ihnen nützen können.

Die Unterscheidung der verschiedenen Unterkonzepte von sozialer Unterstützung leugnet keinesfalls die Verwandtschaft zwischen ihnen:

> In this model the availability of social connections contribute to an individual's perception that he or she can rely on others for aid or emotional sustenance. Furthermore, the perceived availability of support is related to an individual's decision to seek out support and ultimately to the provision of support by those individuals who are available and equipped to deliver the needed assistance. (Barrera, 1986, S. 418)

Die Konzepte bezeichnen also unterschiedliche Perspektiven innerhalb des gleichen Prozesses und sind daher voneinander abhängig, aber dennoch unterschiedlich genug um sie getrennt messen zu können. Somit liefert Barreras (1986) Typologie nicht nur eine theoretische Präzisierung von sozialer Unterstützung, sondern auch eine Typologie, nach der Forschungsarbeiten eingeordnet werden können. Barrera stellt jedoch fest, dass die unterschiedlichen Konzepte, wenn sie in Studien gemessen werden, nur schwache Zusammenhänge zeigen, d. h. die Korrelation der unterschiedlichen Skalen ist eher gering (Barrera, 1986). Die Antwort auf die Frage, wie es zu bewerten ist, dass z. B. die Anzahl von sozialen Beziehungen mit der wahrgenommenen sozialen Unterstützung nur schwach korreliert, bleibt der Autor an dieser Stelle – und auch die Forschungsliteratur bis zum heutigen Tage – schuldig. Das ist wohl zum einen der Vagheit des Konzepts geschuldet und auch der bereits erwähnten Tatsache, dass die meisten Forschungsarbeiten in diesem Feld recht theoriefern arbeiten.

Eine etwas genauere Definition ist die von Shumaker und Brownell (1984), die wahrgenommene soziale Unterstützung folgendermaßen definieren: "[A]n exchange of resources between two individuals perceived by the provider or the recipient to be intended to enhance the wellbeing of the recipient“ (Shumaker & Brownell, 1984, S. 13). Insbesondere wird hier betont, dass die Beziehungen, welche zur Unterstützung dienen können, Austauschbeziehungen sind, die den Handelnden erlauben, bestimmte Güter mit anderen auszutauschen (ähnlich argumentieren auch Langford et al., 1997). Auch hier wird die Idee der Reziprozität explizit betont und die Interdependenz in zwischenmenschlichen Beziehungen herausgestellt. Unterstützung wird normalerweise erwidert; ob das möglich ist, beeinflusst nicht nur die Suche und Akzeptanz von Unterstützung, sondern auch die Beziehungen selbst.

Auch Barreras (1986) Definition war recht anspruchsvoll, denn er betonte verantwortungsvolle Beziehungen für das wahrgenommene Sozialkapital. In seiner Definition ist hingegen die Austauschbeziehung nicht so prominent hervorgehoben. Vermutlich auch, weil er zwischen den Perspektiven Sozialkapital wahrnehmen (perceived social support) und bieten (enacted social support) grundsätzlich unterscheidet. Trotz der Idee der Austauschbeziehungen betonen Trepte und Scharkow (2016), dass Fluktuationen in wahrgenommener sozialen Unterstützung wenig wahrscheinlich sind und das Konzept vielmehr als eine Art Persönlichkeitseigenschaften betrachtet werden sollte: „It is closely related to other traits such as optimism, extraversion, and self-esteem.“ (Trepte & Scharkow, 2016).

Im weiteren Verlauf der Arbeit wird die wahrgenommene soziale Unterstützung (Barrera, 1986) betrachtet, denn sie ist das am meisten untersuchte Konzept und auch dem Begriff des Sozialkapitals, insbesondere der ressourcenorientierten Perspektive, am nächsten. Wie noch zu zeigen sein wird, dient wahrgenommene soziale Unterstützung auch als implizites Vorbild bei der Erarbeitung des Konzepts wahrgenommenes Sozialkapital, welches insbesondere im Kontext der Online-Mediennutzung aufkam. Auffällig ist, dass wahrgenommene soziale Unterstützung zwar mit anderen theoretischen Traditionen der

(Sozial)Psychologie verbunden wird – so verweist Stewart (1989) auf gleich fünf verschiedene Theorien: *Attribution Theory*, *Coping Theory*, *Equity Theory*, *Loneliness Theory*, *Social Comparison Theory* –, der Versuch einer Ankopplung an eine Gesellschaftstheorie oder gar an die Sozialkapitaldiskussion der Soziologie aber ausbleibt. House et al., (1988) beziehen sich auf diesen Sachverhalt und fordern genau diese Ankopplung der Literatur an die Soziologie:

> Yet the major contributors in the recently burgeoning literature on social support have been psychosocially oriented health scientists, with the literature dominated numerically by articles from the health sciences and, increasingly, psychology. However, sociologists have an important role to play if the study of this inherently sociological phenomenon is to advance beyond its current state. (House et al., 1988, S. 294)

Leider ist die explizite Ankopplung an die Forschung der anderen Fachdisziplinen bis heute von beiden Seiten weitgehend ausgeblieben (als eine Ausnahme siehe Trepte & Scharkow, 2016).

3.3.2 Dimensionen der wahrgenommenen sozialen Unterstützung

Verschiedene Forschende (z. B. Shumaker & Brownell, 1984) verweisen in der Forschungsliteratur auf die Komplexität menschlicher Beziehungen, die durch ökonomische Modelle nur unzureichend erfasst wird. Soziales Verhalten wird von vielerlei Faktoren beeinflusst, die z. B. in der Lebenssituation oder Persönlichkeit der Individuen begründet sein können. Auch spielt die Art der Beziehung zwischen den Individuen eine Rolle; so verhalten sich Fremde anders als Freundinnen und Freunde (Langford et al., 1997; Shumaker & Brownell 1984). Welche Unterstützung die Individuen von diesen Sozialkontakten benötigen, hängt allerdings auch von ihrer Lebenssituation und von ihren aktuellen Bedürfnissen ab. In der psychologischen Betrachtung der sozialen Unterstützung liefern diese Bedürfnisse die Hauptunterscheidungskriterien für die verschieden Subdimensionen des Konzeptes.

Schließlich gilt: „According to most models of support, its overall function is to enhance the recipient's well-being – that is, to enhance the overall physical and mental health of the individual“ (Shumaker & Brownell, 1984, S. 23). Stress, Gesundheit und psychologisches Wohlergehen stehen im Zentrum der Diskussion. Shumaker und Brownell (1984) unterscheiden zunächst verschiedene Funktionen, durch die das Wohlbefinden der Individuen gesteigert wird, wie erstens die Erfüllung von affiliativen Bedürfnissen, die darauf abzielen, dass Personen generell soziale Kontakte und Gemeinschaft benötigen, zweitens die Erhöhung von Selbstbewusstsein sowie drittens die Identitätsbildung und -

aufrechterhaltung. Die anderen Funktionen, die soziale Unterstützung erfüllen kann, sind mit Stressreduktion verbunden, wie kognitive Bewertung von und Anpassung an Stresssituationen (Shumaker & Brownell, 1984).

Da die individuelle Lebenssituation der Akteurinnen und Akteure verschiedene Arten von Unterstützung nötig macht, wurde die wahrgenommene soziale Unterstützung in der Literatur zumeist auch in verschiedene Dimensionen eingeteilt (Cobb, 1976; Langford et al., 1997; Veiel, 1985). Die klassische Unterscheidung wird auf House (1981) zurückgeführt und beinhaltet die Differenzierung zwischen *emotional*, *instrumental* sowie *appraisal* und *informational support*. Während das erste Unterkonzept sich darauf bezieht, dass man mit anderen z. B. über Probleme reden kann, dreht sich das zweite um konkrete alltägliche Hilfe, wie etwa bei einem Umzug. Appraisal support bezeichnet zum Beispiel das gemeinsame Unternehmen von Freizeitaktivitäten, informational support hingegen die Unterstützung durch das Bereitstellen von Informationen. Auch diese Konzepte sind nicht vollkommen unabhängig voneinander zu betrachten, sondern stellen eher Idealtypen (Israel & Rounds, 1987) dar. Andere Forschende (z. B. Cohen & Hoberman, 1983) entwickeln oder benutzen andere Subdimensionen, wie *self-esteem*, *appraisal*, *belonging* sowie *tangible support* und betonen das Selbstbewusstsein, die Wertschätzung, die Zugehörigkeit sowie die materielle Abhängigkeit von den sozialen Beziehungen der Handelnden. Eine weitere Einteilung ist die von Wills (1985) in *esteem support*, *informational support*, *instrumental support* und *social companionship*. Hier werden unter anderem auch gemeinsame Unternehmungen und Freizeitaktivitäten hervorgehoben.

Offensichtlich ist, dass auch bei der Einteilung in Subdimensionen, keine Einigkeit, sondern eine Vielfalt der Typologien und Dimensionen zu finden ist. Man erkennt aber, dass diese Unterdimensionen sich oftmals ähnlich sind und um die gleichen Grundideen kreisen. Studien versuchen vereinzelt, die Subkonzepte aus der Diskussion um soziale Unterstützung mit der Sozialkapitaldiskussion empirisch zu verbinden. Sie finden, dass emotional und instrumental support mit bonding Sozialkapital assoziiert sind, während informational support eher mit bridging Sozialkapital in Verbindung gebracht wird (Schulz & Schwarzer, 2003). Studien, die sich explizit diesen Zusammenhängen zwischen den beiden Konzepten widmen, sind aber selten. Im Zuge des Aufkommens der Online-Medien wurde das Konzept soziale Unterstützung nicht grundsätzlich neu bearbeitet, aber durchaus auf die computervermittelte Kommunikation angewendet.

3.4 Wahrgenommene soziale Ressourcen in der Online-Forschung

Nachdem die Arbeit eine erste theoretische Fundierung der Begriffe soziales Kapital und soziale Unterstützung geleistet hat, sollen hier zum einen die Gemeinsamkeiten dieser Begriffe benannt werden um zu rechtfertigen, warum sie im weiteren Verlauf der Arbeit zusammen betrachtet werden. Zum anderen soll in diesem Kapitel geklärt werden, welche Änderungen im Zuge der Forschungsarbeiten zu den sozialen Auswirkungen der Online-Mediennutzung an dem Konzept Sozialkapital vorgenommen worden sind. Auch mit diesen Veränderungen rücken die zwei Begriffe soziales Kapital und soziale Unterstützung näher zusammen. Obwohl dieses Kapitel sich schwerpunktmäßig mit der theoretischen Fundierung der beiden Begriffe beschäftigt, kann an dieser Stelle ein kurzer Blick auch in die empirische Forschung und die Operationalisierung der Begriffe nicht ausbleiben. Das ist der Tatsache geschuldet, dass die implizite theoretische Weiterentwicklung der Begriffe im Zuge der Forschung zu Online-Medien hauptsächlich in empirischen Studien stattfindet. Bis heute ist eine theoretische Reflexion dieser Forschungspraxis weitgehend ausgeblieben und soll an dieser Stelle nachgeholt werden.

Es wird in den vorangehenden Kapiteln deutlich, dass sich die Diskussionen um Sozialkapital und soziale Unterstützung trotz Differenzen ähneln. Die größten Unterschiede entstehen wohl dadurch, dass es sich hierbei um zwei Fachdisziplinen handelt, die unabhängig voneinander diese Konzepte entwickeln und erforschen und sich dabei geflissentlich gegenseitig übersehen. In Anbetracht der Gemeinsamkeiten der beiden Konzepte lässt sich zusammenfassend sagen, dass soziale Unterstützung als ein Resultat – also ein konkreter Nutzen – der Ressource Sozialkapital angesehen werden kann (ähnlich argumentieren auch Trepte & Scharkow, 2016); trotzdem meist anders, nämlich als der Inhalt der sozialen Beziehungen, definiert worden ist. Soziales Kapital wird in Kapitel 2.2 in ressourcenorientierte und normative Ansätze aufgeteilt und zeigt sich vor allem in der ressourcenorientierten Perspektive als ein Konzept mit einer ähnlichen Grundidee wie soziale Unterstützung (der Nutzen aus Beziehungen), aber unterschiedlichen Akzentuierungen.

Die Grundidee haben also beide Konzepten gemeinsam: Beziehungen sind Austauschbeziehungen und können zu einem Nutzen für die Individuen führen. Während die in der psychologischen Tradition verwurzelte Forschung zu sozialer Unterstützung die Benefits ausschließlich auf Mikroebene betrachtet, ist in der Sozialkapitaldiskussion deutlich umstrittener, ob nun Individuen, Gruppen oder Gesellschaften von dieser Ressource profitieren und welche Ebene wichtiger ist. Während die Sozialkapitaldiskussion stärker theorieorientiert ist, wird in der Forschung zu sozialer Unterstützung stärker die Operationalisierung des Konzeptes vorangetrieben. Subdimensionen bilden sich in beiden Forschungsrichtungen heraus, doch die Richtung soziale Unterstützung betreibt das detaillierter und bestimmt diese nicht anhand der unterschiedlichen Beziehungen zwischen den Akteuren und Akteurinnen, sondern aufgrund der verschiedenen Bedürfnisse der Individuen. Während die Sozialkapitaldiskussion das Konzept allgemein und losgelöst von bestimmten Kontexten betrachtet, hat die Forschung zu sozialer Unterstützung speziell die Gesundheit der Individuen im Blick.

Mit dem Aufkommen des Internets und der Online-Medien geraten diese auch in den Blick beider Fachrichtungen. Wie genau die Forschung zu Online-Mediennutzung beschaffen ist, wird im folgenden Kapitel (Kap. 4) besprochen. An dieser Stelle sollen jedoch die Auswirkungen der Erforschung von Online-Medien auf das Konzept Sozialkapital besprochen werden. Bemerkenswert ist, dass die Veränderungen nicht groß theoretisiert werden, sondern wie nebenher in empirischen Studien passieren und meist implizit sind (Ellison et al., 2007; Williams, 2006). Die Veränderungen sind auch als eine Anpassung an die Realität der Online-Medien zu bewerten. Schon Lin (2002) fragt, ob man das Konzept Sozialkapital einfach auf die neue Realität der „cybernetworks“ (S. 2012) überstülpen kann oder ob man es modifizieren muss. Auch Putnam hat „virtual social capital“ (2001, S. 170) erwähnt und die verschiedenen Arten, wie dieses zustande kommen könnte. Die Veränderungen greifen also nicht in einen theorielosen Raum, sondern bauen durchaus auf vorangegangene Reflexion auf. Sie verfolgen allerdings nicht den Anspruch einer Theoriebildung, sondern zumeist einer neuartigen empirischen Messung der Konzepte.

Häufig werden in der Forschungsliteratur zur Online-Mediennutzung Sozialkapital und auch soziale Unterstützung in online und offline aufgeteilt. Das ist ungewöhnlich, wenn man die Geschichte des Konzepts betrachtet, schließlich wird davor nicht zwischen medienspezifischen Nutzen unterschieden. Kommunikation zwischen den Akteurinnen und Akteuren ist zwar in den theoretischen Reflexionen immer implizit mitgedacht, wird aber nicht explizit gemessen. Zum einen, da es beispielsweise zu Zeiten Bourdieus die sozialen Online-Medien einfach noch nicht gibt bzw. weil bei Putnam und Lin die Erforschung der sozialen Online-Medien am Anfang steht. Über die Frage, inwiefern wahrgenommene soziale Ressourcen durch Kommunikation in den sozialen Online-Medien grundsätzlich verändert werden, können Putnam (2001) und Lin (2002) daher nur spekulieren. Subkonzepte von Sozialkapital und sozialer Unterstützung werden bis dato also nicht aufgrund des Mediums, sondern der unterschiedlichen Kontakte bzw. Bedürfnisse der Personen gebildet.

Das ändert sich spätestens mit der Arbeit von Williams (2006), der den Unterschied zwischen Sozialkapital online und offline einführt. Die einfache Grundannahme lautet „building social capital may work differently online and offline" (Williams, 2006, S. 598). Er beruft sich unter anderen auf Haythornthwaite (2002), die den Einfluss von Kommunikationstechnologien auf soziale Beziehungen reflektiert. Williams (2006) will eigentlich ein Messinstrument entwickeln um zu verstehen, welchen Nutzen die sozialen Beziehungen online erzeugen und wie sich diese zu dem Nutzen aus Offline-Beziehungen verhalten. Er betont, dass wegen dem Einfluss der Technologie und der damit verbundenen unterschiedlichen Möglichkeiten zur Kommunikation die Akkumulation von Sozialkapital online und offline unterschiedlich funktionieren kann und in Studien daher auch gesondert abgefragt werden müsste. Damit kommt ihm der Verdienst zu, die Unterscheidung von Sozialkapital online und offline zu entwickeln und populär zu machen.

Die zweite Neuerung, die durch Williams Forschung aufkommt, lehnt sich an bisher erarbeitete Konzepte an. Im Online-Kontext differenziert er sehr explizit zwischen unterschiedlich starken Beziehungen und so wird die putnamsche Einteilung – die der von Granovetter und Lin ähnlich ist – von Sozialkapital in die Dimensionen bridging und bonding von den Forschenden, die sich mit den Auswirkungen der Online-Mediennutzung auf individuelle Nutzende beschäftigen, aufgegriffen (z. B. Ellison et al., 2007; Williams, 2006). Allerdings ist hier die Skala zur Messbarmachung dieser Dimensionen einerseits von Putnams (2001) Ausführungen und andererseits von den bekannten Subdimensionen im Bereich soziale Unterstützung geprägt (Williams, 2006).

Eine weitere Subdimension von Sozialkapital – maintained social capital – wurde von Ellison et al. (2007) für den Bereich der Online-Mediennutzung entwickelt. Diese Subdimension verweist insbesondere auf Beziehungen, die quasi inaktiv sind, aber – aufgrund von Online-Mediennutzung – aufrechterhalten werden können, z. B. mit ehemaligen Mitschülern und Mitschülerinnen. Obwohl beide Unterscheidungen auf Putnam rekurrieren, ist bemerkenswert, dass der theoretische Hintergrund fast gänzlich wegfällt. Sowohl Williams (2006) als auch Ellison et al. (2007) zielen nicht auf die Auswirkungen von Interaktionen zwischen Individuen auf gesellschaftliche Strukturen ab, sondern auf die persönlichen Ressourcen der Akteurinnen und Akteure, die durch Online-Mediennutzung aufgebaut werden. Somit werden Elemente aus der ressourcenbasierten und normativen Perspektive übernommen und gleichzeitig ihre theoretischen Implikationen negiert.

Williams (2006) betont, dass man Sozialkapital entweder als Ressource oder als ein Benefit dieser Ressource verstehen kann und, dass sein Messverfahren den konkreten Nutzen aus Beziehungen erheben will. Obwohl Williams die

Einteilung in die Dimensionen bridging und bonding von Putam übernimmt, fokussiert er auf die konkreten Bedürfnisse von und den Nutzen für Individuen. Diese hat Putnam in seinem Werk zwar nie abgestritten, allerdings im Vergleich zu dem gesellschaftlichen Nutzen für sekundär gehalten. Williams entwickelt für bridging social capital die auf Putnams Werk basierenden Kriterien: 1) *outward looking*, 2) *a view of oneself as part of a broader group* und 3) *diffuse reciprocity with a broader community*.

Für die Dimension bonding definiert Williams folgende Charakteristika: 1) *emotional support*, 2) *access to scarce or limited resources*, 3) *ability to mobilize solidarity* und 4) *out-group antagonism*. Es werden also die Bedürfnisse der Individuen berücksichtigt (emotional support) wie auch die der homophilen und heterophilen Interaktionen von Individuen und der Austausch in Form von Reziprozität und Solidarität. Hätte die Arbeit von Williams nur ansatzweise die gleiche theoretische Reflexion über dieses Konzept ausgelöst wie empirische Forschung nach seinem Vorbild, wäre er vermutlich nicht um den Vorwurf des Eklektizismus und der mangelnden konzeptionellen Trennschärfe umhergekommen.

Doch diese theoretische Reflexion bleibt aus und die zwei Entwicklungen (online vs. offline, der Mix der Perspektiven) sorgen dafür, dass die beiden Konzepte Sozialkapital und soziale Unterstützung im Zuge der empirischen Forschung zu den Auswirkungen der Online-Mediennutzung auf die individuellen Akteurinnen und Akteure zusammenrücken. Auch begrifflich gibt es diese Angleichung, denn Sozialkapital wird nun in einigen Studien auch perceived social capital genannt (z. B. Chang & Zhu, 2012; Ellison et al., 2011; Valkenburg et al., 2006; Yoder & Stutzman, 2011). An dieser Stelle muss erwähnt werden, dass Williams (2006) nicht der einzige und auch nicht der erste ist, der perceived social capital messen wollte (z. B. Onyx & Bullen, 2000). Doch kein Versuch erfreut sich derselben Popularität wie sein Ansatz.

Obwohl Williams (2006) Aufsatz nicht das Ziel der Theoriebildung, sondern das der Skalenentwicklung verfolgt, passieren hier doch bedeutsame Schritte, die einer theoretischen Durchdringung unter Berücksichtigung der gesamten Forschungsdiskussion noch bedürfen. Zum einen wird nicht nur der angeblich bedeutsame Unterschied zwischen Sozialkapital (Ressource) und wahrgenommener sozialer Unterstützung (konkreter Nutzen) verwischt, sondern auch Elemente aus der ressourcenorientierten und normativen Perspektive auf das Sozialkapital kombiniert. Dieses wahrgenommene Sozialkapital rückt in die Nähe der wahrgenommenen sozialen Unterstützung, denn es ist zum einen konzeptionell losgelöst von den theoretischen Implikationen der Sozialkapitalkonzepte und andererseits auf die Messung der wahrgenommenen Nutzen aus den sozialen Beziehungen der individuellen Nutzenden abgestimmt. In Williams Ausführungen kann man zwar keine Eigenleistung im Sinne einer eigenen Theorie erkennen, aber er entwickelt eine neue Perspektive in der Kombination der ressourcenorientierten und normativen Ansätze der Sozialkapital-Forschung. Gleichzeitig wird eine Skala zur Messung von wahrgenommenem Sozialkapital anhand der bekannten Indikatoren aus der Forschung zur sozialen Unterstützung vorgelegt. Obwohl diese von Williams entwickelte Skala verschiedentlich kritisiert worden ist (Appel et al., 2014), erfreut sie sich einer ungebrochenen Popularität in der Forschungsliteratur.

Soziale Unterstützung wird hingegen im Zuge der Erforschung von Online-Mediennutzung nicht in diesem Maße verändert. Doch auch hier schleicht sich die Unterscheidung zwischen online und offline in die empirischen Studien ein – ganz ohne vorherige theoretische Reflexion. In Tabelle 3 wird verdeutlicht, dass im Zuge der Forschung zu Online-Medien eigentlich keine konzeptionellen Unterschiede mehr zwischen dem wahrgenommenen Sozialkapital und der wahrgenommenen sozialen Unterstützung bestehen.

Zusammenfassend lässt sich also feststellen, dass die Diskussion um Sozialkapital und soziale Unterstützung von unterschiedlichen theoretischen Hintergründen geprägt ist und daher mehrdeutige Begriffe und vielfältige Operationalisierungen hervorgebracht hat. Insbesondere die neuere Onlineforschung kombiniert verschiedene theoretische Denkschulen und Traditionen aus unterschiedlichen Fachdisziplinen. Gleichzeitig wird der theoretische Ballast der Konzepte abgeworfen. Die Weiterentwicklung des Sozialkapitalbegriffs im Zuge der Online-Mediennutzung (Ellison et al. 2007; Williams, 2006) stammt zwar aus der normativen Betrachtungsweise, nähert sich aber wieder der ressourcenorientierten Auffassung von Sozialkapital und dem Konzept der sozialen Unterstützung an. Offensichtlich sind die Konzepte soweit zusammengerückt, dass sie im Folgenden zusammen betrachtet werden können. Daher wird in den folgenden Kapiteln auch keine prinzipielle theoretische Unterscheidung mehr zwischen den beiden Konzepten vorgenommen und es wird von wahrgenommenen sozialen Ressourcen gesprochen, wenn beide Konzepte gemeint sind.

Tabelle 3: Wahrgenommene soziale Ressourcen im Vergleich

	Wahrgenommene soziale Ressourcen	
	Wahrgenommene soziale Unterstützung	Wahrgenommenes Sozialkapital
Grundidee	Nutzen aus sozialen Beziehungen	Nutzen aus sozialen Beziehungen
Dimensionen	Online, offline Emotional, instrumental, appraisal, informational...	Online, offline Bonding, bridging, maintained
Erzeugung	Interaktionen zwischen Individuen	Interaktionen zwischen Individuen
Nutzen	Individuen	Individuen
Schwerpunkt	Empirische Messbarmachung	Empirische Messbarmachung
Fachdisziplin	Psychologie, Sozialpsychologie	Psychologie, Kommunikationswissenschaft
Typ	Bewusst/wahrgenommen	Bewusst/wahrgenommen
Neuerung	Online, offline	Online, offline Messung der Subkonzepte Vermischung der Perspektiven

3.5 Zusammenfassung

In dem vorliegenden Kapitel wurde die theoretische Bestimmung der Begriffe Sozialkapital und soziale Unterstützung vorgenommen. Erstaunlicherweise haben sich in der Soziologie und Sozialpsychologie relativ unabhängig voneinander je unterschiedliche Diskussionsstränge um ein sehr ähnliches Konzept entwickelt. Diese wurden hier getrennt betrachtet um die Eigenheiten der Disziplinen herauszuarbeiten. Angesichts der enormen Anzahl vorhandener Werke zu dem Thema haben zahlreiche Überblicksarbeiten (Barrera, 1986; Fulkerson & Thompson, 2008; Haug, 2007; Kikuchi & Coleman, 2012; Lakey & Cohen, 2000; Putnam, 2001; Shumaker & Brownell, 1984; Siisiainen, 2003) versucht, das Feld zu kartographieren, um Orientierung zu bieten. Zunächst konnte gezeigt werden, dass es in diesen Überblicksarbeiten unterschiedliche Arten gibt, die Entwicklungen zu betrachten und einzuteilen.

Dabei folgt diese Arbeit bei der Forschung zu Sozialkapital der Einteilung in zwei Grundrichtungen, nämlich in die normative und die ressourcenorientierte Perspektive nach Fulkerson und Thompson (2008). Gemäß dieser Aufteilung wurden die wichtigsten Beiträge besprochen. Die für die ressourcenorientierten Perspektive angeführten Theoretiker – Granovetter, Bourdieu und Lin – haben das Forschungsfeld in besonderem Maße geprägt. Als Kontrast und Ergänzung wurden für die normative Perspektive die Ansätze von Coleman und Putnam betrachtet. Dabei erweist sich das Feld als äußerst heterogen: Es herrscht Uneinigkeit darüber, wo das Kapital aufbewahrt wird, wer eigentlich über diese Ressource verfügen und von ihr profitieren kann oder wie diese Ressource empirisch untersucht werden soll.

Soziale Unterstützung hingegen hat weniger mit einer breiten theoretischen Basis zu kämpfen und wird deswegen nicht in derselben Ausführlichkeit besprochen wie Sozialkapital. Hier wurde ein Schwerpunkt auf die Besprechung der unterschiedlichen Subkonzepte gelegt – eine Besonderheit der Diskussion um soziale Unterstützung.

Als ein Ergebnis dieser ausführlichen Darstellung konnte gezeigt werden, dass die in den unterschiedlichen Disziplinen entwickelten Konzepte Sozialkapital und soziale Unterstützung sowohl Gemeinsamkeiten als auch deutliche Unterschiede aufweisen. Im Zuge der Forschungsarbeiten zu den sozialen Auswirkungen der Online-Mediennutzung rücken die zwei Konzepte nicht nur begrifflich näher zusammen. Bis heute ist eine theoretische Reflexion dieser Entwicklung weitgehend ausgeblieben und wurde an dieser Stelle erstmals nachgeholt. Dabei gilt: Die Einteilung des wahrgenommenen Sozialkapitals in die Dimension online und offline sowie bridging und bonding durch Williams (2006) markiert eine Wende in der Diskussion.

Zum einen wird damit nicht nur der angeblich bedeutsame Unterschied zwischen Sozialkapital (Ressource) und wahrgenommener sozialer Unterstützung (konkreter Nutzen) verwischt, sondern auch Elemente aus der ressourcenorientierten und normativen Perspektive auf das Sozialkapital kombiniert. Dieses wahrgenommene Sozialkapital ist konzeptionell losgelöst von den theoretischen Implikationen der Sozialkapitalkonzepte und auf die Messung des wahrgenommenen Nutzens aus den sozialen Beziehungen der Akteure und Akteurinnen abgestimmt. Soziale Unterstützung wird bei der Erforschung von Online-Mediennutzung nicht in diesem Maße verändert. Doch die Unterscheidung zwischen online und offline wird auch hier vorgenommen – ganz ohne vorherige theoretische Reflexion.

Im folgenden Kapitel wird es darum gehen, die Forschungsdiskussion beim Aufkommen des Internets und Online-Medien wiederzugeben (Kap. 4). Danach werden die Ergebnisse zusammengeführt (Kap. 5) und das Forschungsprogramm für die vorliegende Arbeit bestimmt.

4. Messung der Online-Mediennutzung

Die Unübersichtlichkeit des vorliegenden Forschungsfeldes rührt nicht nur aus der unscharfen Bestimmung der Begriffe Sozialkapital und soziale Unterstützung und aus dem Nebeneinander von unterschiedlichen Definitionen (vgl. Kap. 3), sondern wird verstärkt durch die Vielzahl der untersuchten Online-Medien und die mannigfaltige Messung ihrer Nutzung. Diese uneinheitliche Praxis, bezogen auf die Messung von Online-Mediennutzung, wird in der Forschungsliteratur bisher kaum reflektiert.

Daher soll es in diesem Kapitel darum gehen, zunächst einmal das sogenannte Internet begrifflich zu konkretisieren (Kap. 4.1.1). Die Betrachtung von unterschiedlichen Online-Medien in einer Studie ist zum jetzigen Zeitpunkt immer noch eine Ausnahme (z. B. McDaniel, Coyne, & Holmes, 2012; Skoric & Kwan, 2011). In die Lebenswelten der Nutzenden sind aber viele unterschiedliche Online-Medien eingebettet, die parallel zur sozialen Kommunikation verwendet werden. Daher sollen hier die unterschiedlichen relevanten Online-Medien (Kap. 4.1.2) und ihre verschiedenen Funktionen (Kap 4.1.3) in aller Kürze vorgestellt werden.

Weiterhin wird auf den Begriff der Online-Mediennutzung und insbesondere auf die (unterschiedlichen) Arten, diese in der relevanten Forschungsliteratur zu messen, eingegangen. Da die Kommunikationswissenschaft sich überraschend wenig mit der Operationalisierung der Mediennutzung auseinandergesetzt hat (Kap 4.2.1), sollen hier auch Überlegungen aus dem sogenannten *Information System Research* (Kap 4.2.2) herangezogen werden um eine Typologie der Messung von Online-Mediennutzung für das Forschungsinteresse dieser Studie zu entwerfen (Kap 4.2.3). Abschließend werden die Erkenntnisse aus diesem Kapitel knapp zusammengefasst (Kap. 4.3).

4.1 Das Internet und die Online-Medien

An dieser Stelle wird zunächst einmal das Internet als Medium erster Ordnung und die unterschiedlichen Online-Medien als Medien zweiter Ordnung bestimmt (Kap 4.1.1). Dabei werden die unterschiedlichen Online-Medien im Fokus der vorliegenden Arbeit detailliert besprochen. Danach soll detailliert auf die verschiedenen Online-Medien (Kap.4.1.2) und ihre Funktionen (Kap. 4.1.3), die ebenfalls mehr oder weniger autonome Medien zweiter Ordnung bilden können, eingegangen werden. Diese Aufteilung von allgemeinen zu spezifischen Online-Medien und ihren Funktionen ist besonders im Kontext der Erforschung von Online-Mediennutzung relevant.4.1.1 Das Internet – Technische Infrastruktur und soziale Nutzung

Genau wie der Begriff der wahrgenommenen sozialen Ressourcen schwer zu fassen ist, gibt es Unklarheiten bei der Definition von Internet, Online-Medien, Web 2.0 etc. Um Klarheit zu schaffen, muss zunächst die Anordnung der Begriffe auf verschiedenen Ebenen vorgenommen werden. Dafür hilfreich ist nach Beck (2006) die Aufgliederung des Begriffs Internet in Medien erster und zweiter Ordnung nach Kubicek (1997). Dabei wird zwischen technischer Infrastruktur, die bestimmte Nutzungsweisen ermöglicht (Medien erster Ordnung) und „soziokulturelle[n] Institutionen zur Produktion von Verständigung“ auf der anderen Seite (Medien zweiter Ordnung) (Kubicek, 1997, S. 220) differenziert. Dabei gilt: Die technische Infrastruktur determiniert zwar die Bedingungen der Nutzung; der Gebrauch durch die Nutzenden ist jedoch nicht zwangsweise festgelegt (vgl. z. B. auch Beck, 2006, 2010), sondern kann von ihnen gestaltet werden.

Das sogenannte Internet als Medium erster Ordnung (Beck, 2006) beinhaltet eine Vielzahl von Online-Medien zweiter Ordnung (z. B. soziale Netzwerkseiten, Blogs etc.), die verschiedene Nutzungsweisen implizieren und unterschiedliche Auswirkungen auf ihre Nutzenden haben können. Die Kommunikationswissenschaft sieht folglich in der differenzierten Betrachtung des Internets eine wichtige Rolle. Forschende plädieren dafür, das Internet in unterschiedliche Online-Medien einzuteilen und zu berücksichtigen, dass hier divergierende Anwendungen und verschiedene Formen der Kommunikation zusammenkommen: „'Das Internet' […] kann rahmenanalytisch als ein 'Hybridmedium' beschrieben werden, bei dem sich verschiedene Kommunikationsmodi auf spezifische Weise im Mediengebrauch (ver)mischen“ (Beck, 2006, S. 24). Das sogenannte Internet kann damit kaum eine gewinnbringende Kategorie für theoretische und empirische Auseinandersetzungen sein. Untersuchungen sollten sich also nicht auf das Internet „als pauschales und empirisch schwer fassbares Allgemeinphänomen [richten], sondern vielmehr die Analyse ihrer einzelnen Kommunikationsmodi“ ins Auge fassen (Rössler, 2003, S. 506).

Diese theoretische Unterscheidung vom Internet als technische Infrastruktur in eine Vielzahl von unterschiedlichen Online-Medien ist weitgehend Konsens in der Kommunikationswissenschaft (z. B. Beck, 2006; Neuberger, 2007; Rössler, 2003; Wirth & Schweiger, 1999), wenn sie auch in der konkreten empirischen

Forschung nicht immer so umgesetzt wird. So ist die Erhebung der allgemeinen Internetnutzung neben der Nutzung von konkreten Online-Medien immer noch üblich (z. B. Ellison et al., 2007). Weiterhin ist man sich keineswegs einig, wie eine differenziertere Betrachtung des Internets konkret auszusehen hat: Unterschiedliche Versuche kommen zu disparaten Einteilungen und betonen unterschiedliche Online-Medien (z. B. Busemann & Gscheidle, 2009; Eimeren & Frees, 2013; Schmidt, 2008; Stegbauer & Jäckel, 2008).

Neben der Differenzierung des Internets in verschiedene Online-Medien spielt in der Forschungsliteratur auch die Unterscheidung zwischen Web 1.0- und Web 2.0-Anwendungen (O'Reilly 2007) eine wichtige Rolle. Unter Web 2.0 versteht man meist Angebotsformen wie „Wikis, Weblogs [...], Freundschafts-, Kontakt-, Business-Netzwerke, gemeinsame Fotosammlungen, Group Radio, Instant Messaging, aber auch ältere Formen der Online-Kooperation" (Stegbauer & Jäckel, 2008, S. 7). Hinter dieser Bestimmung steckt die mehr oder minder implizite Annahme, dass sich das sogenannte Internet gewandelt hat (Busemann & Gscheidle, 2009) und den Nutzenden vermehrte Möglichkeiten zur aktiven Kommunikation bietet. Obwohl verschiedene Forschende (z. B. Schmidt, 2008) in Frage stellen, inwiefern es diese radikale Unterscheidung zwischen dem sogenannten Web 1.0 und Web 2.0 gibt, hat sich diese Differenzierung doch in vielen Studien etabliert. Zumeist werden E-Mail, Chat und Foren zum sogenannten Web 1.0 gezählt, während neuere Anwendungen wie SNS und digitale Spiele dem Web 2.0 zugesprochen werden.

Die Einteilung unterschiedlicher Angebotsformen und deren Einordnung geschieht disparat in der Forschungsliteratur. Die ARD/ZDF-Onlinestudie 2013 unterscheidet sieben Angebotsformen im Web 2.0: Weblogs, Wikipedia, Videoportale, Fotosammlungen, private und berufliche Netzwerke/Communitys und Twitter (Eimeren & Frees, 2013), wobei der Fokus seit 2013 auf den privaten und beruflichen Netzwerken/Communitys und Twitter liegt (Busemann, 2013). Im Gegensatz zur seit 2007 gängigen Untersuchungspraxis zieht die ARD/ZDF-Onlinestudie nun also nicht mehr die Gesamtheit des Angebots hinzu, sondern nur noch einzelne Dienste: „Es scheint nicht mehr zeitgemäß, verschiedene Anwendungen, die – unter dem Schlagwort „Web 2.0" – lediglich gemeinsam haben, dass sie passiv und/oder aktiv genutzt werden können, gegenüberzustellen" (Busemann, 2013, S. 391). Diese Neuausrichtung hängt mit der im Jahr 2012 diagnostizierten mangelnden Aktivität der Nutzenden außerhalb von SNS zusammen. Damit tut es die ARD/ZDF-Onlinestudie z. B. auch dem *PewResearch Internet Project* gleich, bei dem sich das US-amerikanische Forschungsteam von Anfang an eher für einzelne Online-Medien und insbesondere für SNS interessiert (z. B. Brenner & Smith, 2013).

Betrachtet man das schnelle Aufkommen von neuen Diensten und die konstanten technischen Veränderungen, muss jede Einteilung des sogenannten Internet in verschiedene Online-Medien mangelhaft bleiben. So werden z. B. bei der ARD/ZDF-Onlinestudie 2013 digitale Onlinespiele trotz ihrer breiten Basis an Nutzenden vollkommen ausgeklammert. Andere Systematisierungsversuche schlagen gänzlich neue Wege ein. Beck (2010) folgt der Systematik von Morris und Ogan (1996) und differenziert nicht nach verschiedenen Online-Medien, sondern nach einer zeitlichen (z. B. *synchron* und *asynchron*) und sozialen Dimension (z. B. *one-to-one* und *one-to-many*) (Beck, 2010). Diese Einteilung verspricht eine höhere Präzision, da sie berücksichtigt, dass unterschiedliche Online-Medien sich in verschiedener Hinsicht ähnlich und unähnlich sind. Allerdings ist sie damit weit komplexer als die Realität der Befragungsstudien, die im generellen nur eine Einteilung nach Online-Medium und Nutzungsart vornehmen (Scholl, 2009).

Weiterhin gilt, dass die tatsächliche Nutzung von Online-Medien durch die einzelnen Nutzenden bestimmt wird. Inwiefern einzelne Online-Medien und ihre Funktionen für eine soziale Mediennutzung stehen, z. B. im Sinne einer positiven oder negativen Assoziation mit den wahrgenommenen sozialen Ressourcen der Nutzenden, ist noch heute eine offene empirische Frage. Mit Blick auf die Forschungsliteratur lässt sich festhalten, dass es unterschiedliche Systematisierungsversuche gibt, die für die Zwecke der Arbeit adaptiert werden sollen.

4.1.2 Online-Medien – Einzelne Anwendungen mit unterschiedlichen Charakteristika

Entsprechend der Entwicklung des Internets von Web 1.0 zu Web 2.0 differenziert sich das Forschungsfeld um den Zusammenhang von Online-Mediennutzung und der sozialen Eingebundenheit der Nutzenden von der Betrachtung der allgemeinen Internet- und E-Mail-Nutzung (z. B. Kraut et al., 1998; Nie & Erbring, 2000) in die Untersuchung einzelner Anwendungen aus. Fokussiert werden im Laufe der Zeit statt oder neben der allgemeinen Internetnutzung schwerpunktmäßig einzelne Online-Medien wie beispielsweise soziale Netzwerkseiten (z. B. Ellison et al., 2007) oder digitale Onlinespiele (z. B. Shen & Williams, 2011). Daher gilt: Wenn man das wissenschaftliche Gebiet erfassen möchte, sollte man unterschiedliche Online-Medien, sowohl aus dem Web 1.0 (generelle Internetnutzung und E-Mail, Foren, Chat) als auch aus dem Web 2.0 (privat und beruflich genutzte soziale Netzwerkseiten), Foto-, Musik- und Videocommunitys, Onlinespiele und Blogs) berücksichtigen.

Tabelle 4: Unterschiedliche Online-Medien im Fokus der Arbeit

Online-Medium (allgemein)	Beispiele für spezifische (populäre) OM	Sozialdimension	Zeitdimension	Wichtigste soziale[1] Funktionen
Allgemeine Internetnutzung	Diffus, unterschiedliche OM werden fokussiert oder diese Anwendungen werden nicht weiter spezifiziert	Diffus	Diffus	Diffus
E-Mail	Gmail, Yahoo Mail, GMX, AOL Mail	One-to-one, one-to-few, one-to-many	Asynchron	Austausch von Nachrichten
Chat	Whatsapp, Skype, Viber, ICQ	One-to-one, One-to-few, one-to-many, many-to-many	Synchron	Text-, Sprach- und Video-Chat
Foren	Stackoverflow, OffTopic, Nexopia	One-to-few, one-to-many, many-to-many	Asynchron	Thematisch breite oder fokussierte Diskussion; öffentliches oder auf die Nutzenden beschränktes Posten
Soziale Netzwerkseiten	Facebook, Google+, Linkedin, MySpace	One-to-one, one-to-few, one-to-many, many-to-many	Synchron, asynchron	Interaktion mittels Text- oder Video-Chat (z. B. Google Hangouts), privates oder öffentliches Posten
Blogs	Twitter, Tumblr, Wordpress, Mashable	One-to-many, many-to-many	Asynchron	Öffentliches Posten; Informationen (Texte, Bilder, Videos) sammeln und veröffentlichen
Foto-, Musik- und Videocommunitys	Youtube, LastFm, Pinterest, Flickr	One-to-many, many-to-many	Asynchron	Videos teilen und kommentieren; Kanäle erstellen und abonnieren
Onlinespiele	World of Warcraft, Eve Online, FarmVille	One-to-one, one-to-few, one-to-many, many-to-many	Synchron, asynchron	(Sofort-) Nachrichtenaustausch

[1] Soziale Funktionen werden in dieser Arbeit mit Blick auf die frühe Online-Forschung sehr breit gefasst und umfassen alle Features, die potentiell synchrone oder asynchrone Interaktionen zwischen zwei oder mehreren Individuen ermöglichen. Dieser Ansatz hat den Vorteil, dass er breit genug ist, um die verschiedenen Studien im Feld darunter subsummieren zu können.

Auch wenn auch nicht alle Online-Anwendungen gleichermaßen im Fokus der Forschung zu Online-Mediennutzung und sozialen Ressourcen standen und stehen, sollen hier die wichtigsten gewürdigt und im Laufe der Arbeit Forschungslücken identifiziert werden. Aufgrund einer ersten Durchsicht der Forschungsliteratur (siehe Kap. 2) und bereits vorhandener Typologisierungen (Beck, 2010; Busemann & Gscheidle, 2009; Eimeren & Frees, 2013; Kowert, Domahidi, & Quandt, im Druck) werden die folgenden Online-Medien in der vorliegenden Arbeit betrachtet: Allgemeine Internetnutzung, E-Mail, Instant Messaging/Chat, Online-Foren, soziale Netzwerkseiten, Blogs, Foto-, Musik- und Videocommunitys und Onlinespiele.

Somit geht es darum, möglichst umfassend Online-Medien zu betrachten, die aufgrund ihrer Möglichkeit zur sozialen Kommunikation potentiell einen Zusammenhang mit den sozialen Ressourcen der Nutzenden haben und auch in der Forschungsliteratur als solche identifiziert worden sind. Tabelle 4 zählt diese Online-Medien und ihre wichtigsten sozialen Funktionen auf und geht auf bestimmte einzelne populäre Online-Medien ein (vgl. auch Kowert et al., im Druck). Zusätzlich wird die Differenzierung von Beck (2010) nach einer zeitlichen und sozialen Dimension berücksichtigt. Im Folgenden werden dann die Online-Medien in aller Kürze einzeln besprochen; ihre Bedeutung wird anhand der Nutzungszahlen illustriert.

4.1.2.1 Allgemeine Internetnutzung

Die Definition des Internets als „'Hybridmedium' […], bei dem sich verschiedene Kommunikationsmodi auf spezifische Weise im Mediengebrauch (ver)mischen“ (Beck, 2006, S. 24), verweist darauf, dass man es nicht mit einem Medium, sondern mit einer Vielzahl von Anwendungen zu tun hat. Nichtsdestotrotz wird allgemeine Internetnutzung nicht nur in frühen Studien über das Verhältnis von Online-Mediennutzung und Sozialkapital bzw. sozialer Unterstützung verwendet, sondern auch in neueren Arbeiten in dieser Form abgefragt (z. B. bei Ellison et al., 2007). Generell bleibt unklar, welche Anwendungen damit gemeint sind. Zumeist wird nach der Gesamtheit der Internetnutzungszeit (Ellison et al., 2007) oder noch allgemeiner nach Nutzung bzw. Nichtnutzung (Fogel et al., 2002) des Internets gefragt.

Gemäß der ARD/ZDF-Onlinestudie 2014 ist die Anzahl der Internetnutzenden in Deutschland mittlerweile auf 79% gestiegen, 80% davon benutzen das Internet sogar täglich (Eimeren & Frees, 2014). Für die USA ermittelte *Pew-Research* sogar 87% Internetnutzende im Jahr 2014 (Wormald, 2014). Diese Zahlen deuten auf eine weit verbreitete Nutzung hin, wobei insbesondere bei der jüngeren Altersgruppe von einer Vollversorgung gesprochen werden kann und ein weiteres Wachstum insbesondere im Bereich der älteren Nutzenden erwartet wird (Eimeren & Frees, 2014).

4.1.2.2 E-Mail

Die Untersuchung von E-Mail-Nutzung ist ein Charakteristikum der frühen Studien über die Beziehung von Online-Mediennutzung und soziale Ressourcen. E-Mail ist „ein Modus der schriftlichen Textkommunikation, bei dem Nachrichten zwischen zwei (oder mehreren) Teilnehmern über digitale Datennetze ausgetauscht werden" (Beck, 2010, S. 22). Diese sogenannte elektronische Post ist heutzutage kaum noch aus dem öffentlichen und privaten Leben wegzudenken. Daneben, dass es einzelne Dienste geben kann, die E-Mail-Funktionen anbieten – wie z. B. Gmail –, ist die E-Mail-Funktion aber auch in viele andere Online-Medien integriert worden, z. B. in die meisten sozialen Netzwerke. 80% der Internetnutzenden in Deutschland verwenden mindestens einmal pro Woche E-Mail, es gibt kaum Unterschiede zwischen den Altersgruppen (Eimeren & Frees, 2014). In den USA sind diese Zahlen noch höher: 92% der erwachsenen Internetnutzenden gaben an, auf E-Mail-Anwendungen zuzugreifen. Damit gehört E-Mail-Nutzung zu den beliebtesten Online-Aktivitäten (Purcell, 2011).

4.1.2.3 Chat

Instant Messaging/Chat ist eine in letzter Zeit ungemein populäre Kommunikationsform insbesondere der jüngeren Generation geworden. Hier werden Kurznachrichten mit Einzelpersonen oder Gruppen ausgetauscht: „Instant Messaging (IM) refers to the transfer of messages between users in near real-time" (Campbell et al., 2002). Es gibt einzelne Dienste, die Text-, Voice-, sowie Video-Chat anbieten, z. B. Skype. Gleichzeitig ist diese Funktion auch in viele Online-Medien integriert worden, wie z. B. in SNS (z. B. Google-Hangout). Immerhin gut ein Drittel der Online-Nutzenden in Deutschland geben an, Chat als alleinstehendes Online-Medium zu nutzen (Eimeren & Frees, 2014). Deutlich höher ist die Nutzung bei den jüngeren Altersgruppen (14-29 Jahre, 65 %) und deutlich nedriger bei den Älteren (50-69 Jahre, 12%). Für die USA gilt, dass 37% der 12- bis 17-Jährigen Video-Chat nutzen (Lenhart, 2012), während es bei den erwachsenen Nutzenden nur 19% sind (Rainie & Zickuhr, 2010).

4.1.2.4 Foren

Online-Foren gehören zu den ältesten Online-Medien (mit dem Usenet als Vorläufer) und scheinen von ihrer Beliebtheit kaum etwas einzubüßen. Sie sind meist thematisch fokussiert und ermöglichen es den Nutzenden, sich über die unterschiedlichsten Bereiche zu informieren: "The forums are characterized by a discussion structure in which individuals post and respond to questions or commentary that is organized by subject or thread" (Fayard & de Sanctis, 2010, S. 383).

Online-Foren spielen also insbesondere bei spezifischen Interessen oder Problemen eine Rolle und bieten die Möglichkeit zu recherchieren und sich mit anderen auszutauschen. Daher werden sie in der Forschungsliteratur zum Zusammenhang von Online-Mediennutzung und Sozialkapital bzw. soziale Unterstützung insbesondere im Bereich der Gesundheitskommunikation berücksichtigt (z. B. Donovan et al., 2014). Auch die Nutzungszahlen zeigen, dass Foren im Bereich der Gesundheitskommunikation eine hervorgehobene Rolle haben: 37% der Patienten und Patientinnen mit chronischen Krankheiten geben an, schon mal Kommentare oder Erfahrungsberichte über die eigene Krankheit in einem Forum gelesen zu haben (Fox & Purcell, 2010).

4.1.2.5 Soziale Netzwerkseiten

Soziale Netzwerkseiten im Internet haben nicht nur explosionsartig wachsende Nutzungszahlen (Busemann 2013; Klingler, Vlasic, & Widmayer, 2012), sondern genießen auch eine hohe öffentliche Aufmerksamkeit. Boyd und Ellison definieren sie als:

> web-based services that allow individuals to (1) construct a public or semipublic profile within a bounded system, (2) articulate a list of other users with whom they share a connection, and (3) view and traverse their list of connections and those made by others within the system. (Boyd & Ellison, 2007, S. 211)

Unter den SNS ist hauptsächlich Facebook im wissenschaftlichen und auch öffentlichen Fokus (Weissensteiner & Leiner, 2011; Willson et al., 2012). Soziale Netzwerkseiten sind in allen Altersgruppen sehr stark verbreitet: In den USA nutzen 72% der erwachsenen Online-Nutzenden SNS (Brenner & Smith, 2013), in Deutschland sind es 39% aller Onliner (Eimeren & Frees, 2014). Wiederum dominieren die jüngeren Nutzungsgruppen: Während 74% der 14- bis 29-Jährigen angeben, mindestens einmal die Woche in einer SNS aktiv zu sein, sind es bei den 30- bis 49-Jährigen 37% und bei den 50- bis 69-Jährigen gerade mal 17%. *PewResearch* stellt für die USA fest, dass Teenager ihre Mediennutzug immer mehr ausdifferenzieren und auch dazu neigen, SNS zugunsten von anderen Online-Medien zumindest zu vernachlässigen (Madden, 2013). Ob SNS-Nutzung sich als ein ungebrochener Trend erweisen wird, ist abzuwarten.

4.1.2.6 Blogs

„Weblogs: Kurz Blogs, sind zumeist private Onlineangebote, in denen in periodischen Abständen Einträge verfasst werden. [...] Im Normalfall können Texte und Bilder eines Bloggers (Blogbetreiber) durch die Leser kommentiert und verlinkt werden" (Busemann & Gscheidle, 2011, S. 361). Obwohl bei Blogs das Verfassen von eigenen Texten oder das Lesen der Texte von anderen im Mittelpunkt steht, gibt es durch die Kommentarfunktion und neuerdings durch integrierte kommunikative Möglichkeiten, wie z. B. Direktnachrichten bei dem Mikroblogging-Dienst Twitter, jede Menge Formen der (potentiell) sozialen Kommunikation. Daneben, dass einzelne Dienste das Bloggen ermöglichen, wie z. B. Tumblr, ist diese Funktion auch in viele andere Online-Medien integriert worden, unter anderem in einige soziale Netzwerkseiten (z. B. Myspace).

Nur 5% aller Intenetnutzenden in Deutschland geben an, Blogs zu nutzen. Nochmal so viele sind es für den separat abgefragten Dienst Twitter (Eimeren & Frees, 2014). Etwas höher, nämlich 10% für allgemeine Blogs bzw. 12 % für Twitter ist die Nutzung in der Altersgruppe der 14- bis 29-Jährigen (Eimeren & Frees, 2014). In den USA nutzen 15% aller erwachsenen Internetnutzende Twitter, allerdings sind es bei den 18- bis 29-Jährigen immerhin 26% (Smith & Brenner, 2012).

4.1.2.7 Foto-, Musik- und Videocommunitys

Foto-, Musik- und Videocommunitys sind vor allem zum Bereitstellen und Nutzen von Inhalten gedacht, bieten aber auch Möglichkeiten zum Vernetzen und zur sozialen Kommunikation. Bei Fotocommunitys „können sich die User mit ihren eigenen Bildern präsentieren, Dia-Shows entwerfen, sich untereinander vernetzen, bewerten, Fotos verschlagworten und kommentieren" (Busemann & Gscheidle, 2011, S. 361). Analog dazu können auch Video- und Musikportale betrachtet werden, denn die Funktionalitäten sind sich sehr ähnlich.

Die Dienste sind entweder thematisch breit aufgestellt und erreichen dann größere Nutzungszahlen oder sie sind thematisch auf ein Special-Interest-Publikum ausgelegt: Tape.tv ist ein Beispiel für einen Dienst, der ausschließlich

Musikvideos zeigt und YouTube ist ein Dienst, bei dem ganz unterschiedliche Arten von Videos zu finden sind. Insbesondere Videoseiten sind bei den Nutzenden äußerst beliebt: 34% der deutschen Internetnutzenden geben an, Videoportale zu nutzen (Eimeren & Frees, 2014), in den USA waren es bei den erwachsenen Nutzenden sogar 71% (Moore, 2011).

4.1.2.8 Onlinespiele

Digitale Spiele sind ebenfalls ein Massenphänomen. Fast die Hälfte aller Amerikanerinnen und Amerikaner spielt ein digitales Spiel; 23% davon spielen online (Lenhart et al., 2011), die meisten nutzen soziale Spiele (Lenhart et al., 2008). Für Deutschland liegen ähnliche Zahlen vor, die beweisen, dass digitales Spielen im Mainstream angekommen ist (Quandt et al., 2013; Quandt, Scharkow, & Festl, 2010):

> Anders als die klassischen Medienformate verfügen speziell Onlinespiele über das Potenzial, kommunikative Interaktionen großer Menschenmengen zu ermöglichen. Über das Internet können die Teilnehmer nicht nur gegen- oder miteinander spielen, sondern auch auf unterschiedlichste Art miteinander kommunizieren. (Quandt et al., 2010, S. 515)

Trotz der Popularität von digitalen Onlinespielen bei den Nutzenden ist das Misstrauen gegenüber diesem Medium in Gesellschaft und Wissenschaft groß geblieben. Häufige Themen sind mögliche Mediengewalt, Computerspielesucht oder andere negative Auswirkungen auf die soziale Eingebundenheit der Nutzenden (Griffiths & Hunt, 1998; Domahidi & Quandt, 2015; Wan & Chiou, 2006).

In diesem Kapitel wird deutlich, dass Online-Medien unterschiedliche Charakteristika haben, unterschiedliche Arten der Kommunikation unterstützen und eine unterschiedliche Nutzerschaft aufweisen. Außerdem wurde bereits angesprochen, dass bestimmte Online-Medien weiter differenziert werden können. Im nächsten Kapitel soll etwas genauer darauf eingegangen werden.

4.1.3 Unterschiedliche Online-Medien und ihre Funktionen

Es geht nicht nur darum anzuerkennen, dass das Internet aus verschiedenen Einzel-Medien besteht, vielmehr sollte man auch die „Multimedialität der Netzkommunikation“ (Beck, 2010, S. 15) berücksichtigen. Neben der Unterteilung des sogenannten Internets in einzelne Online-Medien, die im vorherigen Kapitel besprochen wurden, können diese Online-Medien außerdem noch in allgemeine (z. B. SNS) und spezifische (z. B. Facebook) Online-Medien aufgeteilt werden. Das heißt, Studien können sowohl allgemein die Nutzung von sozialen Netzwerken betrachten als auch z. B. spezifisch die Nutzung von Facebook, Myspace, etc. in Augenschein nehmen.

Obwohl man davon ausgehen kann, dass z. B. soziale Netzwerkseiten sich ähnlich genug sind und eine Kategorie bilden, kann man auch auf die Unterschiede zwischen den einzelnen spezifischen sozialen Netzwerkseiten abzielen, z. B. in Hinsicht auf die Funktionalität oder die Hauptnutzungsgruppen. Bereits Boyd und Ellison weisen in ihrer Definition darauf hin, dass die Funktionen und damit auch die Arten von Verbindungen und Profilen sich je nach Netzwerkseite unterscheiden können (Boyd & Ellison, 2007). Da eine Systematisierung der Forschung, wie sie von dieser Arbeit angestrebt wird, genau diese unterschiedlichen Ansätze im Blick haben muss, wird in der Arbeit somit zwischen allgemeinen und spezifischen Online-Medien unterschieden.

Diese Unterscheidung wird in der Forschungsliteratur kaum bewusst nachvollzogen und es werden meist auch keine theoretisch begründeten Entscheidungen für ein allgemeines oder spezielles Online-Medium angegeben. Meistens sind die Gründe für die Untersuchung eines speziellen Online-Mediums dessen hohe Nutzungszahlen oder die Verfügbarkeit für die Forschenden. Ein Ausgangspunkt, der zahlreiche Probleme mit sich bringen kann: So basieren z. B. im Bereich der Forschung zu digitalen Spielen[12] viele Ergebnisse auf der Erforschung eines speziellen Onlinespiels, des MMORPG *World of Warcraft* (WoW) (z. B. Williams et al., 2006), allerdings nutzen die meisten Nutzenden andere Onlinespiele (Quandt et al., 2010; Domahidi et al., 2016). Die Entscheidung für ein spezielles Online-Medium birgt daher immer die Gefahr, dass man sich auch für eine spezifische Population entscheidet. Im Bereich der Games-Forschung mit den sogenannten *Core-Gamern* sind die Ergebnisse nicht auf die Mehrzahl der Nutzende, die sogenannten *Casual-Gamer*, übertragbar.

Die Darstellung in Abbildung 2 muss aufgrund der Vielzahl der spezifischen Online-Medien unvollständig bleiben und soll nur dem besseren Verständnis der Einteilung in allgemeine und spezifische Online-Medien sowie ihrer Funktionen dienen.

Zudem können Online-Medien (z. B. Chat) entweder als eigener Dienst oder als Funktion eines Online-Mediums auftreten. Die Unterscheidung der Online-Medien in Dienst oder Funktion entsteht aufgrund der Web 2.0-Anwendungen. Der Begriff der Multimedialität, der insbesondere mit Web 2.0-Inhalten in Verbindung gebracht wird, verweist auf das Nebeneinander unterschiedlicher Me-

12 In der vorliegenden Arbeit werden die Begriffe digitale Spiele und Games analog verwendet.

dientypen, wie z. B. Text, Ton und Video. Das ist keineswegs spezifisch für Social-Web-Angebote, sondern gilt z. B. auch für das Fernsehen (Bild und Ton). Das besondere hier sind jedoch die vereinfachten und quasi unbeschränkten Kombinationsmöglichkeiten dieser Inhalte (vgl. Lindner, 2008).

Bereits oben wurde herausgearbeitet, dass das Internet als sogenanntes Medium erster Ordnung aus einer Vielzahl von Online-Medien zweiter Ordnung besteht (vgl. Beck, 2006). Dieser Gedanke lässt sich auch auf die einzelnen Online-Medien übertragen. So besteht das Online-Medium SNS aus verschiedenen Funktionen oder auch Einzel-Medien wie Chat- und E-Mail-Programm, digitalen Spielen, Fotos etc. Diese Funktionen sind mehr oder weniger autonom. So ist der Facebook-Messenger ein quasi autonomes Programm und kann auch ohne die weiteren Facebook-Funktionen genutzt werden, während die Facebook-Fotofunktion weit mehr in die eigene Profilseite eingebettet ist und (noch) nicht als eigenständige App benutzt werden kann.

Das heißt z. B. in der empirischen Praxis, dass sowohl allgemeine Facebook-Nutzung als auch spezifische Facebook-Nutzung (z. B. Facebook-Chat) untersucht werden kann. Neben diesem medienzentrierten Ansatz zur Einteilung von Online-Mediennutzung, folgen viele Studien einem verhaltensbasierten Ansatz. Letzterer basiert fast immer auf der (kombinierten) Untersuchung von bestimmten Funktionen eines Online-Mediums. So fragen sich viele Forschende (z. B. Burke et al., 2011; Ellison et al., 2011), wie genau die Rezipierenden diese Online-Medien nutzen und fassen normalerweise bestimmte Funktionen der Online-Medien zusammen. Hierbei fällt z. B. die Nutzung von Facebook-Chat und Facebook-Mail unter die Kategorie der aktiven Facebook-Nutzung, während Tätigkeiten wie das Anschauen fremder Facebook-Profile als passive Nutzung kategorisiert wird. Genauso denkbar für eine sinnvolle Einteilung sind auch Differenzierungen der Nutzung in Entertainment, Information oder Kommunikation. So haben Studien beispielsweise zwischen aktiver und passiver Nutzung (z. B. Burke et al., 2011) sowie zwischen Information und Unterhaltung unterschieden.

Folglich findet die Differenzierung von Online-Medien in der vorliegenden Arbeit auf drei Ebenen statt, 1) zwischen allgemeiner Internetnutzung und allgemeinen Online-Medien, 2) zwischen allgemeinen und spezifischen Online-Medien und 3) zwischen allgemeiner Online-Mediennutzung, spezifischer Nutzung bestimmter Funktionen dieser (allgemeinen oder spezifischen) Online-Medien und einem bestimmten Nutzungsverhalten oder einer bestimmten Nutzungsart dieser (allgemeinen oder spezifischen) Online-Medien. Zusätzlich muss noch die konkrete Operationalisierung in den Studien erfolgen. Darum dreht sich das folgende Kapitel.

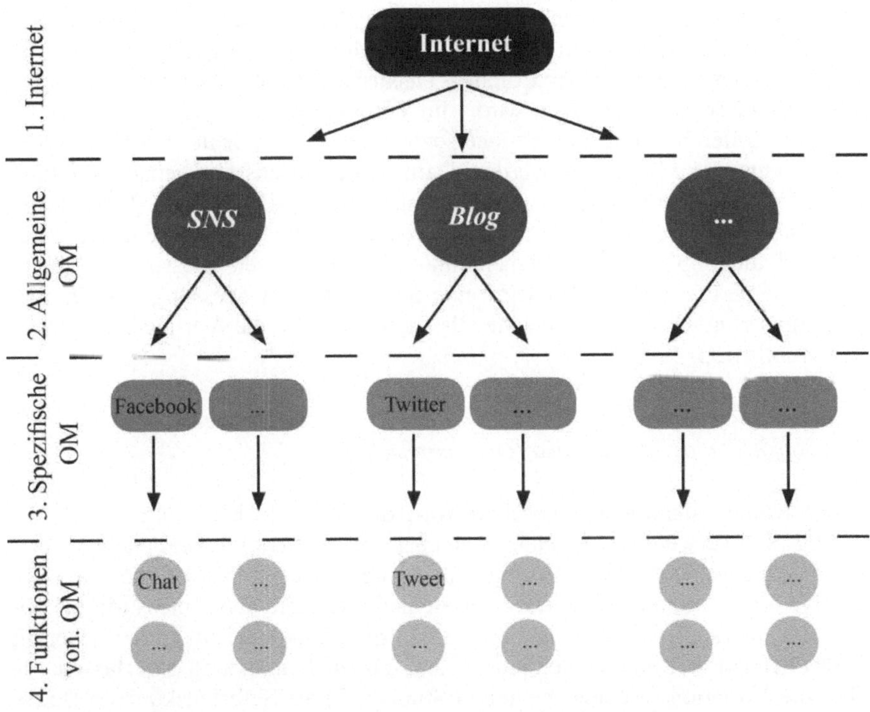

Abbildung 2: Von allgemeinen zu spezifischen Online-Medien und ihren Funktionen

4.2 Die Messung der Nutzung von Online-Medien

Insgesamt gilt, dass die Messung der Mediennutzung – verglichen mit ihrer Bedeutung als zentrale Variable der Kommunikationswissenschaft – relativ wenig Beachtung in der Literatur erfährt (Fishbein & Hornik, 2008). In der vorliegenden Arbeit soll die Forschung systematisiert werden, daher müssen die verschiedenen Arten, Mediennutzung in Primärstudien zu erfassen, expliziert werden.

Bewusst wird die vorliegende Arbeit nicht (nur) soziale Kommunikation betrachten, sondern Online-Mediennutzung allgemein im Sinne des englischen Begriffs *media exposure*. Das mag auf den ersten Blick verwundern, entspricht aber der Forschungsrealität, die die vorliegende Arbeit abbilden will. Die meisten Primärstudien in dem relevanten Forschungsfeld messen nicht Kommunikation mit anderen, sondern allgemeine Online-Mediennutzung. Auch in der wissenschaftlichen wie gesellschaftlichen Diskussion steht generelle Nutzung – ohne dass sie weiter spezifiziert wird – im Vordergrund.

Daher sollen hier unterschiedliche soziale und nicht-soziale Arten von Online-Mediennutzung betrachtet werden. Dafür wird zunächst die genaue Messung der Online-Mediennutzung in der Kommunikationswissenschaft (Kap. 4.2.1) beleuchtet, verschiedene Systematisierungen auch außerhalb des Faches diskutiert und die impliziten Annahmen hinter der jeweiligen Messungsart (Kap. 4.2.2) erläutert. Anschließend wird eine Systematik der Messung von Online-Mediennutzung entworfen, welche als Heuristik für die vorliegende Arbeit dienen soll (Kap. 4.3).

4.2.1 Ansätze in der Kommunikationswissenschaft

In der Kommunikationswissenschaft wird die Variable Mediennutzung zwar mannigfaltig verwendet, es handelt sich aber um ein wenig theoriegeleitetes und wenig standardisiertes Messkonzept: „Despite the centrality of the exposure variable to communication research, systematic research about measuring exposure is remarkably thin" (Fishbein & Hornik, 2008). Fishbein und Hornik (2008) nennen drei unterschiedliche Arten, um Mediennutzung zu erfassen: 1) Über die Variation in experimentellen Studien, 2) als Selbstauskunft in Befragungsstudien oder 3) als indirekte Messung über die Kenntnis von bestimmten Medieninhalten bei den Rezipierenden. Im Folgenden soll es ausschließlich um die Selbstauskunft in Befragungsstudien gehen, denn Primärstudien, die sich mit wahrgenommenen sozialen Ressourcen befassen, sind meist Befragungen. Darauf, dass diese subjektive Messung der Mediennutzung problematisch ist, wurde schon mehrfach hingewiesen (Scharkow, 2014; Valkenburg &Peter, 2013). Nichtsdestotrotz, dominieren subjektive Messarten den Forschungsbereich bis heute.

Von der kommunikationswissenschaftlichen Mediennutzungsforschung lässt sich sagen, dass sie sich oftmals, vor allem in den Lehrbüchern, schwerpunktmäßig mit den Theorien zur Nutzung von Medien beschäftigt und weniger mit der Messung derselben. Schweiger (2007) bemerkt zwar, dass „[d]ie Mediennutzungsforschung […] ‚Zeit' überwiegend als quantitatives Maß zur Beschreibung von Mediennutzung verwendet" (Schweiger, 2007, S.133), fokussiert sich in seinem Werk aber auf die Theorien und nicht auf die Messung von Mediennutzung. Meyen (2004) betrachtet ebenfalls schwerpunktmäßig den Grund zur Nutzung von Medien und nicht die Operationalisierung der Nutzung. „Der Begriff Mediennutzung meint dabei zunächst nur den ‚Kontakt': Wer kommt wann wie lange mit welchen Angeboten in Berührung?" (Meyen, 2004, S. 10). Scholl (2009) betont, dass die Erhebung der Variable Mediennutzung auf verschiedenen Ebenen stattfinden kann. Er teilt die Nutzungsarten von spezifisch bis allgemein ein und nennt 1) die Ebene der Inhalte, 2) die Ebene von bestimmten Sparten oder Rubriken, 3) die Nutzung eines bestimmten Mediums und schließlich 4) die Nutzung von bestimmten Mediengattungen. Wohlgemerkt geht es hier nicht speziell um Online-Mediennutzung, sondern viel allgemeiner um die Messung von Mediennutzung (Scholl, 2009).

Selbstredend gibt es neben der theoretischen Einordnung aber auch Bemühungen, die Operationalisierung der Nutzung zu beleuchten. So erschien z. B. 2008 eine Sonderausgabe der Fachzeitschrift *Communication Methods and Measures* zu dem Thema. Romantan et al. (2008) vergleichen in dieser Ausgabe unterschiedliche Messarten von Mediennutzung und befinden, dass generelle Mediennutzung (*general exposure*) nicht mit spezifischen Kenntnissen über ein bestimmtes Thema (hier Krebserkrankung) assoziiert ist, während andere Mediennutzungsarten (z. B. generelle Nutzung von thematisch relevanten Informationen) Kenntnisse über das Thema durchaus vorhersagen. Gleichzeitig finden die Autorin und die Autoren (Romantan et al., 2008) heraus, dass einige Messarten von Mediennutzung mit dem Konzept der Motivation zur Nutzung konfundiert waren, die Messarten also unterschiedliche Vor- und Nachteile aufweisen. Auch neuere Arbeiten betonen die Notwendigkeit die Messung der Mediennutzung in der Kommunikationswissenschaft zu überdenken (Valkenburg & Peter, 2013; Vorderer et al., 2015; Vorderer & Kohring, 2013).

Dass verschiedene Operationalisierungen von Mediennutzung für die Ergebnisse einer Studie einen Unterschied machen, wird in der Forschungsliteratur auch anderweitig untersucht. Z. B. wird im Kontext der Nachrichtenforschung auf den Unterschied zwischen exposure und Aufmerksamkeit bei Fernsehnachrichten eingegangen (Chaffe & Schleuder, 1986; Eveland, Hutchens, & Shen, 2009), wie auch auf den Unterschied zwischen objektiven und subjektiven Messarten im Bereich Fernsehforschung (LaCour & Vavreck, 2014; Wonneberger, Schönbach, & van Meurs, 2013) und der Online-Forschung (Scharkow, 2014). Das 2011 erschienene Skalenhandbuch für Kommunikationswissenschaft versucht, einen weiteren wichtigen Schritt zur Standardisierung der Messung von Mediennutzung zu gehen, indem unterschiedliche Konstrukte und ihre Einsatzmöglichkeiten in der Forschung beschrieben werden (Rössler, 2011). Für die Anliegen dieser Arbeit ist das Buch mit dem Schwerpunkt auf die klassischen Medien Rundfunk und Print nur begrenzt geeignet.

Da sich die vorliegende Arbeit mit Online-Mediennutzung in einem spezifischen Kontext befasst, muss die Differenzierung der Online-Mediennutzung auch speziell für dieses Feld vorgenommen werden. So beruht die Forschung zum Zusammenhang von Online-Mediennutzung und wahrgenommenen sozialen Ressourcen fast ausschließlich auf Befragungen, da das Konstrukt die subjektive Bedeutung von Beziehungen für die Befragten misst. Zumeist hat man es hier also mit subjektiven Messungen zu tun, da die Teilnehmenden z. B. gefragt werden, wie lange sie am Tag das Online-Medium nutzen (z. B. Ellison et al., 2007). Deutlich seltener werden (zumindest auch) objektive Methoden verwendet, indem z. B. zusätzlich getrackt wird, wie lange die Teilnehmenden am Tag das Online-Medium nutzen. Die Unterscheidung zwischen objektiven und subjektiven Messmethoden steht daher nicht im zentralen Forschungsinteresse dieser Arbeit.

Diese Überlegungen sind für das vorliegende Forschungsfeld bis heute weitgehend ausgeblieben und sollen in der vorliegenden Arbeit geleistet werden. Dabei gilt auch hier, dass sowohl das Auffinden als auch das Nicht-Auffinden von Zusammenhängen zwischen Online-Mediennutzung und wahrgenommenen sozialen Ressourcen ganz entscheidend von der verwendeten Mediennutzungsmessung abhängen kann (Fishbein & Hornik, 2008; Prior, 2009). Die Entwicklung einer Systematik für Online-Mediennutzung ist auch wichtig, da bereits in vorangegangenen Metaanalysen gezeigt werden konnte, dass unterschiedliche Mediennutzungs-Variablen zu unterschiedlichen Zusammenhängen führen (z. B. Boulianne, 2009).

4.2.2 Typologisierung der Messung von Online-Mediennutzung

Eine Betrachtung der Typologisierung der Messung von Mediennutzung abseits von objektiv oder subjektiv wurde im Kontext der *Information System Research* (ISR) (Burton-Jones & Straub, 2006, 2003; Venkatesh et al., 2003), die sich mit der Messung von Informationstechnologien meist in einem Organisationsumfeld befasst (Benbasat & Zmud, 2003), betrieben. Die Situation des Forschungsfeldes ISR kann analog zu derjenigen der Kommunikationswissenschaft gesehen werden: 1) die Messung der Nutzung von Informationstechnologien ist die Schlüsselvariable schlechthin und 2) verschiedene Messmethoden machen die Studien schwer vergleichbar und wirken sich auf die Ergebnisse aus:

> Despite the number of studies targeted at explaining system usage, there are crucial differences in the way the variable has been conceptualized and operationalized. This wide variation of system usage measures hinders the efforts of MIS researchers to compare findings across studies, thus impeding the accumulation of knowledge and theory in this area. (Straub, Limayem, & Karahanna-Evaristo, 1995, S. ii)

Da Technologienutzung als "the utilization of information technology (IT) by individuals, groups or organizations" (Straub et al., 1995, S. ii) definiert wird, können die Erkenntnisse und Heuristiken der *Information System Research* durchaus auf die Problemstellung der Kommunikationswissenschaft mit der Messung von Mediennutzung angewandt werden.

Die Beschäftigung mit der Operationalisierung der Messung von Technologienutzung wird in der ISR zu den Kernaufgaben des Faches gemacht (vgl. Benbasat & Zmud, 2003). Neben Reflexionen zur objektiven und subjektiven Messung von Technologienutzung (z. B. Straub et al., 1995) werden auch konkrete Arten der Operationalisierung dieser Variable (z. B. Burton-Jones & Straub, 2006; Venkatesh et al., 2003, 2008) betrachtet. Dieser Aufgabe widmen sich auch Burton-Jones und Straub (2006), nachdem sie diagnostizieren, dass es noch keine einheitliche Definition und systematische Operationalisierung der Messung von Technologienutzung im Fach gibt. Durch den systematischen Vergleich von 48 Studien finden sie elf unterschiedliche Messverfahren für Technologienutzung, allerdings kaum eine theoretische Basis für die Auswahl des jeweiligen Messverfahrens in den Studien. Insbesondere aufgrund der mangelnden theoretischen Einbettung der Nutzungsmessung postulieren Burton-Jones und Straub (2006), dass eine Systematisierung dringend erforderlich sei – gewiss gilt das auch für die Kommunikationswissenschaft:

> In the presence of strong theory, diversity of measures is desirable (Campbell and Fiske 1959), but in its absence an abundance of measures is problematical and may have lured researchers into believing that there is no problem with measuring usage (Srinivasan 1985). (Burton-Jones & Straub, 2006, S. 230)

Der Vorschlag zur Rekonfiguration (Burton-Jones & Straub, 2006) der Messung von Technologienutzung unterscheidet zwischen sechs verschieden Messarten auf einem Kontinuum von rich bis lean. Die Bestimmung von reichhaltigen und wenig ergiebigen Messverfahren verweist darauf, dass es keine kontextfreie Nutzung gibt, sondern dass die Nutzung immer mit den Nutzenden, dem System und der zu erfüllenden Aufgabe in der Organisation in einem komplexen Wechselverhältnis steht (vgl. Abbildung 3, Darstellung Burton-Jones & Straub, 2006, S.233).

Folgt man nun der Typologisierung aus der ISR (Burton-Jones & Straub, 2006; 2003; Venkatesh et al., 2003, 2008) und adaptiert insbesondere die Einteilung von Burton-Jones und Straub (2006) für den kommunikationswissenschaftlichen Kontext, müssen Modifizierungen vorgenommen werden. Die Einteilung der Nutzungsmessung im Bereich Online-Mediennutzung gemäß Abbildung 3 reicht nur von Kategorie eins bis vier, denn die Rezipierenden haben bei ihrer Mediennutzung keine Aufgabe im eigentlichen Sinn.

Richness of measures	1. Very lean	2. Lean	3. Somewhat rich (IS)	4. Rich (IS, User)	5. Rich (IS, Task)	6. Very rich (IS, User, Task)
Type	Presence of use	Extent of use (omnibus)	Extent to which the system is used	Extent to which the user employs the system	Extent to which the system is used to carry out the task	Extent to which the user employs the system to carry out the task
Domain of content measured*	Usage	Usage	Usage System User Task	Usage System User Task	Usage System User Task	Usage System User Task
Example	Use/nonuse	Duration; extent of use	Breadth of use (number of features)	Cognitive absorption	Variety of use (number of subtasks)	None to date (difficult to capture via a reflective construct)
Reference	Alavi and Henderson (1981)	Venkatesh and Davis (2000)	Saga and Zmud (1994)	Agarwal and Karahanna (2000)	Igbaria et al. (1997)	

*Lean measures reflect usage alone; rich measures reflect its nature, involving the system, user, and/or task.

Abbildung 3: Rich and lean measures of system usage
Quelle: Burton-Jones & Straub, 2006, S. 233

Selbstredend gilt auch bei einer Systematisierung, dass noch einiges an Unschärfe bestehen bleibt, kann man doch unterschiedliche Skalen verwenden um z. B. die Nutzungsfrequenz zu messen. Trotzdem konnte diese Systematik aus der ISR für die Forschung zu Online-Mediennutzung und Sozialkapital sowie soziale Unterstützung adaptiert werden und liefert eine erste Typologie auch für die kommunikationswissenschaftliche Fragestellung dieser Arbeit. Im nächsten Kapitel soll diese Systematik mit den Differenzierungen zwischen den unterschiedlichen Arten und Ebenen von Online-Medien, wie sie in Kap. 4.1 besprochen wurden, zusammengebracht werden.

Weiterhin ist es hilfreich, sich die Grundannahmen über die Relation von Online-Mediennutzung und Sozialkapital sowie sozialer Unterstützung aus den frühen Online-Studien (Kraut et al. 1998, 2002; Nie 2001; Nie et al., 2002) vor Augen zu führen. Diese beeinflussen nämlich bis heute die Fragestellungen in dem Forschungsfeld und damit auch die Messung von Online-Mediennutzung. Zum einen wird davon ausgegangen, dass sich Nutzende und Nicht-Nutzende unterscheiden würden, allerdings mit der Zeit eine Gewöhnung an die Online-Mediennutzung stattfindet. Zugleich wird vermutet, dass das Ausmaß der Nutzung eine Rolle spielt. Das heißt, je häufiger die Individuen Online-Medien nutzten und je mehr Zeit sie damit verwendeten, desto weniger Zeit bliebe für andere Aktivitäten.

In der neueren Forschung wird verstärkt die Intensität der Nutzung erhoben. (Ellison et al., 2007) Das ist eine Operationalisierung, in die neben der Nutzungszeit auch die emotionale Verbindung zum Online-Medium und die Anzahl der Freunde und Freundinnen der Nutzenden aufgenommen werden. Diese Annahmen bilden die Grundlage für die unterschiedlichen Kategorien der Nutzungsmessung, wie sie in Tabelle 5 dargestellt sind.

Tabelle 5: Operationalisierung von Online-Mediennutzung

Typ	Messung	Annahme
Nutzung/Nichtnutzung	Nutzung und Nichtnutzung	Grundsätzliche Unterschiede zwischen Nutzenden und Nicht-Nutzenden
Nutzungshistorie	Nutzung seit	Unterschiede zwischen Nutzenden mit mehr oder weniger Erfahrung mit dem Medium
Ausmaß der Nutzung I	Nutzungsfrequenz	Unterschiede zwischen Vielnutzenden und Wenignutzenden. Je häufiger das Online-Medium genutzt wird, desto stärker könnte der Medieneffekt sein
Ausmaß der Nutzung II	Nutzungszeit	Unterschiede zwischen Vielnutzenden und Wenignutzenden. Je mehr Zeit mit dem Online-Medium verbracht wird, desto stärker könnte der Medieneffekt sein
Intensität der Nutzung	Intensitäts-Skala (Ausmaß der Nutzung + Freunde/Freundinnen + Emotionale Verbindung)	Nutzung alleine ist nicht ausschlaggebend, sondern nur in Kombination mit den Online-Kontakten und der emotionalen Verbindung zum Online-Medium aussagekräftig

4.3 Eine Systematik der Messung von Online-Mediennutzung

In Kapitel 4.1 wurde das sogenannte Internet in differenzierbare und erforschbare Online-Medien und ihre Funktionen unterteilt. In Kapitel 4.2 wird gezeigt, dass die Nutzung von Online-Medien unterschiedlich gemessen werden kann. An dieser Stelle soll die Synthese aus den vorangegangenen Kapiteln erfolgen und eine Systematik der Messung von Online-Mediennutzung erarbeitet werden. Diese Systematik entsteht bewusst mit Blick auf das Forschungsfeld zum Zusammenhang von Online-Mediennutzung und sozialen Ressourcen. Dennoch erhebt sie durchaus den Anspruch, auf das Feld der Online-Mediennutzung generell anwendbar zu sein, da sie Differenzierungen auf verschiedenen Ebenen berücksichtigt und je nach Fragestellung modifiziert werden kann.

"Wenn man die vorangegangenen Kapitel zueinander in Beziehung setzt, wird offensichtlich, dass eine Erfassung von Online-Mediennutzung in den Primärstudien differenzieren muss 1) zwischen allgemeiner Internetnutzung und unterschiedlichen Online-Medien, 2) zwischen allgemeinen und spezifischen Online-Medien, 3) zwischen der allgemeinen Nutzung dieser Online-Medien (ob allgemein oder spezifisch) sowie ihren Funktion(en) und Nutzungsart(en) und 4) zwischen den unterschiedlichen Messarten der Mediennutzung.

Werden alle diese Unterscheidungen bedacht, ergibt sich das in der unteren Abbildung 4 graphisch dargestellte Modell zur Messung von Online-Mediennutzung. Diese Aufteilung beruft sich zum einen auf die kommunikationswissenschaftliche Praxis, theoretisch möglichst genau zwischen einzelnen Online-Medien zu differenzieren (Beck, 2006, 2010) um ihren Forschungsgegenstand möglichst genau zu erfassen. Zusätzlich erfasst die Typologie die Charakteristika von Online-Medien, die für eine verstärkte Multimedialität stehen und sowohl als einzelner Dienst als auch als Funktionen innerhalb von bestimmten Diensten vorkommen können. Gleichzeitig berücksichtigt die Systematik, dass Mediennutzung auf unterschiedlichen Ebenen gemessen werden kann (Scholl, 2009) und unterschiedlich reichhaltige Messarten nebeneinander bestehen (Burton-Jones & Straub, 2006). Abbildung 4 verdeutlicht die unterschiedlichen Ebenen der Differenzierung. Eine genaue Systematik der Messung von Online-Mediennutzung kann gar nicht überbewertet werden, ist sie doch eine der zentralen Variablen der Kommunikationswissenschaft und auch im zentralen Interesse der vorliegenden Arbeit. Wie bereits einige Forschende betont haben, ist die genaue Art der Messung oftmals für das Auffinden oder Nicht-Auffinden von Medieneffekten in den einzelnen Primärstudien verantwortlich (Fishbein & Hornik, 2008; Prior, 2009). Daher gilt es in besonderem Maße, diese transparent zu machen.

In dem vorgeschlagenen Modell werden viele Messarten nicht berücksichtigt, z. B. die Nutzung von Medien im biografischen Kontext oder im Tagesablauf, wie auch die Habitualisierung der Nutzung. Die Bindung der Rezipierenden an Medien wird nur beachtet, wenn sie im Rahmen einer Intensitäts-Skala erhoben wurde. Auch die Motive der Mediennutzung bleiben außen vor. Das ist zum einen forschungsökonomischen Überlegungen geschuldet, denn eine detailliertere Erhebung würde weitaus größeren Erhebungsaufwand mit sich bringen, der im Rahmen dieser Arbeit nicht zu leisten ist. Weiterhin entspricht diese Systematik auch ganz praktisch der Forschungsrealität der meisten Primärstudien zum Zusammenhang von Online-Mediennutzung und wahrgenommenen sozialen Ressourcen. Für zukünftige Studien die sich diesen Aspekten widmen wollen, kann das Modell beliebig erweitert werden.

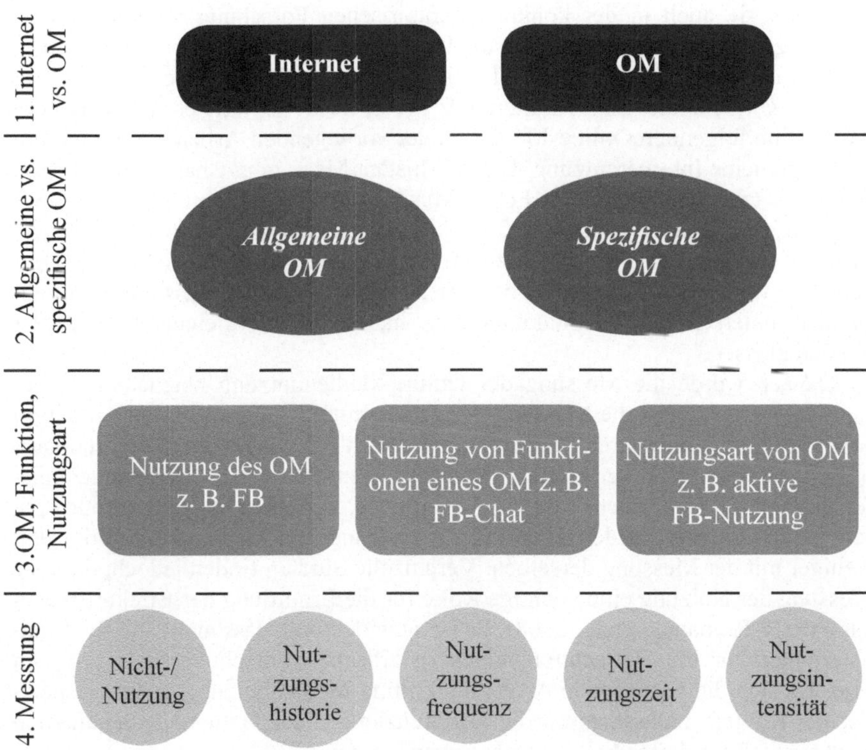

Abbildung 4: Systematik der Messung von Online-Mediennutzung

4.4 Zusammenfassung

Nachdem im vorherigen Kapitel die Begriffe wahrgenommenes Sozialkapital und wahrgenommene soziale Unterstützung entwickelt wurden, ging es in diesem Kapitel darum, sowohl die verschiedenen Online-Medien als auch die Messung der Online-Mediennutzung zu beleuchten.

Zunächst wurde dafür das sogenannte Internet in einzelne Online-Medien aufgefächert. Diese theoretische Unterscheidung vom Internet als technische Infrastruktur in eine Vielzahl von unterschiedlichen Online-Medien ist weitgehend Konsens (z. B. Beck, 2006; Neuberger, 2007; Rössler, 2003; Wirth & Schweiger, 1999) in der kommunikationswissenschaftlichen Forschungsliteratur, wenn sie auch in der konkreten empirischen Forschung nicht immer so umgesetzt wird. Aufgrund einer ersten Durchsicht der Forschungsliteratur (siehe Kap. 2) und bereits vorhandenen Typologisierungen folgend (Beck, 2010; Busemann & Gscheidle, 2009; Eimeren & Frees, 2013; Kowert et al., im Druck) wurden die folgenden Online-Medien in der vorliegenden Arbeit näher betrachtet: Allgemeine Internetnutzung, E-Mail, Instant Messaging/Chat, Online-Foren, soziale Netzwerkseiten, Blogs, Foto-, Musik- und Videocommunitys und Onlinespiele. Ihre unterschiedlichen Charakteristika bezüglich Sozial- und Zeitdimension sowie die wichtigsten sozialen Funktionen und ihre verschiedene Nutzerschaft wurden übersichtsartig beschrieben. Es wurde klar, dass diese Online-Medien unterschiedliche Charakteristika haben und vergleichend betrachtet werden müssen.

Danach wurde die Messung der Online-Mediennutzung beleuchtet. Insgesamt zeigte sich, dass die Messung der Mediennutzung relativ wenig reflektiert wird, verglichen mit ihrer Bedeutung als zentrale Variable der Kommunikationswissenschaft. Von der kommunikationswissenschaftlichen Mediennutzungsforschung lässt sich sagen, dass sie sich oftmals, vor allem in den Lehrbüchern, schwerpunktmäßig mit den Theorien zur Nutzung von Medien beschäftigt und weniger mit der Messung derselben. Vereinzelte Studien finden jedoch, dass die Messung der Nutzung eine wichtige Rolle für die Ermittlung der Effekte spielen kann (z. B. Romantan et al., 2008). Es ist auch deutlich, dass nicht alle Systematisierungen für die Betrachtung eines spezifischen Forschungsfelds hilfreich sind. Da sich die vorliegende Arbeit mit Online-Mediennutzung in einem spezifischen Kontext befasst, muss die Differenzierung der Online-Mediennutzung auch speziell für dieses Feld vorgenommen werden.

Die Arbeit folgt dabei der Typologisierung aus dem *Information System Research* und adaptiert insbesondere die Einteilung von Burton-Jones und Straub (2006) für den kommunikationswissenschaftlichen Kontext. So konnte eine Typologie entwickelt werden, die 1) zwischen allgemeiner Internetnutzung und unterschiedlichen Online-Medien, 2) zwischen allgemeinen und spezifischen Online-Medien, 3) zwischen der allgemeinen Nutzung dieser Online-Medien (ob allgemein oder spezifisch) und ihren Funktion(en) und Nutzungsart(en) sowie 4) zwischen den unterschiedlichen Messarten der Mediennutzung unterscheidet und damit in der Lage ist, das vorliegende Forschungsfeld zu systematisieren.

An dieser Stelle soll abschließend erwähnt werden, dass der Begriff der Mediennutzung, wie er in der vorliegenden Arbeit verwendet wird sowie die Annahmen, wie diese Mediennutzung auf die soziale Eingebundenheit der Rezipierenden wirkt, recht mechanisch bleiben und an einfache Sender-Empfänger-Wirkungsmodelle der Massenkommunikation erinnern (Schenk, 2007). Dieser

Umstand bildet jedoch die empirische Realität der meisten Studien ab. Das liegt daran, dass die frühen Studien ein eben solch einfaches Sender-Empfänger-Wirkungsmodell annehmen (z. B. Kraut et al., 1998; Nie & Erbring, 2000) und die wissenschaftliche Auseinandersetzung sowie die öffentliche Diskussion sich bis heute nicht von dieser Vorstellung gelöst hat. Da es in dieser Arbeit darum geht, ein Forschungsfeld zu systematisieren, muss hier die Forschungsrealität der Studien abgebildet werden. Komplexere Wirkungsmodelle zu postulieren, obliegt anderen Forschungsarbeiten.

Im folgenden Kapitel wird es darum gehen, die bisherigen Überlegungen zu den beiden Konzepten Online-Mediennutzung und wahrgenommene soziale Ressourcen zu verbinden sowie ein Forschungsmodell für die vorliegende Arbeit zu entwickeln.

5. Erkenntnisinteresse, Forschungsfragen und Hypothesen

Das Verhältnis von Online-Mediennutzung und den wahrgenommenen sozialen Ressourcen der Nutzenden ist ein äußerst beliebtes, wenn auch ungemein umstrittenes Gebiet (vgl. Kap. 2). Da zahlreiche wissenschaftliche Arbeiten zu diesem Themenkomplex vorhanden sind, ist das herausragende Forschungsdesiderat nicht die erneute Untersuchung der Fragestellung im Sinne einer Primärstudie, sondern die Systematisierung des schwer zugänglichen Forschungsfelds. Die Ursachen für die Unübersichtlichkeit sind vielschichtig: Die Heterogenität kann zurückgeführt werden sowohl auf die Entstehung der Fragestellung (Kap. 2) als auch auf das theoretische Konzept der wahrgenommenen sozialen Ressourcen, das von unscharfen Begrifflichkeiten und mannigfaltigen Konzeptualisierungen (Kap. 3) in den Primärstudien gekennzeichnet ist. Durch die Ausdifferenzierung von Online-Medien und die verschiedenen Arten, Online-Mediennutzung (Kap. 4) zu messen, kommt es zu weiteren Unklarheiten, die zu einer Zweiteilung des Forschungsinteresses dieser Arbeit führen: Während einerseits die Forschungslandschaft kartographiert werden soll, steht andererseits die Frage nach der Beschaffenheit des Zusammenhangs von Online-Mediennutzung und wahrgenommenem Sozialkapital sowie wahrgenommener sozialer Unterstützung zur Beantwortung. Dieses zweigeteilte Forschungsinteresse ergibt sich zwingend aus den Erkenntnissen der vorhergehenden Kapitel und steht im Zentrum der vorliegenden Arbeit.

Vor der Umsetzung in eine empirische Studie muss das Erkenntnisinteresse der Arbeit konkretisiert und verdichtet werden. Dazu sollen in Kapitel 5.1. die Forschungsdesiderate, wie sie in den vorhergehenden Kapiteln beschrieben wurden, kondensiert dargestellt werden. Im zweiten Schritt, in Kapitel 5.2, wird ein differenzierteres Forschungsmodell entwickelt, welches nicht nur den individuellen Zusammenhang bei den Rezipierenden beachtet, sondern auch die Gegebenheiten des Forschungsfelds berücksichtigt. Schließlich werden in Kapitel 5.3 die konkreten Forschungsfragen und Hypothesen entwickelt, die im Laufe der folgenden Untersuchung beantwortet und getestet werden sollen. Kapitel 5 bildet die Grundlage, auf dessen Basis die Vorgehensweise für die Entwicklung und Durchführung der empirischen Studie bestimmt wird.

5.1 Forschungsdesiderate und übergeordnetes Erkenntnisinteresse

Die zunehmende Anzahl von Studien, die sich explizit oder implizit um die Beziehung von Online-Mediennutzung und wahrgenommenen sozialen Ressourcen drehen, weisen einige Besonderheiten und Lücken auf. Diese Forschungsdesiderate wurden in der Arbeit bereits herausgearbeitet und lassen sich wie folgt zusammenfassen:

Unübersichtlich: *Das Forschungsfeld ist sehr ausdifferenziert und umfangreich (vgl. Kap. 2–4). Orientierung bieten einige wenige Überblicksstudien (z. B. Weissensteiner & Leiner, 2011; Wilson et al., 2012), die sich jedoch nicht explizit dem Verhältnis von Online-Mediennutzung und wahrgenommenen sozialen Ressourcen widmen, sondern die Forschung um einzelne Online-Medien, wie Facebook, fokussieren.*

Speziell statt allgemein: *Primärstudien analysieren meist ein Online-Medium (z. B. soziale Netzwerke) oder einen populären Vertreter dieses Online-Mediums (z. B. Facebook). Ein Vergleich der unterschiedlichen Online-Medien findet allerdings kaum statt.*

Fehlende Standardisierung: *Unterschiedliche Messmethoden/Operationalisierungen von Online-Mediennutzung (z. B. reine Nutzungszeit vs. Intensität der Nutzung) sowie unterschiedliche theoretische Konzepte und Messverfahren von sozialen Ressourcen machen die Ergebnisse der Studien schwer vergleichbar. Gleichzeitig wird diese Praxis der Uneinheitlichkeit in der Forschungsliteratur kaum reflektiert.*

Forschungslücke: *Im Gegensatz zu dem vertrauens- und beteiligungsbasierten Sozialkapitalbegriff von Putnam wurde das Konzept der wahrgenommenen sozialen Ressourcen noch nicht in einem größeren Zusammenhang untersucht, obwohl es ihm an Popularität und Relevanz in nichts nachsteht.*

Infolge dieser Besonderheiten und Probleme bleiben die Forschungsergebnisse wie auch der gesamte Forschungsbereich unübersichtlich. Unterschiedliche Studien berichten abweichende Zusammenhänge. Die wahre Beziehung von Online-Mediennutzung und sozialen Ressourcen bleibt letztlich unklar. Während der Einfluss von Drittvariablen auf der Ebene der Nutzenden in die Forschungspraxis eingekehrt ist, gibt es bis heute keine Arbeit die auch den Einfluss der Forschungspraxis auf den Zusammenhang von Online-Mediennutzung und wahrgenommenen sozialen Ressourcen untersucht. Folglich ist eine Systematisierung der vorliegenden Forschungsliteratur von großer Bedeutung, denn nur so können unterschiedliche Herangehensweisen aufgedeckt und berücksichtigt, divergierende Ergebnisse erklärt sowie Forschungslücken identifiziert werden.

Insbesondere ist diese Systematisierung von Interesse, da wahrgenommene soziale Ressourcen zu einem der meist genutzten Konzepten gehört, wenn es darum geht, das gesellschaftlich höchst relevante Verhältnis zwischen der Online-Mediennutzung und der sozialen Eingebundenheit der Nutzenden zu erhellen. Die Forschungsdesiderate bestimmen also das übergeordnete zweiteilige Forschungsinteresse der vorliegenden Arbeit:

1. Wie ist das Forschungsfeld zum Zusammenhang von Online-Mediennutzung und den wahrgenommenen sozialen Ressourcen beschaffen?

2. Wie ist der Zusammenhang von Online-Mediennutzung und den wahrgenommenen sozialen Ressourcen der Individuen?

Abbildung 5 veranschaulicht, wie Primärstudien die Beziehung der beiden Variablen üblicherweise untersuchen. Zu beachten ist, dass es sich dabei natürlich um eine vereinfachte Darstellung handelt. Zumeist werden Drittvariablen (vgl. Kap. 2) auf Seiten der Nutzenden untersucht und wahrgenommenes Sozialkapital sowie wahrgenommene soziale Unterstützung als unterschiedliche Konzepte betrachtet (vgl. Kap. 3). Zusätzlich werden einzelne Online-Medien analysiert (vgl. Kap. 4).

Wenn man die Systematisierung eines wissenschaftlichen Bereichs anstrebt, stellt sich die Begründung eines Zusammenhangs zwischen zwei Variablen anders dar, als wenn man eine Primärstudie, bspw. eine Befragung, konzipiert. D.h., die Verbindung der Konzepte muss nicht im gleichen Maße begründet werden, denn sie liegt gewissermaßen in den Primärstudien bereits vor. Im vorliegenden Forschungsfeld vermutet man seit den frühen Studien, dass 1) die Nutzung im Vergleich zur Nichtnutzung von Online-Medien überhaupt einen (positiven/negativen) Effekt auf die sozialen Ressourcen der Akteurinnen und Akteure hat und, dass sich dieser Effekt (positiv/negativ) verstärkt, wenn die Nutzenden viel Zeit mit dem Online-Medium verbringen bzw. dieses intensiver nutzen (vgl. Kap. 2).

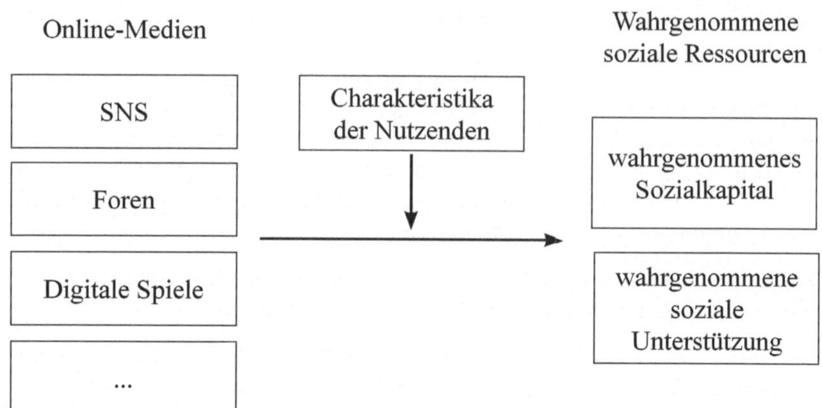

Abbildung 5: Der Zusammenhang von Online-Mediennutzung und wahrgenommenen sozialen Ressourcen

Die Arbeit wird den Zusammenhang von Online-Mediennutzung und wahrgenommenen sozialen Ressourcen auch im Hinblick auf die divergierende Messung der Konzepte ermitteln. Damit löst sich die Arbeit auch bewusst von den Fragestellungen der frühen Online-Forschung und entwickelt ein eigenes Forschungsinteresse, das sich vor allem auf die unterschiedlichen Dimensionen der einzelnen Konzepte und ihre Messung fokussiert.

Naturgemäß muss ein übergeordnetes Forschungsinteresse eingegrenzt und konkretisiert werden, um die verschiedenen Zusammenhänge empirisch fassbar zu machen. Die vorliegende Arbeit muss, wenn sie eine Systematisierung des Zusammenhangs von Online-Mediennutzung und Sozialkapital/soziale Unterstützung anstrebt, auch aus inhaltlichen Gründen mehrere Ziele haben, diese Systematisierung auf verschiedenen Ebenen leisten und sowohl das Forschungsfeld insgesamt kartographieren als auch den Zusammenhang zwischen den zwei Variablen von Interesse erkunden.

Die Gründe für die Breite der Perspektive ergeben sich zwingend aus den vorangegangenen Kapiteln und den daraus extrahierten Forschungsdesiderate. Damit soll auch das bisher einfach gehaltene Modell der Relation von Online-Mediennutzung und Sozialkapital/soziale Unterstützung erweitert werden. Die hier herausgearbeiteten Forschungsdesiderate sind auf mehreren Ebenen angesiedelt und hängen – wie auch die Antworten – miteinander zusammen. So ist die Unübersichtlichkeit vor allem auf der übergeordneten Ebene des Forschungsfelds gegeben. Sie beeinflusst aber gleichzeitig auch die einzelnen Studien, denn die Forschenden sind kaum in der Lage, sich einen Überblick zu verschaffen, wodurch auch die verwendeten Maße in den einzelnen Studien uneinheitlich sind. Durch diese Unübersichtlichkeit und Uneinheitlichkeit werden letztlich weiterhin unterschiedliche Zusammenhänge zwischen Online-Mediennutzung und den wahrgenommenen sozialen Ressourcen der Individuen analysiert und berichtet. Es bleibt allerdings offen, warum diese Unterschiede bestehen. Folglich ist es unerlässlich, dass in dieser Arbeit ein Fokus sowohl auf das Forschungsfeld als auch auf den Zusammenhang beider Variablen hinsichtlich der Nutzenden gelegt wird.

(1) Das Forschungsfeld: Zum einen geht es darum, möglichst die Vielzahl an Studien zum Zusammenhang von Online-Mediennutzung und wahrgenommenen sozialen Ressourcen zu charakterisieren. Ihre nach einem narrativen Literaturreview postulierte Uneinheitlichkeit gilt es empirisch zu erfassen und darzustellen, wie diese Beziehung wissenschaftlich untersucht wird.

(2) Die individuellen Zusammenhänge: Nach der Beschreibung des Forschungsfelds soll die Frage nach dem Zusammenhang von Online-Mediennutzung und den wahrgenommenen sozialen Ressourcen auf der individuellen Ebene der Befragten beantwortet werden. Dazu werden die Ergebnisse über die verschiedenen Studien hinweg verglichen und zusammenführt.

Hierfür ist eine Spezifizierung der verwendeten Konzepte von Nöten, um sie einerseits vergleichbar zu halten und andererseits den Rahmen einer Qualifikationsarbeit nicht zu sprengen.

5.2 Präzisierung der Konzepte und erweitertes Modell

Hier sollen nun in aller Kürze die spezifischen Konzepte, die die Arbeit berücksichtigt, vorgestellt werden. In Kapitel 2 wird gezeigt, dass die Messung von sozialen Ressourcen nur eine Art unter anderen ist, mit der die soziale Eingebundenheit der Akteurinnen und Akteure erfasst werden kann. Kapitel 3 macht deutlich, dass auch Sozialkapital und soziale Unterstützung in mannigfaltige Strömungen und Subdimensionen aufgegliedert werden können und oftmals für ganz unterschiedliche Annahmen und Konzepte stehen. Um diese Systematisierung in einem so diffusen Feld leisten zu können, wird sich die vorliegende kommunikationswissenschaftliche Arbeit beschränken müssen.

Im Folgenden werden daher ausschließlich wahrgenommenes Sozialkapital und wahrgenommene soziale Unterstützung berücksichtigt und andere verwandten Konzepte, wie Vertrauen, Nachbarschaftlichkeit etc. werden ausgeschlossen.

Die wahrgenommenen sozialen Ressourcen sind für diese Arbeit aus verschiedenen Gründen zentral. Diese Art Sozialkapital bzw. soziale Unterstützung zu messen, ist besonders im Kontext der Online-Mediennutzung relevant geworden und wird sehr häufig in Studien zu diesem Themenbereich verwendet. Auch werden hier mit der Einführung von unterschiedlichen Subkonzepten, wie online und offline, die theoretischen Implikationen der Online- Mediennutzung (vgl. Kap. 3) berücksichtigt. Schließlich ist dieses Konzept bis jetzt in den Überblicksarbeiten – im Gegensatz zu anderen Sozialkapitalkonzepten (vgl. Kap. 3) – weitgehend vernachlässigt worden. Daher will die Arbeit wahrgenommene soziale Ressourcen analysieren und zwischen verschiedenen (Sub)Dimensionen der einzelnen Konzepte differenzieren (vgl. Kap. 2, Kap. 3).

Gemäß der kommunikationswissenschaftlichen Perspektive will die vorliegende Arbeit den Blick im Bereich der Online-Mediennutzung nicht verengen und eine genaue und möglichst umfassende Messung von Online-Mediennutzung vornehmen. Dafür soll die Betrachtung von allgemeinen und spezifischen Online-Medien, ihren Funktionen und Nutzungsarten wie auch der unterschiedlichen Messarten von Online-Mediennutzung im Zentrum der vorliegenden Arbeit stehen (vgl. Kap. 4). Inwiefern diese unterschiedlichen Online-Medien und ihre möglichen Nutzungsmessungen auch tatsächlich eine Rolle in den Primärstudien spielen, bleibt letztlich eine empirische Frage, welche im Laufe der Arbeit beantwortet wird.

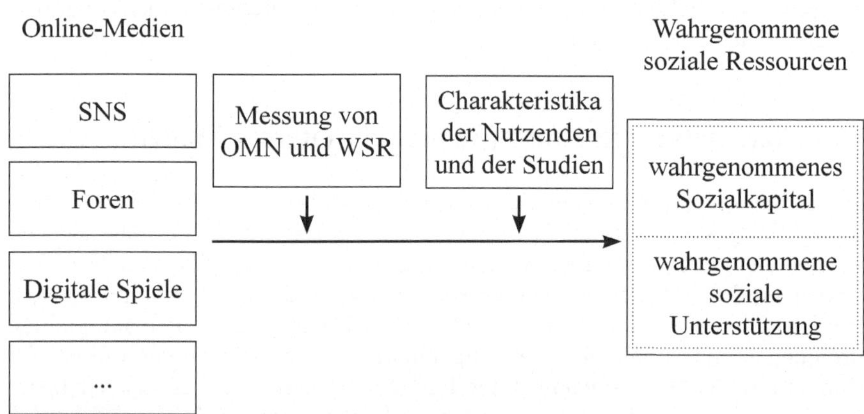

Abbildung 6: Das erweiterte Forschungsmodell der Arbeit

Obwohl verschiedene Drittvariablen, die eine Rolle spielen könnten, hier bewusst ausgelassen werden (müssen), soll im Rahmen der vorliegenden Arbeit das Verhältnis von Online-Mediennutzung und sozialen Ressourcen auch unter Berücksichtigung von grundlegenden Studien- und Samplecharakteristika betrachtet werden. Damit ergibt sich das folgende erweiterte Forschungsmodell, das in Abbildung 6 dargestellt wird.

5.3 Entwicklung von Forschungsfragen und Hypothesen

Die zwei forschungsleitenden Fragestellungen nach der Beschaffenheit des Forschungsgebiets und dem Zusammenhang von Online-Mediennutzung und den wahrgenommenen sozialen Ressourcen der Nutzenden müssen nun in einzelne Forschungsfragen und Hypothesen aufgegliedert werden. In Kapitel 3 wird dargelegt, dass wahrgenommenes Sozialkapital und wahrgenommene soziale Unterstützung auf sehr ähnlichen Grundannahmen beruhen und daher miteinander vergleichbar sind. Inwiefern diese beiden Konzepte, die in verschiedenen Disziplinen erforscht werden (vgl. Kap. 3), auf eine ähnliche Beziehung mit Online-Mediennutzung verweisen, bleibt eine empirische Frage. Da das Vorgehen der Berücksichtigung unterschiedlicher Online-Medien und die sehr detaillierte Unterscheidung von unterschiedlichen Arten der Nutzungsmessung ein Novum für den Bereich sind, ist die Arbeit teilweise explorativ. Die ersten beiden Forschungsfragen konzentrieren sich vor allem auf die Besonderheiten des Forschungsgebiets.

F1 Wie wird der Zusammenhang von Online-Mediennutzung und den wahrgenommenen sozialen Ressourcen in dem Forschungsfeld untersucht?

In Kapitel 4 wird herausgearbeitet, dass man nicht nur Online-Mediennutzung allgemein, sondern auch die Funktionen und Nutzungsarten eines Mediums betrachten kann. Da diese Versuche relativ neu in der Forschungsliteratur sind, kann angenommen werden, dass die meisten Studien allgemeine Mediennutzung betrachten. Gleichzeit gilt, dass viele verschiedene Online-Medien im Fokus der Aufmerksamkeit stehen. Verschiedene Forscher (Beck, 2006, 2010; Neuberger, 2007; Rössler, 2003; Wirth & Schweiger, 1999) fordern eine Ausdifferenzierung des sogenannten Begriffs Internet in verschiedene Online-Medien, da dieses ein empirisch schwer fassbares Phänomen ist und verschiedene Anwendungen in sich vereint. Gleichzeitig wird die Bedeutung von SNS und speziell von Facebook in der wissenschaftlichen Diskussion sowie der öffentlichen Aufmerksamkeit herausgestellt (Weissensteiner & Leiner, 2011; Wilson, et al., 2012). Hier wird erwartet, dass sich diese verstärkte Berücksichtigung der

SNS auch im Forschungsfeld zum Zusammenhang von Online-Mediennutzung und sozialen Ressourcen wiederholt.

H1.1 Allgemeine Mediennutzung wird häufiger untersucht als einzelne Funktionen und Nutzungsarten eines Mediums.

H1.2 SNS sind das am häufigsten untersuchte Online-Medium.

H1.3 Insbesondere Facebook steht als spezifisches Online-Medium im Vordergrund.

Kapitel 3 zeigt, dass wahrgenommene soziale Ressourcen in die beiden Dimensionen online und offline unterteilt werden. Diese Differenzierung ist für das Forschungsgebiet Online immens wichtig (vgl. Ellison et al., 2007; Williams, 2006). Daher wird angenommen, dass die meisten Studien diese Unterscheidung auch empirisch umsetzen. Weiterhin wird herausgearbeitet, dass im Bereich der wahrgenommenen sozialen Ressourcen unterschiedliche Subdimensionen (z. B. bridging, bonding, emotional, instrumental) existieren (vgl. Kap. 3). Während im Bereich der wahrgenommenen sozialen Ressourcen die Entwicklung von Skalen oftmals im Zentrum der Forschungsbemühungen steht, findet man gerade im Bereich der Messung von Online-Mediennutzung vergleichsweise wenig Standards für die Operationalisierung dieser Variable. Folglich wird angenommen, dass im Gegensatz zu der Variable wahrgenommene soziale Ressourcen eher selten etablierte Messverfahren verwendet werden.

H1.4 Die Primärstudien unterscheiden mehrheitlich zwischen den Dimensionen online und offline der wahrgenommenen sozialen Ressourcen.

H1.5 Die Primärstudien unterscheiden mehrheitlich zwischen den verschiedenen Subdimensionen der wahrgenommenen sozialen Ressourcen.

H 1.6 Während die Variable wahrgenommene soziale Ressourcen in den meisten Primärstudien mit etablierten Messverfahren untersucht wird, ist die Messung von Online-Mediennutzung mehrheitlich nicht standardisiert.

Die zweite Forschungsfrage fragt nach den Unterschieden zwischen den zwei Forschungsfeldern von Interesse.

F2 Wie unterscheiden sich die Forschungsbereiche wahrgenommenes Sozialkapital und wahrgenommene soziale Unterstützung?

In der Arbeit wird angenommen, dass es Unterschiede zwischen der Erforschung der beiden Konzepte gibt, da sie in unterschiedlichen Disziplinen entstanden sind, die sich meist ignoriert haben (vgl. Kap. 3). Da das Konzept wahrgenommenes Sozialkapital erst im Zuge der späteren Online-Forschung entstanden ist (Williams, 2006), liegt es nahe, dass in dazugehörigen Studien neuere Online-Medien wie SNS, Blogs und digitale Spiele fokussiert werden. Die Forschung zur wahrgenommenen sozialen Unterstützung hingegen ist stärker im Bereich der Gesundheitskommunikation verankert und beschäftigt sich daher vermutlich häufiger mit älteren thematisch fokussierten Online-Medien, wie z. B. Foren, Chat oder E-Mail. Da die Forschung zu wahrgenommenem Sozialkapital vor allem zwei Subdimensionen (bridging und bonding) kennt, die eng mit der online offline Unterscheidung in Verbindung gebracht worden sind, wird erwartet, dass entsprechende Studien besonders oft zwischen den beiden Subkonzepten unterscheiden.

H.2.1 Die Primärstudien zur wahrgenommenen sozialen Unterstützung entstehen vor den Primärstudien zu wahrgenommenem Sozialkapital.

H2.2 Die Forschung zu wahrgenommenem Sozialkapital fokussiert sich vor allem auf SNS, digitale Spiele und Blogs, während die Forschung zur wahrgenommenen sozialen Unterstützung vor allem die Nutzung von Foren, E-Mail und Chat betrachtet.

H.2.3 Primärstudien zu wahrgenommenem Sozialkapital untersuchen häufiger als Primärstudien zur wahrgenommenen sozialen Unterstützung einzelne Subdimensionen des Konzepts.

Die folgenden Forschungsfragen fokussieren sich auf die individuellen Zusammenhänge unter Berücksichtigung des erweiterten Forschungsmodells. Daher lautet die nächste Forschungsfrage wie folgt.

F3 Wie ist der Zusammenhang von Online-Mediennutzung und den wahrgenommenen sozialen Ressourcen der Individuen?

Die *social augmentation*-Hypothese (Katz & Aspden, 1997; Rainie et al., 2000) verweist darauf, dass die Zeit, die online verbracht wird, die soziale Eingebundenheit offline nicht ersetzt, sondern ergänzt. Daher wird ein positiver Zusammenhang von Online-Mediennutzung und wahrgenommenen sozialen Ressourcen prognostiziert. In der Forschungsliteratur wird oft erwähnt, dass sich wahrgenommenes Sozialkapital auf potentielle und wahrgenommene soziale Unterstützung auf tatsächliche Hilfeleistung beziehen. Wenn das stimmt, ist eine etwas stärkere Beziehung zwischen Online-Mediennutzung und wahrgenommenem Sozialkapital als zwischen Online-Mediennutzung und wahrgenommener sozialer Unterstützung anzunehmen.

H3.1 Der Zusammenhang von Online-Mediennutzung und wahrgenommenen sozialen Ressourcen ist positiv.

H3.2 Online-Mediennutzung und wahrgenommenes Sozialkapital zeigen einen stärkeren positiven Zusammenhang als Online-Mediennutzung und wahrgenommene soziale Unterstützung.

Gleichzeitig weist die bereits vorhandene Forschung zu Online-Mediennutzung und wahrgenommenen sozialen Ressourcen auf unterschiedliche Effekte von unterschiedlichen Medien hin. Daher lautet die folgende Forschungsfrage:

F4 Wie wirkt sich die Nutzung von unterschiedlichen Online-Medien auf die Relation von Online-Mediennutzung und den wahrgenommenen sozialen Ressourcen der Nutzenden aus?

Ergebnisse aus der Forschungsliteratur legen nahe, dass sich für die Nutzenden von unterschiedlichen Online-Medien auch ein unterschiedlicher Zusammenhang zwischen Online-Mediennutzung und sozialen Ressourcen zeigt. Während die Nutzung von SNS wiederholt positiv mit dem wahrgenommenen Sozialkapital der Nutzenden in Beziehung gebracht wurde (Ellison et al., 2007), konnte dieser Effekt nicht für den Bereich der Online-Computerspiele gezeigt werden (Domahidi et al., 2014). Auch dreht sich die öffentliche Diskussion vorwiegend um die potentiell negativen Effekte von digitalen Spielen. Ob das auch über die Studien hinweg so ist, soll hier geprüft werden. Es wird daher angenommen, dass SNS Nutzung positiv und digitale Spiele-Nutzung negativ mit den wahrgenommenen sozialen Ressourcen der Nutzenden zusammenhängt. Gleichzeitig kann für die Nutzung von Medien mit einem spezifischen Fokus – wie z. B. Foren, die meist im Bereich der Gesundheitskommunikation verwendet werden – eine Sonderrolle angenommen werden. Da die Nutzenden hier oftmals ein spezifisches Ziel verfolgen – wie sich mit anderen, die ähnliche Interessen haben – zu vernetzen, kann angenommen werden, dass sie besonders viel von ihrer Nutzung profitieren können.

H4.1 Es gibt einen positiven Zusammenhang zwischen SNS-Nutzung und der Relation von Online-Mediennutzung und wahrgenommenen sozialen Ressourcen.

H4.2 Es gibt einen negativen Zusammenhang zwischen der Nutzung von digitalen Spielen und der Relation von Online-Mediennutzung und wahrgenommenen sozialen Ressourcen.

H4.3 Es gibt einen positiven Zusammenhang zwischen der Nutzung von Foren und der Relation von Online-Mediennutzung und wahrgenommenen sozialen Ressourcen.

Verschiedene Forschende haben herausgestellt, dass die Art, wie Mediennutzung erhoben wird, entscheidend dafür sein könnte, ob und wenn ja, welche Medieneffekte gefunden werden (Fishbein & Hornik, 2008; Prior, 2009). Auch die wenigen Metaanalysen, die diese Variable differenzierter betrachteten, finden unterschiedliche Zusammenhänge der unterschiedlichen Mediennutzungs-Variablen (Boulianne, 2009). Daher lautet eine weitere Forschungsfrage dieser Arbeit wie folgt:

F5 Wie wirkt sich die unterschiedliche Messung der Nutzung von Online-Medien auf den gefundenen Zusammenhang zwischen Online-Mediennutzung und wahrgenommenen sozialen Ressourcen aus?

Online-Medien (z. B. Chat) können entweder als eigener Dienst oder als Funktion eines Online-Mediums auftreten. Neben der Nutzung des Online-Medium allgemein kann also auch die Nutzung von Funktionen oder eine bestimmte Nutzungsart erfasst werden. (vgl. Kap. 4). Da diese beiden Messarten es eher zulassen, soziale Mediennutzung und nicht nur allgemeine Nutzung zu messen, wird für sie ein stärkerer positiver Zusammenhang prognostiziert. Eine weitere Differenzierung, die in Kapitel 4 eingeführt wurde, ist die zwischen den unterschiedlichen Messarten der Online-Mediennutzung. Im Kontext der *Information System Research* (Burton-Jones & Straub, 2006, 2003; Venkatesh et al., 2003) werden verschiedene Typen der Messung von Mediennutzung auf einem Kontinuum von rich bis lean unterschieden. Diese Betrachtungsweise wurde in Kapitel 4 auf das Feld der kommunikationswissenschaftlichen Erhebung von Online-Mediennutzung adaptiert. Dabei lautet die Annahme, dass die Verwendung einer reichhaltigeren Messung auf eine stärkere Beziehung zwischen Online-Mediennutzung und wahrgenommenen sozialen Ressourcen verweist als eine weniger reichhaltige Messung. Insbesondere wird ein starker Zusammenhang für die im Bereich von Sozialkapital verwendeten Intensitätsskala angenommen, denn diese erhebt neben dem Ausmaß der Nutzung auch die emotionale Verbindung mit dem Medium und die Anzahl der Freunde und Freundinnen der Nutzenden.

H5.1 Funktionen und Nutzungsarten von Online-Medien zeigen einen stärkeren Zusammenhang mit der Relation von Online-Mediennutzung und wahrgenommenen sozialen Ressourcen als allgemeine Mediennutzung.

H5.2 Die reichhaltigeren Messarten der Online-Mediennutzung zeigen einen stärkeren Zusammenhang mit der Relation von Online-Mediennutzung und wahrgenommenen sozialen Ressourcen als weniger reichhaltige Messarten.

H5.3 Die Messung der Online-Mediennutzung mittels der Intensitäts-Skala zeigt einen stärkeren Zusammenhang mit der Relation von Online-Mediennutzung und wahrgenommenen sozialen Ressourcen als die anderen Messarten.

Da die Forschungsliteratur wiederholt darauf hinweist, dass Online-Mediennutzung nicht gleichermaßen auf alle Dimensionen und Subdimensionen von Sozialkapital bzw. sozialer Unterstützung wirkt, lautet die letzte Forschungsfrage:

F6 Wie ist das Verhältnis der unterschiedlichen Dimensionen der wahrgenommenen sozialen Ressourcen mit der Relation von Online-Mediennutzung und wahrgenommenen sozialen Ressourcen?

In Bezug auf die Annahmen der frühen Internetstudien (z. B. Kraut et al., 1998) kann postuliert werden, dass die Dimension online der sozialen Ressourcen einen positiven Zusammenhang mit Online-Mediennutzung aufweist, ebenso wie die Subdimension bridging (Ellison et al. 2007; Williams, 2006). Gleichzeitig kann angenommen werden, dass die Dimension offline und die Subdimension bonding negativ mit der Relation von Interesse assoziiert sind (vgl. Kap. 2). Da hierzu bisher vor allem die Forschung zu wahrgenommenem Sozialkapital Ergebnisse geliefert hat, ist die Betrachtung der Subdimensionen für den Bereich wahrgenommener sozialer Unterstützung explorativ.

H6.1 Die Dimension online zeigt einen positiven Zusammenhang mit der Relation von Online-Mediennutzung und wahrgenommenen sozialen Ressourcen, während die Dimension offline damit negativ assoziiert ist.

H6.2 Die Sub-Dimension bridging zeigt eine positive Beziehung mit der Relation von Online-Mediennutzung und wahrgenommenen sozialen Ressourcen, während bonding damit negativ assoziiert ist.

Basierend auf der bisherigen Forschungsliteratur (Williams, 2006) wird angenommen, dass es unterschiedliche Auswirkungen von verschiedenen Online-Medien auf die Dimensionen Online- und Offline-Sozialkapital gibt. Während SNS als potentiell vorteilhaft, zumindest im Bereich online, gelten, werden die möglichen negativen Effekte von digitalen Spielen sowohl online als auch offline befürchtet (vgl. Kap. 2).

H6.3 Die Nutzung von SNS weist einen positiven Zusammenhang mit der Dimension online auf, während die Dimension offline damit negativ assoziiert ist.

H6.4 Die Nutzung von digitalen Spielen weist einen negativen Zusammenhang mit der Dimension online und offline der wahrgenommenen sozialen Ressourcen auf.

Die Entwicklung des Instruments und die Durchführung der Studie werden in Kapitel 6 vorgestellt.

6. Methode und Durchführung der Studie

In diesem Kapitel wird die Erhebungs- und Auswertungsmethode der vorliegenden Arbeit erläutert. Nachdem in den vorangegangenen Kapiteln die Unübersichtlichkeit, sowohl hinsichtlich der Vorgehensweise der Forschungsliteratur als auch in Bezug auf die gefundenen Zusammenhänge der zwei Variablen, herausgearbeitet wurde, ergibt sich eine systematische Literaturübersicht als die Methode der Wahl. In diesem Kapitel wird daher zunächst die Methode der systematischen Literaturübersicht und Metaanalyse vorgestellt (Kap. 6.1). Danach wird das Messinstrument erläutert (Kap. 6.2) und die Durchführung der Studie mit den unterschiedlichen Schritten der Literaturrecherche (Kap. 6.3) sowie der Auswahl (Kap. 6.4) und Codierung (Kap. 6.5) der Primärstudien vorgestellt. Das Kapitel schließt mit der Beschreibung der Auswertung der Daten und einiger Besonderheiten der Metaanalyse, die für die Auswertung eine Rolle spielen (Kap. 6.6).

6.1 Systematische Literaturübersicht: Survey und Metaanalyse

Wie in den vorangegangenen Kapiteln deutlich geworden ist, ist die Forschungsliteratur zum Zusammenhang von Online-Mediennutzung und wahrgenommenen soziale Ressourcen ausufernd. Problematisch ist nicht nur die Quantität der Arbeiten, die den Bereich insgesamt unübersichtlich macht, sondern auch, dass die Studien sich unter dem Namen Sozialkapital bzw. soziale Unterstützung mit unterschiedlichen theoretischen Konzepten beschäftigen und unterschiedliche Operationalisierungen dieser theoretischen Konzepte nutzen.

Doch nicht nur in diesem spezifischen Forschungsfeld, sondern generell gilt, dass vor allem in den letzten Jahrzehnten ein Anstieg von Fachzeitschriften (Olkin, 1994; Günther & Domahidi, 2016) und Forschungsarbeiten zu verzeichnen ist und daraus resultierend auch von unterschiedlichen Ergebnissen bei vergleichbaren Forschungsfragen (Card, 2012; Field & Gillet, 2010). Daher bedarf es Methoden, um den Forschungsstand zu systematisieren, also gängige Vorgehensweisen aufzudecken, Unterschiede zwischen den einzelnen Studien zu erklären und damit auch neue Forschungsdesiderate zu benennen.

> Diese sogenannte Meta-Forschung [sic] bezieht sich dabei auf alle Aktivitäten, die Ergebnisse verschiedenster Einzel-Studien in einem Forschungsbericht oder bezüglich eines bestimmten Forschungsproblems systematisch zusammenfassen und evaluieren, und zwar mit dem Ziel, den Stand der Forschung auf einer höheren Ebene der Generalisierung als der der Einzelstudie zu synthetisieren. (Bonfadelli & Meier, 1984, S. 537)

Eine Metaforschung in Form einer systematischen Literaturübersicht ist in der Forschungsliteratur, verglichen mit narrativen Literaturreviews, immer noch unüblich (Card, 2012). Dabei haben systematische Literaturübersichten entscheidende Vorteile gegenüber narrativen, welche letztlich immer subjektiv sind und im Gegensatz zu den systematischen sehr viel weniger Informationen verarbeiten können (Borenstein et al., 2009, S. xxii). Selbstredend ist das systematische Review auch kein vollständig objektives Instrument, aber es beruht auf vorher definierten Regeln: „For systematic reviews, a clear set of rules is used to search for studies, and then to determine which studies will be included in or excluded from the analysis“ (Borenstein et al., 2009). In diesem intersubjektiv nachvollziehbaren Forschungsprozess besteht der Unterschied zwischen narrativen und systematischen Reviews. Die Kommunikationswissenschaft kennt die Form der systematischen Literaturanalyse unter dem Stichwort Inhaltsanalyse, eine Methode die sie allerdings meist auf Medieninhalte und kaum auf Primärstudien anwendet. Gleichzeitig kommt die Terminologie Inhaltsanalyse in der Literatur zu systematischen Reviews und Metaanalysen selten vor, denn die systematische Betrachtung (von Ergebnissen) von Primärstudien wird vor allem in den Fächern Psychologie oder Medizin angewendet.

Es gibt allerdings nicht nur die Unterteilung zwischen systematischen und nicht-systematischen Literaturübersichten, sondern auch verschiedene weitere Differenzierungen, die z. B. abhängig vom Gegenstand der Untersuchung sind. Card (2012) unterscheidet daher zwischen Übersichten, die sich mit den Theorien, den Ergebnissen oder den typischen Vorgehensweisen von Studien befassen. Die Metanalyse ist hier eine spezifische Form des systematischen Reviews, welche sich auf die Effektstärken aus den Primärstudien konzentriert und diese quantitativ auswertet (für eine grafische Übersicht der verschiedenen Methoden siehe Abbildung 7, Darstellung Card, 2012, S. 6).

Für das zweigeteilte Forschungsinteresse der Arbeit ist zum einen ein systematisches Literaturreview in Form eines Survey nötig, um die üblichen Vorgehensweisen aufzudecken und damit die Forschungsliteratur zu kartographieren. Zweitens ist die Relation von Online-Mediennutzung und wahrgenommenen sozialen Ressourcen unklar, da Studien zum Teil widersprüchliche Ergebnisse berichten. Durch die Methode eines systematischen Literaturreviews in Form einer Metaanalyse soll hier ein Effekt über alle Studien hinweg berichtet werden. Gleichzeitig können Unterschiede zwischen den Studien aufgedeckt und erklärt werden. Im Folgenden wird das in der vorliegenden Arbeit verwendete Messinstrument ausführlich vorgestellt und besprochen.

Die Methode der Wahl ergibt sich zwingend aus dem zweigeteilten Forschungsinteresse: Mithilfe eines Surveys (vgl. Abbildung 7) sollen die typischen Vorgehensweisen erläutert und mittels einer Metaanalyse die Frage nach dem Zusammenhang der beiden Variablen beantwortet werden. Dabei ist der Survey vergleichbar mit der (zumeist deskriptiven) Beschreibung der Vorgehensweisen in einem Forschungsfeld: „Survey reviews focus on typical practices within a field, such as the use of particular methods in a field (...)“ (Card, 2012, S. 6). Metaanalysen versuchen hingegen quantitativ Aussagen über die Ergebnisse der Primärstudien von Interesse zu treffen. Die Metaanalyse kann definiert werden als „the statistical analysis of a large collection on analysis results from individual studies for the purpose of integrating the findings” (Glass, 1976, S. 3).

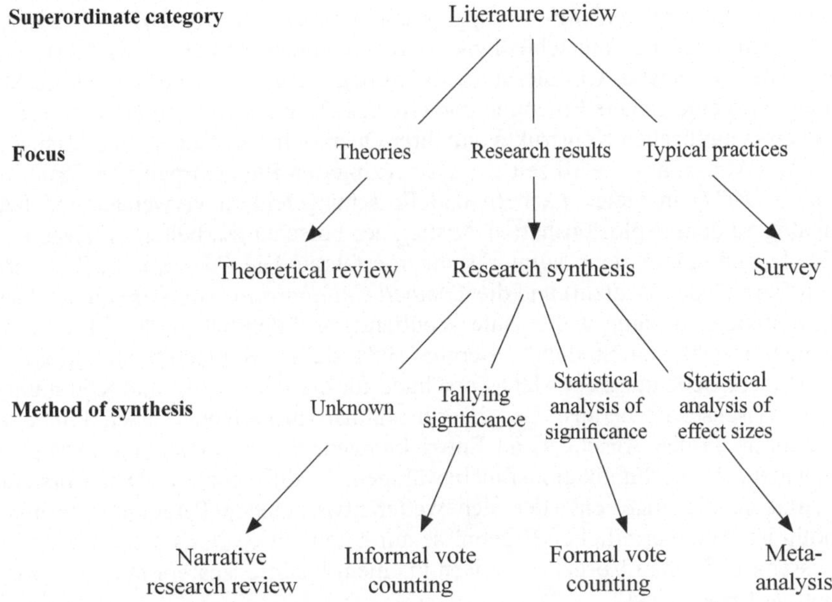

Abbildung 7: Methoden der Literaturübersicht
Quelle: Card, 2012, S. 6

Die Ziele der Metaanalyse sind 1) die Heterogenität der Forschungsbefunde aufzudecken und zu beschreiben, 2) einen übergeordneten Ergebniswert über alle Primärstudien hinweg zu berichten und 3) die Heterogenität der Ergebnisse aus den Primärstudien zu erklären (nach Borenstein et al., 2009; Weiss & Aloe, 2014). Die Metaanalyse hat also multiple Studienergebnisse (Effektstärken) im Blick und zieht Schlüsse über selbige. Weiterhin wird den einzelnen Studien und ihren Ergebnissen ein bestimmtes, im Vorhinein festgelegtes, Gewicht zugeschrieben. So kann die Subjektivität der Forschenden, hinsichtlich Kenntnis, Auswahl und Gewichtung von Studien, zumindest teilweise ausgeglichen werden.

Eine metaanalytische Übersicht hat also nicht nur die Aufgabe, unterschiedliche Konzepte zu systematisieren und damit die vergleichbaren und relevanten Primärstudien zu ermitteln, sondern zielt auch auf den Vergleich der Ergebnisse ab, um den sogenannten wahren Zusammenhang der Variablen herauszufinden. Immer wieder wird die Metaanalyse in der Forschungsliteratur dafür kritisiert, dass sie Unvergleichbares – „apples and oranges" (Card, 2012, S. 25; eine Übersicht über die unterschiedlichen Kritiken findet man ebenfalls dort) – miteinander vergleiche. Um dieser Kritik zu begegnen, sind eine sorgfältige Messung, also eine genaue Erhebung und ein umsichtiger Vergleich der unterschiedlichen theoretischen Konstrukte und ihrer Operationalisierungen, unerlässlich.

Die Metaanalyse wird seit der weit rezipierten Pionierarbeit von Smith und Glass (1977) in vielen Fächern und Forschungsfeldern verwendet und hat – analog zu dem explosionshaften Anstieg der Forschungsarbeiten insgesamt – in den letzten Jahren mehr Aufmerksamkeit erfahren. Die *Cochrane Collaboration* (im Bereich der Medizin) und die *Cambell Collaboration* (im Bereich der Justiz, Psychologie, Bildung und soziale Wohlfahrt) veröffentlichen jährlich eine steigende Anzahl von Studien[13]. Bereits 1984 stellen Bonfadelli und Meier die besondere Bedeutung der Meta-Forschung für die Publizistik- und Kommunikationswissenschaft heraus. Das interdisziplinär ausgerichtete Fach könne nur durch sie 1) den Anschluss an Entwicklungen in den verwandten Disziplinen behalten, 2) die Publikationsflut bewältigen, 3) differenzierte Detailforschung betreiben, die angesichts der sich weiterentwickelnden Paradigmen dringend nötig ist, 4) die ermittelten Ergebnisse auf eine breitere Basis stellen und 5) die wissenschaftlichen Vorgehensweisen in einem Feld transparent machen (Bonfadelli & Meier, 1984).

Für kommunikationswissenschaftliche Fragestellungen werden systematische Reviews und Metaanalysen zunehmend beliebter, z. B. im Bereich der

---

13 Weitere Informationen unter http://www.cochrane.org und http://www.campbellcollaboration.org.

visuellen Kommunikation (Lobinger, 2012), der Wissenschaftskommunikation (Schäfer, 2010), der Selbstdarstellung in Online-Medien (Nguyen, Bin, & Campbell, 2012; Weisband & Kiesler, 1996), der persuasiven Kommunikation (Dillard, Weber, & Vail, 2007), der gewalthaltigen Medieninhalte (Hetsroni, 2007), der Medienkompetenz (Jeong, Cho, & Hwang, 2012) oder der sogenannten Facebook-Forschung (Wilson et al., 2012). Diese bei weitem nicht erschöpfende Darstellung verdeutlicht die Breite an Problemstellungen, in denen die Metaanalyse zur Synthetisierung von Forschungsergebnissen angewendet werden kann.

Zum Zusammenhang von Online-Mediennutzung und der sozialen Eingebundenheit der Nutzenden gibt es bereits einige Systematisierungsversuche, z. B. zum Verhältnis von Internet- bzw. Online-Mediennutzung und politischem Engagement (Boulianne, 2009), Einsamkeit und Depression bei älteren Menschen (Choi, Kung, & Jung, 2012), *Well-Being* (Huang, 2010; Zou, 2010) und Selbstdarstellung (Nguyen et al., 2012). Bis heute fehlt allerdings eine systematische Literaturübersicht zur Relation von Online-Mediennutzung und wahrgenommenen sozialen Ressourcen, wie sie in dieser Arbeit angestrebt wird.

6.2 Das Messinstrument

Hier wird die Entwicklung des Messinstruments für die vorliegende systematische Literaturübersicht vorgestellt. Es geht vor allem um die überblicksartige Veranschaulichung der Messkonzepte, für die in der Inhaltsanalyse erhobenen Variablen. Die Komplexität der Erhebungsmethode ergibt sich aus dem Umstand, dass ihr ein mehrstufiges Verfahren für die Codierung zugrunde liegt. D. h. zunächst wurden in zwei Codierungsschritten die relevanten Primärstudien ausgewählt (vgl. Kap 6.4) und anschließend die relevanten Werte aus den Primärstudien codiert (vgl. Kap 6.5). Dieses Verfahren war erforderlich aufgrund der Beliebtheit der Thematik in der Forschungsliteratur und der damit verbundenen Masse der potentiell relevanten Studien (vgl. Kap 6.4). Die jeweiligen Messkonzepte wurden in jedem Schritt dieses Prozesses – Auswahl und Codierung – weitgehend konstant gehalten. Im Detail werden die jeweiligen Messinstrumente in den entsprechenden Unterkapiteln 6.4 sowie 6.5 vorgestellt.

6.2.1 Im Fokus: Online-Mediennutzung und wahrgenommene soziale Ressourcen

Wie bereits in den vorangegangenen Kapiteln (Kap. 2 - Kap. 4) beschrieben, sind die Forschungsarbeiten zum Zusammenhang von Online-Mediennutzung und wahrgenommenen sozialen Ressourcen disparat und unterscheiden sich sowohl bei der Verwendung der theoretischen Grundlagen als auch bei der Operationalisierung ihrer Konzepte. Um sinnvolle Ergebnisse zu erhalten, müssen die unterschiedlichen Eigenschaften der zu analysierenden Primärstudien weitestgehend berücksichtigt und transparent gemacht sowie nur gleichartige Effektstärken miteinander verglichen werden (Card, 2012). Metaanalysen erlauben (in gewissen Grenzen) die Zusammenfassung von Studien z. B. mit unterschiedlichen Skalen, Verfahren und Samples, da diese als Moderatoren in der Analyse bestimmt werden können und so ihr Einfluss auf das Ergebnis kontrolliert werden kann. Daher werden auch für die vorliegende Arbeit unterschiedliche potentielle Moderatoren des Haupteffekts identifiziert und ihr Einfluss auf die Beziehung von Online-Mediennutzung und wahrgenommenen sozialen Ressourcen getestet.

Wahrgenommenes Sozialkapital und wahrgenommene soziale Unterstützung werden hier als eine Ressource oder ein Nutzen aus sozialen Beziehungen verstanden, so wie sie von individuellen Akteurinnen und Akteuren wahrgenommen werden (vgl. Kap. 2). Damit setzt sich die Arbeit auch explizit von verwandten (Mess-)Konzepten ab. Hierzu gehören unter anderen soziale Einbettung (social embeddedness), geleistete soziale Unterstützung (enacted social support), (generalisiertes) Vertrauen (trust), Teilnahme an politischen oder gesellschaftlichen Organisationen und nachbarschaftliche Nähe (neighborliness) etc. All diese Operationalisierungen werden häufig eingesetzt, um Sozialkapital und soziale Unterstützung zu messen, allerdings basieren sie auf unterschiedlichen theoretischen Annahmen und sind nicht direkt mit wahrgenommenen sozialen Ressourcen vergleichbar (für die Argumentation dieser Perspektive siehe Kap. 2 und Kap. 3).

Indem die Arbeit sich auf wahrgenommene soziale Ressourcen fokussiert, kann sie ins Detail gehen sowie unterschiedliche Dimensionen berücksichtigen und miteinander vergleichen. Damit folgt sie bereits vorhandenen Arbeiten (Williams, 2006) und differenziert zwischen 1) online, 2) offline und 3) nicht spezifiziertem (= unbestimmtem) Sozialkapital bzw. sozialer Unterstützung. Obwohl diese Unterscheidung zwischen online und offline durchaus problematisch ist, entspricht sie der momentanen Forschungsrealität und wird daher in der vorliegenden Arbeit auch so vorgenommen. Zu einer Kritik an dieser dichotomen Einteilung siehe Kap. 8. Zum anderen werden die unterschiedlichen

Subkonzepte von wahrgenommenem Sozialkapital (bridging, bonding, maintained) sowie wahrgenommener sozialer Unterstützung (emotional, informational, instrumental, appraisal etc.) berücksichtigt (vgl. Kap. 3).

Insofern orientiert sich die Messmethode der vorliegenden Arbeit an den gängigen Differenzierungen in der Forschungsliteratur, wie sie in Kapitel 2 dargelegt wurden. In Abbildung 8 sind diese Unterscheidungen grafisch dargestellt. Zusätzlich wird die verwendete Skala, mit der das Konzept wahrgenommene soziale Ressourcen gemessen wurde, erhoben. Weiterhin betrachtet die Studie inwiefern die Reliabilität dieser Skalen angegeben ist.

Obwohl auf den ersten Blick relativ klar erscheint, was mit Mediennutzung gemeint ist, zeigt der Blick in die Forschungsliteratur (Kap. 4), dass 1) allgemeine oder spezifische Online-Medien, 2) Funktionen von bestimmten Online-Medien sowie 3) verschiedenste Operationalisierungen von Online-Mediennutzung zu unterscheiden sind. Folglich werden hier eben diese Differenzierungen berücksichtigt.

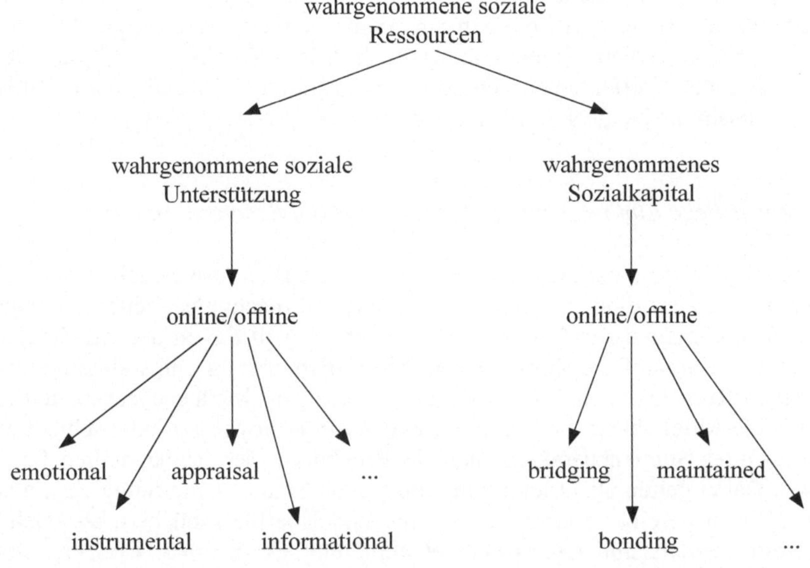

Abbildung 8: Wahrgenommene soziale Ressourcen

Weiterhin wird in der vorliegenden Arbeit zwischen allgemeiner Internetnutzung, E-Mail, Chat, Online-Foren, sozialen Netzwerkseiten, Blogs, Foto-, Musik- und Videocommunitys und digitalen Onlinespielen unterschieden. Diese Online-Medien können potentiell zur sozialen Kommunikation genutzt werden und sind daher im Interesse der Forschungsliteratur (vgl. Kap. 4). Die spezifischen Online-Medien (z. B. Facebook als eine spezifische SNS) und die einzelnen Funktionen eines spezifischen Online-Mediums (z. B. Facebook-Chat) durch die Primärstudien sind zu vielfältig, um hier erschöpfend aufgezählt zu werden. Daher wurden diese Kategorien offen erhoben und im Nachhinein systematisiert. Für die Messung der Mediennutzung wurden nach einer ersten Durchsicht der Literatur und auf Basis der entwickelten Systematisierung (vgl. Kap. 4), die Kategorien 1) Nutzung/Nichtnutzung, 2) Nutzungshistorie (Nutzung seit), 3) Nutzungsfrequenz, 4) Nutzungszeit und 5) Nutzungsintensität bestimmt. Zusätzlich wurde die genaue Operationalisierung der Mediennutzung offen erhoben und im Nachhinein systematisiert.

Die vorliegende Arbeit will die Beziehung der Variablen Online-Mediennutzung und wahrgenommene soziale Ressourcen ermitteln. Um im Rahmen des systematischen Reviews sowohl den Survey als auch die Metaanalyse durchführen zu können, werden Mittelwerte für beide Variablen sowie die Zusammenhangsmaße aus Korrelationen (Pearson's r) ermittelt. Weiterhin wird codiert, welche Zusammenhänge signifikant sind.

6.2.2 Zusätzliche Einflussfaktoren: Sample- und Studieneigenschaften

Werden in den Primärstudien heterogene Effektstärken ausgemacht, dann geht es darum, herauszufinden, warum verschiedene Forschungsarbeiten zu unterschiedlichen Ergebnissen kommen. Hauptsächlich soll das in der Arbeit durch die Fokussierung auf die Konzepte Online-Mediennutzung und wahrgenommene soziale Ressourcen und ihre Messungen erfolgen. Metaanalysen bieten zusätzlich die Möglichkeit zu prüfen, ob und wenn ja, inwiefern unterschiedliche Sample- oder Studiencharakteristika die Ergebnisse der Primärstudien beeinflussen. Dabei gelten als Orientierung diejenigen Studien- und Samplecharakteristika, die in bereits bestehenden Studien und Überblicksbüchern als wichtig eingestuft worden sind (Borenstein et al., 2009; Card, 2012; Cooper, 2009; Weiss & Aloe, 2014). Zusätzlich soll an dieser Stelle geprüft werden, welchen Einfluss die Verwendung von spezifischen Samples (Evans & Marthur, 2005; Wright, 2005) auf die gefundenen Zusammenhänge zwischen den Variablen hat.

Im Rahmen der Kategorie „Sampleeigenschaften“ werden Alter, Geschlecht und Herkunft der Teilnehmenden, Größe des Samples sowie Art der Stichprobenziehung codiert (z. B. Zufallssample vs. willkürliches Sample). Im Rahmen der Kategorie „Studieneigenschaften“ werden das Publikationsjahr und die Herkunft der Autorinnen und Autoren der Studien erhoben.

6.3 Die Literaturrecherche

Die Literaturrecherche für eine systematische Literaturanalyse ist alles andere als trivial. Unüberschaubar ist die Anzahl der Suchmaschinen, Datenbanken, Bibliothekskataloge sowie der relevanten Fachzeitschriften, die für eine Suche nach Primärstudien in Frage kommen und es gibt wenig Hinweise darauf, welche in eine gelungene Literatursuche inkludiert werden sollten (Cooper, 2009). Während es bei einigen systematischen Literaturanalysen zu spezifischen Themen sicherlich das Problem gibt, überhaupt genügend Literatur zu finden, besteht bei einem etablierten Konzept wie den wahrgenommenen sozialen Ressourcen und dem hochaktuellen Thema Online-Mediennutzung das Problem eher darin, die Masse an Literatur so einzuschränken, dass zwar möglichst viele relevante Primärstudien gefunden, aber gleichzeitig möglichst wenig irrelevante aufgenommen werden. So gilt besonders in diesem Kontext, dass es sich bei der Metaanalyse, entgegen der landläufigen Meinung, keineswegs um eine Vollerhebung aller existierenden Studien handelt (Card, 2012, S. 35ff). Vielmehr untersucht eine systematische Literaturübersicht (und damit auch eine Metaanalyse) immer nur eine (mehr oder weniger gelungene) Stichprobe von Studien: „in meta-analysis, we typically wish to make inferences to a larger population of possible studies from the sample of studies included in our review“ (Card, 2012, S. 37).

Allgemein wird das Problem der Literaturbeschaffung für eine systematische Literaturanalyse im Spannungsfeld zwischen Präzision (Anzahl der gefundenen relevanten Primärstudien/Anzahl der gefundenen Primärstudien) und Vollständigkeit (Anzahl der gefundenen relevanten Primärstudien/Gesamtzahl der relevanten Primärstudien) verortet (Card, 2012; Cooper, 2009). Beide Maße können jedoch nicht gleichzeitig optimiert werden: Eine zu spezifische Suche läuft Gefahr, relevante Beiträge zu übersehen, während eine zu breite Suche viele irrelevante Treffer liefert: „The point is not to track down every paper that is somehow related to the topic. [...] The point is to avoid missing a useful paper that lies outside one's regular purview” (White, 2009, S. 44).

Um die Literaturauswahl für diese Arbeit sowohl möglichst vollständig als auch möglichst präzise und objektiv durchzuführen, wurde das Verfahren der Datenbankrecherche angewandt. Die Recherche in Datenbanken ist im Gegensatz zu anderen Methoden (Cooper, 2009, S. 46ff.) als ein objektives Verfahren einzuschätzen, da im Vorfeld theoretisch begründete Suchbegriffe definiert und diese dann in vorher festgelegten Literaturdatenbanken gesucht werden. Die untersuchte Stichprobe ist also nicht davon abhängig, welche Studien der oder die Forschende kennt, wie z. B. bei der Methode des „footnote chasing“ (Weiss & Aloe, 2014, S. 63). Die Herausforderung beim Verfahren der Datenbankrecherche ist, gute Suchbegriffe zu bestimmen und im Vorfeld der Suche eine sorgfältige Auswahl der Datenbanken vorzunehmen.

6.3.1 Definition der Suchbegriffe

Zunächst wurde eine Kombination von Suchbegriffen für die Datenbankrecherche zusammengestellt um einen Pool an Primärstudien zu generieren, die sich mit dem Verhältnis von Online-Mediennutzung und Sozialkapital bzw. soziale Unterstützung beschäftigen.

Die Suchbegriffe sollten die Oberkonzepte wahrgenommenes soziales Kapital und wahrgenommene soziale Unterstützung, wie auch die wichtigsten (Sub)-Dimensionen (z. B. emotional oder instrumental soziale Unterstützung, bridging oder bonding Sozialkapital) abdecken. Wie zuvor erwähnt, sind in der Forschungsliteratur auch andere Arten von Sozialkapital üblich, z. B. Messung des Sozialkapitals mittels des Positionsgenerators von Lin, anhand der Frage nach der Mitgliedschaft in Vereinen oder mittels des Konzepts generalisiertes Vertrauen nach Coleman und Putnam (vgl. Kap. 2). Die explizite Nichtnennung dieser Konzepte in den Suchbegriffen ist begründet durch die Tatsache, dass die vorliegende Arbeit wahrgenommene soziale Ressourcen fokussiert. Trotzdem war zu erwarten, dass diese Konzepte über den generellen Begriff sozialen Kapitals in dem Sample auftauchen werden und dann, in einem zweiten Schritt, wieder aussortiert werden müssen. Da in vielen Studien mehrere Konzepte parallel gemessen werden, konnten diese auch nicht in den Suchbegriffen explizit ausgeschlossen werden. Weiterhin war es für die vorliegende Arbeit aus forschungsökonomischen Gründen nötig, die Suche nach den Begriffen auf die Titel und Abstracts der Primärstudien zu beschränken (vgl. Kap. 6.3.3). Erschwerend kommt also hinzu, dass in den Abstracts oftmals nicht genau angegeben ist, was in der Primärstudie unter Sozialkapital bzw. sozialer Unterstützung verstanden wird.

Bei Online-Mediennutzung sind außer spezifischen Anwendungen auch unterschiedliche Operationalisierungen der Nutzung wichtige Differenzierungskriterien. Doch genaue Operationalisierungen sind nicht der Gegenstand von (sozialwissenschaftlichen) Abstracts. Um dieser Problematik aus dem Weg zu gehen, wurde darauf verzichtet, bereits in den Suchbegriffen die Messung der Online-

Mediennutzung zu bestimmen. Es wurde ausschließlich nach den unterschiedlichen Online-Medien gesucht, da die Annahme gerechtfertigt erschien, dass das jeweilig genutzte Medium – egal bei welcher Operationalisierung der Nutzung in der Studie – zumindest erwähnt werden müsse.

Mittels *Stemming* (vgl. Porter, 2001) wurden die Suchbegriffe auf den Wortstamm zurückgeführt, um z. B. verschiedene Konjugationen und Deklinationen der gleichen Worte zusätzlich erfassen zu können. Die genaue Dokumentation der Suchbegriffe befindet sich im Anhang.

6.3.2 Datenbankauswahl

Die Datenbankauswahl hatte nicht zum Ziel, eine Vollerhebung zu realisieren, sondern möglichst viele relevante Studien zu integrieren. Um Zitations- und Fachdatenbanken in dem für das Forschungsinteresse relevanten Bereich zu erfassen, wurde zunächst eine Vorrecherche mithilfe des Datenbank-Info-Systems[14] (DBIS) vorgenommen. Die Metadatenbank EBSCO-Host erwies sich als gute Ausgangsbasis für die Erhebung, da sie eine große Menge an Quellen einschließt und die Bereiche Soziologie, Psychologie und Kommunikationswissenschaften bedient, die sich jeweils mit dem Zusammenhang von Online-Mediennutzung und wahrgenommenen sozialen Ressourcen beschäftigt haben (vgl. Kap. 2 - Kap. 4). Zusätzlich bietet EBSCO-Host die aus forschungspraktischen Gründen vorteilhafte Möglichkeit, sich eine Liste der relevanten Quellen in Form einer .xml-Datei ausgeben zu lassen.

EBSCO-Host berücksichtigt nach eigenen Angaben „375 full-text and secondary research databases and over 420,000 e-books plus subscription management services for 355,000 e-journals and e-journal packages."[15] Dabei muss jedoch bedacht werden, dass die Nutzenden nur einen beschränkten Zugang zu den Quellen haben, je nach Art ihrer Mitgliedschaft.[16] Aufgrund der Vielzahl

14 http://rzblx10.uni-regensburg.de/dbinfo/fachliste.php?lett=l

15 http://www.ebscohost.com/

16 Bei dieser Arbeit konnte die Mitgliedschaft über die Nutzerbibliothek der Freien Universität Berlin genutzt werden, womit folgende Datenbanken zur Verfügung standen: *Academic Search Premier, America: History & Life, American Antiquarian Society (AAS) Historical Periodicals Collection: Series 3, American Antiquarian Society (AAS) Historical Periodicals Collection: Series 1, American Antiquarian Society (AAS) Historical Periodicals Collection: Series 2, American Antiquarian Society (AAS) Historical Periodicals Collection: Series 4, American Antiquarian Society (AAS) Historical Periodicals Collection: Series 5, Business Source Premier, CINAHL, Communication & Mass Media Complete, eBook Collection (EBSCOhost), EconLit, ERIC, European Views of the Americas: 1493 to 1750, GreenFILE, International Political Science Abstracts, Library, Information Science & Technology Abstracts, MEDLINE, Political Science Complete, PsycARTI-*

der Datenbanken bei EBSCO-Host, musste zudem eine weitere Auswahl vorgenommen werden, um die für das Forschungsinteresse der Arbeit irrelevanten Datenbanken herauszufiltern. Nach eingehender Recherche und aufgrund der theoretischen Vorüberlegungen wurden die folgenden 17 Datenbanken für die weitere Recherche zugelassen: *Academic Search Premier*; *Business Source Premier*; *Communication and Mass Media Complete*; *eBook Collection*; *EconLit*; *ERIC*; *GreenFILE*; *International Political Science Abstracts*; *Library, Information Science & Technology Abstracts*; *MEDLINE*; *Political Science Complete*; *PsycARTICLES*; *PsycCRITIQUES*; *PsycINFO*; *PSYINDEX*; *SocINDEX* und *Teacher Reference Center*. Damit wurde die Abdeckung des oben genannten interdisziplinären Forschungsbereichs sichergestellt.

6.3.3 Durchführung der Literaturrecherche

In den oben genannten Datenbanken von EBSCO-Host wurden die vordefinierten Suchbegriffe im Titel und im Abstract der Primärstudien gesucht. Auf eine Volltextsuche musste verzichtet werden, da diese eine Anzahl an Studien lieferte (> 40.000 Treffer, Stand Dezember 2013), die im Rahmen dieser Arbeit nicht zu bewältigen war. Die hohe Trefferquote bei der Volltextsuche entsteht mit hoher Wahrscheinlichkeit, da es unterschiedliche Konzepte unter dem Namen Sozialkapital/soziale Unterstützung gibt, die nicht im Fokus der Arbeit stehen (vgl. Kap. 3). Außerdem sind sowohl wahrgenommene soziale Ressourcen als auch Online-Mediennutzung weit verbreitete Konzepte, auf die oftmals auch dann z. B. im Theorieteil und Ausblick der Studien verwiesen wird, wenn sie gar nicht im Fokus der Primärstudie stehen. Erwartungsgemäß würde die Suche in den Volltexten also viele falsch positive Treffer produzieren. Da die zeitlichen und finanziellen Ressourcen, die einer Qualifikationsarbeit zur Verfügung stehen, naturgemäß begrenzt sind, musste an dieser Stelle der forschungsökonomischen Logik gehorcht und die Suche auf die Abstracts und Titel der Primärstudien begrenzt werden. Zudem konnte angenommen werden, dass in den Abstracts und Titeln, die ja das wichtigste einer Studie kompakt wiedergeben sollen (Andrade, 2011; Day & Gastell, 2012), die Begriffe Sozialkapital bzw. soziale Unterstützung und Online-Mediennutzung auftauchen würden.

Aufgrund der Fokussierung auf Online-Medien ist der für die Erhebung

CLES, PsycCRITIQUES, PsycINFO, PSYNDEX: Literature and Audiovisual Media with PSYNDEX Tests, Regional Business News, SocINDEX with Full Text, The Nation Archive (DFG), The New Republic Archive (DFG), Teacher Reference Center, L'Année philologique, Alternative Press Index, Alternative Press Index Archive, Audiobook Collection (EBSCOhost), Historical Abstracts, Historical Abstracts with Full Text, Military & Government Collection

nutzbare Zeitraum natürlich beschränkt. Daher wurde eine Vollerhebung aller jemals erschienenen Primärstudien, die in den genannten Datenbanken abrufbar sind, angestrebt. Die ausgewählten Artikel sollten in englischer Sprache verfasst worden sein, um der zunehmenden Internationalisierung der Forschung gerecht zu werden und sich nicht nur auf einen Sprach- und Kulturraum zu beschränken. Bei den berücksichtigten Quellen musste es sich um wissenschaftliche Publikationen handeln, d. h. Zeitungsartikel, Multi-Media-Inhalte, Essays, Gedichte etc. wurden nicht berücksichtigt. Einbezogene Publikationsformen sind somit zunächst folgende Dokumenttypen: Journalartikel, Dissertationen und andere Monographien, Konferenzeinreichungen, insofern sie ein ganzer Artikel sind, und sogenannte graue Literatur z. B. Working Papers. Insgesamt ergaben sich bei der Suche im Titel und/oder Abstract der Quellen 6659 Treffer, von denen EBSCO 5616 zum Download anbot (damit wurden 1043 offensichtliche Duplikate[17] von EBSCO automatisch entfernt). Die Suche wurde im Dezember 2013 durchgeführt, die Ergebnisse wurden in Form einer .xml-Datei heruntergeladen und dann in eine .tsv-Datei transformiert. Hierin wurde je eine Studie in einer Zeile aufgeführt, die die folgenden Informationen enthielt: Autorinnen und Autoren, Titel, Publikationstyp, Journal, Jahr, Keywords und Abstract.

6.4 Durchführung der Studie: Auswahl der Primärstudien

Die Durchführung einer systematischen Literaturanalyse ist mit der Durchführung einer Inhaltsanalyse vergleichbar. Deshalb ist ein ausführliches Codebuch für die Messung der Variablen von Interesse notwendig sowie ein aufwendiges und umsichtiges Datenmanagement. Das Codebuch wird als erstes erstellt. Danach müssen die durch die Suchbegriffe gefundenen Primärstudien nach bestimmten Kriterien ausgewählt werden (vgl. Kap. 6.4.1 und Kap. 6.4.2) und schließlich werden die passenden Effektstärken identifiziert (vgl. Kap. 6.4.3.1) und codiert (vgl. Kap. 6.4.3.2).

17 Offensichtliche Duplikate sind identische Dokumente, die z. B. von zwei Datenbanken geliefert werden. Diese Treffer haben den gleichen Titel, Datum etc., werden von EBSCO-Host als Duplikate erkannt und aussortiert. Die Duplikate, die nicht offensichtlich waren, wurden später halbautomatisch entfernt (Kap. 6.4.3.1).

6.4.1 Auswahl der Primärstudien anhand der Abstracts

Basierend auf der oben beschriebenen Literaturrecherche wurde ein Grundstock an potentiell relevanten Primärstudien ermittelt. In einem weiteren Schritt musste festgestellt werden, welche dieser Primärstudien und welche Effektstärken für die vorliegende Forschungsarbeit auch auf den zweiten Blick von Interesse sind. Der mehrstufige Auswahlprozess wird hier erklärt und später in Abbildung 11 zusammengefasst.

Zunächst einmal war es aufgrund der Datenmenge erforderlich, die vorhandenen Studien anhand der Abstracts weiter zuzuordnen. Hierbei steht die systematische Literaturanalyse angesichts der zahlenmäßigen Zunahme von Fachzeitschriften und Forschungsarbeiten genauso vor einer Herausforderung wie das Publikum der Primärstudien: Versucht man, nicht nur einzelne ausgewählte Fachzeitschriften, sondern die Breite der Forschung zu erfassen, ist man mit einer sehr großen Datenmenge konfrontiert.

Die vorliegende Arbeit hat in besonderem Maße mit der Auswahl der Primärstudien zu tun, da die Forschung zum Zusammenhang von Online-Mediennutzung und wahrgenommenen sozialen Ressourcen einige Eigentümlichkeiten aufweist. 1) Es sind zahlenmäßig sehr viele Primärstudien vorhanden. 2) Sowohl Sozialkapital, soziale Unterstützung als auch Mediennutzung können unterschiedlich definiert und operationalisiert werden. Deswegen, und weil 3) durch die Suchbegriffe (im Abstract und Titel) nicht auf die verwendete Methode geschlossen werden kann, produziert die Suche durch Suchbegriffe viele falsch positive Treffer, die im Nachhinein aussortiert werden müssen.

Die erste Prüfung der ermittelten Primärstudien wird bisher meist manuell vorgenommen, stellt aber die Ressourcen der Forschenden zunehmend auf die Probe, da sie sehr aufwendig und daher zeit- und kostenintensiv ist. Um dieser Problematik zu begegnen, wurde in der vorliegenden Arbeit eine Kombination von manueller Auswahl via manuelle Codierung und automatischer Auswahl via *supervised machine learning* verwendet.

6.4.1.1 Manuelle Codierung der Abstracts

Die Abstracts der Studien und nicht die Volltexte wurden als Grundlage für die erste Auswahlcodierung bestimmt, denn im vorliegenden Fall mit einem Sample von 5616 Primärstudien erlaubt die große Datenmenge schon aus forschungsökonomischen Gründen keine Sichtung aller Volltexte. Ein weiterer Grund ist, dass die 5616 Primärstudien von EBSCO-Host zwar aufgelistet, aber nicht als Volltexte ausgegeben werden. Der Aufwand, den Zugang zu den Volltexten über bestimmte Bibliotheksportale, Datenbanken und Zeitschriften zu besorgen, ist immens, denn alle müssen einzeln recherchiert und manuell heruntergeladen werden – wenn sie für die Forschenden überhaupt zugänglich sind (Kap 4.3.3). Die Abstracts der Primärstudien werden hingegen von EBSCO-Host automatisch in den Download der Treffer integriert und sind damit als Texte vorhanden, die sowohl den manuellen Codiererinnen zur Verfügung gestellt werden konnten als auch in einer maschinenlesbaren Form verfügbar waren. Aufgrund der Art eines Abstracts, welches meistens nur wenige spezifische Informationen über die theoretischen Konzepte, Methode, Effektstärken etc. enthält, wurden in einem eigenen Codebuch (Codebuch I[18]) unterschiedliche Kriterien definiert, anhand derer die dazugehörigen Primärstudien zur weiteren Bearbeitung ausgewählt oder als nicht relevant eingestuft werden sollten. Das Codebuch I ist im Anhang dieser Arbeit zu finden.

Zunächst geht es in Codebuch I um die Feststellung, ob eine Studie 1) Sozialkapital bzw. soziale Unterstützung und 2) Online-Mediennutzung behandelt sowie 3) eine empirische Studie ist. Nur wenn diese drei Kriterien zutreffen, werden die Studieneigenschaften weiter codiert. Weiterhin sollten die Codiererinnen und Codierer identifizieren, ob es sich um ein 4) qualitatives oder quantitatives Verfahren handelt und 5) welche Datenerhebungsmethode (Befragung, Inhaltsanalyse, Beobachtung etc.) bei den Primärstudien angewandt wurde. Um das Codebuch zu verbessern und eine zufriedenstellende Inter-Coder-Reliabilität (vgl. Vogelgesang & Scharkow, 2012) zu garantieren, wurden verschiedene Schulungen von der Forscherin durchgeführt und insgesamt drei Pretests durch die Codiererinnen ausgeführt. Nach den ersten zwei Pretests wurde das Codebuch weiter verbessert und die darin beschriebenen Konzepte expliziert. Bei dem dritten Pretest wurde eine gute Inter-Coder-Reliabilität erreicht und darauffolgend mit der Codierung (manuelle Auswahl anhand der Abstracts) der Studien begonnen. Die Abstracts der Primärstudien wurden von zwei studentischen Codiererinnen codiert. Aufgrund der knappen Informationen in den Abstracts, wurden Studien im Zweifel für eine weitere Prüfung zugelassen. Alle Inter-Coder-, Intra-Coder- und Forscher-Coder-Reliabilitäten[19] der vorliegenden Arbeit wurden mit dem Paket „irr“ (Gamer, Lemon, & Singh, 2014) in R durchgeführt.

Für den Pretest wurden n = 101 zufällig aus dem Gesamtsample ausgewählte Studien anhand ihrer Abstracts codiert. Die Inter-Coder-Reliabilität betrug für die Variablen von Interesse folgende Werte: Sozialkapital/soziale Unterstützung: Prozentübereinstimmung = 89, Krippendorf's α = 0,76; Online-Mediennutzung: Prozentübereinstimmung = 90, Krippendorf's α = 0,78 und empirische

18 Die Codebücher können bei der Autorin angefragt werden.
19 Die Werte wurden separat für jede Codiererin mit der Forscherin ermittelt und dann gemittelt.

Studie: Prozentübereinstimmung = 96, Krippendorf's α = 0,87 zwischen den zwei Codiererinnen und war damit zufriedenstellend. Die Forscher-Coder-Reliabilität betrug für die drei Variablen folgende Werte: Sozialkapital/soziale Unterstützung: Prozentübereinstimmung = 88, Krippendorf's α = 0,75; Online-Mediennutzung: Prozentübereinstimmung = 91, Krippendorf's α = 0,83 und empirische Studie: Prozentübereinstimmung = 86, Krippendorf's α = 0,60 war damit ebenfalls ausreichend.

Die Auswahlreliabilität insgesamt war zwischen den zwei Codiererinnen: Prozentübereinstimmung = 86, Krippendorf's α = 0,69 und Forscher-Coder: Prozentübereinstimmung = 83, Krippendorf's α = 0,72 insgesamt auch zufriedenstellend. Diejenigen Studien, die bei allen drei Variablen mit positiv bewertet wurden, wurden weiter auf ihre Eigenschaften hin untersucht (n = 40). Hierbei interessierte, ob es sich um 4) quantitative Forschungsarbeiten handelte, die 5) auf einer Befragung beruhten. Die Inter-Coder-Reliabilität betrug für die zwei Variablen folgende Werte: quantitative Studie: Prozentübereinstimmung = 100, Krippendorf's α = 0,90 und Befragung: Prozentübereinstimmung = 95, Krippendorf's Alpha = 0,83. Die Forscher-Coder-Reliabilität betrug für die zwei Variablen folgende Werte: quantitative Studie: Prozentübereinstimmung = 92, Krippendorf's α = 0,90 und Befragung: Prozentübereinstimmung = 100, Krippendorf's α = 0,87.

Nachdem der Pretest abgeschlossen war, begann die Phase der manuellen Codierung, die vor allem Trainingsmaterial für die automatische Codierung bereitstellen sollte. Dieses Trainingsmaterial sollte ausreichend groß sein, damit die Validität der automatischen Codierung gewährleistet werden konnte. Insgesamt wurden in diesem Schritt 5465 zufällig ausgewählte Studien aus dem Gesamtsample anhand ihrer Abstracts von den zwei Codiererinnen codiert. Dabei wurden die Abstracts zufällig auf die zwei Codiererinnen aufgeteilt.

6.4.1.2 Automatische Codierung der Abstracts

Aufgrund der sehr großen Anzahl von Treffern bei der Datenbankrecherche wurde im nächsten Schritt die Methode der automatischen Inhaltsanalyse via supervised machine learning (Scharkow, 2012) zur Codierung der Abstracts angewendet. Als Trainingsmaterial standen die 565 codierten Abstracts der Studien und zusätzlich die 101 codierten Abstracts aus dem Pretest zur Verfügung. Damit umfasste das Trainingsmaterial die Abstracts von 666 Primärstudien. Die automatische Klassifikation der Abstracts wurde mithilfe des Paketes RTextTools (Jurka et al., 2011; Jurka et al. 2012) in R durchgeführt.

Bei der automatischen Codierung in der vorliegenden Studie ist das oberste

Ziel, möglichst keine relevanten Studien zu übersehen, denn falsch positive Codierungen lassen sich im nächsten Schritt (siehe Kap. 6.4.3) leicht korrigieren (Scharkow & Domahidi, 2014). Hingegen werden falsch negativ codierte Beiträge gar nicht erst manuell überprüft werden und sind daher folgenschwerer. D. h. die Trefferquote (Recall) ist offensichtlich relevanter als die Präzision. Nichtsdestotrotz ist es wünschenswert, beide Kriterien zu optimieren um keine relevanten Studien auszusortieren und weniger falsch positive Treffer zu generieren.

Dafür wird in der vorliegenden Studie ein sogenannter *classifier ensemble* eingesetzt, bei der mehrere Algorithmen unabhängig voneinander trainiert und angewendet werden (Hillard, Purpura, & Wilkerson, 2008; Scharkow, 2012). In der Arbeit werden ein *maximum entropy classifier* (entspricht einer logistischen Regression) sowie ein Klassifikator auf Basis einer *support vector machine* (SVM) eingesetzt (Scharkow & Domahidi, 2014). Wenn ein Classifier die Primärstudie als nicht relevant bewertete, wurde sie im weiteren Verlauf aussortiert.

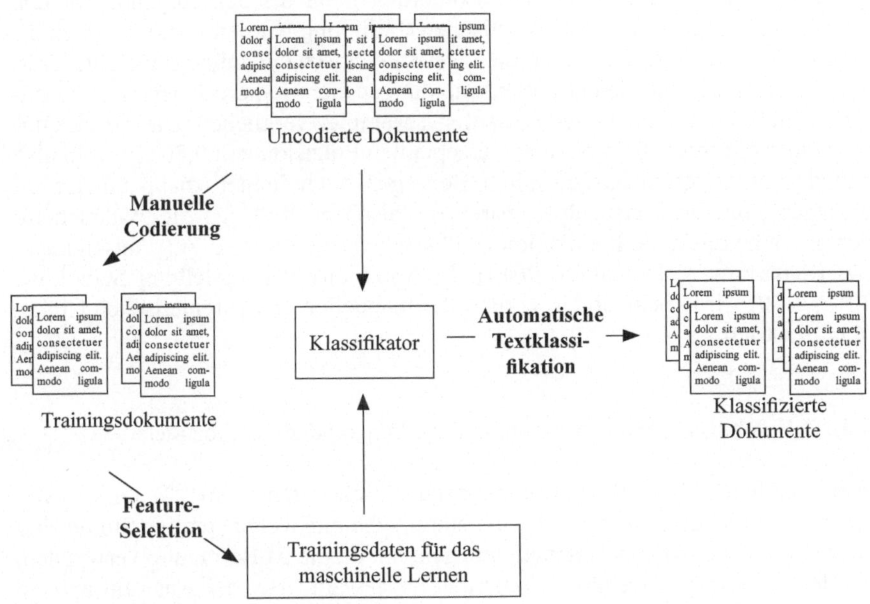

Abbildung 9: Verlauf der Codierung,
Quelle: Scharkow, 2012, S.90

Die Kategorien für die automatische Analyse entsprechen der manuellen Codierung: Zunächst ging es darum, festzustellen, ob die Studie 1) Sozialkapital/soziale Unterstützung und 2) Online-Mediennutzung behandelt sowie 3) eine empirische Studie ist. Im zweiten Schritt sollte ermittelt werden, ob es sich bei der Primärstudie 4) um ein qualitatives oder quantitatives Verfahren handelt und weiterhin 5) welche Datenerhebungsmethode (Befragung, Inhaltsanalyse, Beobachtung, etc.) angewandt wurde.

Am schwierigsten für die automatische Codierung war die Kategorie Sozialkapital/soziale Unterstützung, wobei die Trefferquote (Recall) mit 0,71 noch im akzeptablen Bereich lag. Für die Variablen Online-Mediennutzung (Recall = 0,82) und empirische Studie (Recall = 0,88) sowie die Kategorien zur verwendeten Methode (im Mittel Recall = 0,83) war die automatische Klassifikation erfolgreicher. Lediglich die Identifizierung quantitativer Studien war etwas weniger zufriedenstellend (Recall = 0,76). Da nur diejenigen Studien für die weitere Analyse ausgewählt wurden, die den kombinierten Kriterien aus den fünf Variablen entsprechen, lag die Trefferquote für diese Selektion bei über 90 %. Dies ist für eine automatische Codierung mehr als befriedigend. Für den Zweck der Validierung der automatischen Codierung wurden weitere 384 zufällig ausgewählte Abstracts durch die zwei studentischen Codiererinnen als Testmaterial codiert. Die Selektionsentscheidungen der Codiererinnen wurden anschließend mit derjenigen des Classifier-Ensembles verglichen. Die Trefferquote lag hier mit Rec = 0,91 bei einer akzeptablen Präzision von 0,70. Obwohl also von den automatisch ausgewählten Beiträgen noch immer knapp ein Drittel unpassend für die Metaanalyse waren (= falsch positiv), lag die Wahrscheinlichkeit, eine relevante Publikation zu übersehen, bei unter 10 % (= falsch negativ) (Scharkow & Domahidi, 2014). In Abbildung 9 (Darstellung Scharkow, 2012, S.90) wird nochmal der Verlauf der manuellen und automatischen Codierung illustriert.

6.4.1.3 Ergebnisse bei der Auswahl der Studien anhand der Abstracts

Primärstudien, die 1) Sozialkapital/soziale Unterstützung und 2) Online-Mediennutzung behandeln sowie 3) eine empirische und 4) quantitative Studie sind oder enthalten sowie als Datenerhebungsmethode die 5) Befragung verwenden, wurden folglich zur weiteren Codierung ausgewählt. Bei der Auswahl anhand der Abstracts wurde eine Methodenkombination von manueller und automatischer Codierung angewendet (vgl. Kap 6.4.1.1 und Kap 6.4.1.2). Die Ergebnisse sollen hier jedoch kombiniert wiedergegeben werden. Es wurde jeweils codiert, ob folgende Variablen auf die vorliegende Primärstudie (also in dem Fall den

Abstract) zutreffen oder nicht. In Tabelle 6 werden das Sample und die codierten Werte beschrieben. In Tabelle 6 ist ersichtlich, dass in immerhin 63 % (3517) der Studien Sozialkapital/soziale Unterstützung und in 57% (3182) Online-Medien identifiziert wurden. Weiterhin verwiesen 73% (4103) der Abstracts auf eine empirische Studie, 77% (4299) auf ein quantitatives Design und 70% (3916) auf eine Befragung. Für 1425 Studien traf das kombinierte Auswahlkriterium aus den fünf Variablen zu. Damit wurden knapp 25% der Studien zur weiteren Codierung ausgewählt. Nach der Kombination von manueller und automatischer Codierung des gesamten Materials konnte der Datensatz dadurch von 5616 auf 1425 Beiträge reduziert werden. Dabei wurden die Studien, die nicht genügend Informationen für eine Variable im Abstract enthielten, im Zweifel zur weiteren Codierung zugelassen.

Tabelle 6: Ergebnisse der Auswahl anhand der Abstracts

	WSK/WSU	OM	ES	QS	Bef.
Ja	3517	3182	4103	4299	3916
Nein	2064	2404	1451	582	999
Keine Angabe	35	30	62	84	50
n[1]	5616	5616	5616	4965	4965

[1] Die abweichende n entsteht, da diese Variable von den manuellen Codiererinnen nur codiert wurde insofern die ersten drei Kriterien als zutreffend identifiziert worden sind (vgl. Kap 6.4.1.1). Bei der automatischen Codierung wurden alle Variablen codiert. Absolute Zahlen.

6.4.2 Auswahl der Primärstudien anhand der Volltexte

In der bisherigen Auswahl war nicht die Präzision, sondern der Recall, d. h. die möglichst umfassende Erhebung, entscheidend, da in dem folgenden Schritt die falsch positiven Primärstudien einfach aussortiert werden konnten. Wie bereits oben erwähnt, haben Abstracts von wissenschaftlichen Studien den Nachteil, dass sie nur sehr kompakte Informationen liefern. Daher war die Präzision bei der Auswahl anhand der Abstracts erwartungsgemäß nicht ausreichend. Nachdem die Anzahl der Studien aus der Datenbankrecherche durch die Auswahl anhand der Abstracts deutlich reduziert werden konnte, war nun eine erneute detailliertere Auswahl der Primärstudien anhand der Volltexte möglich.

6.4.2.1 Datenbereiningung und Download der Volltexte

Nachdem die Treffer anhand der Abstracts vorsortiert wurden, blieben noch 1425 relevante Primärstudien übrig. Zunächst wurden die noch vorhandenen Duplikate halbautomatisch via *OpenRefine* aussortiert.[20] Diese Duplikate waren für die Datenbank EBSCO-Host „nicht offensichtliche Duplikate“, da z. B. die Titel der Einträge nicht übereinstimmten. Das kann passieren, wenn es sich um ein und dieselbe Studie der gleichen Forschenden, aber um verschiedene Versionen, wie z. B. den Konferenzbeitrag und den Journalbeitrag oder die Dissertationsschrift und den Journalbeitrag handelt. Wenn Texte umgearbeitet werden, sind Änderungen der Titel eine übliche Maßnahme, solche Duplikate sind via automatischer Bereinigung nur schwer zu erkennen. Die Duplikate manuell oder halbautomatisch via *OpenRefine* auszusortieren ist notwendig, jedoch mit erheblichem Aufwand verbunden und zwar umso aufwendiger je größer die vorhandene Datenmenge ist. Daher war es forschungsökonomisch sinnvoll, diese nicht-offensichtlichen Duplikate erst in diesem Schritt auszusortieren, nachdem ihre Anzahl reduziert worden war (Kap. 6.4.1). Insgesamt wurden so 466 nicht offensichtliche Duplikate identifiziert, damit blieben 962 Primärstudien zur Auswahlcodierung anhand der Volltexte übrig.

Für die Recherche der Volltexte standen für die Forscherin die Bibliothekssysteme der Westfälischen Wilhelms-Universität Münster, der Freien Universität Berlin und der Universität Cardiff zu Verfügung. Obwohl es natürlich wünschenswert gewesen wäre, alle identifizierten Werke auch als Volltext zu erhalten, ist die Forschungspraxis weit davon entfernt, unbeschränkten Zugang zu allen Primärstudien zu haben. Die Verfügbarkeit von Bibliothekssystemen, Datenbanken und Fachzeitschriften ist vom Standort der Forschenden und deren Netzwerk abhängig. Der Zugang zu Datenbanken außerhalb der Institutionen bleibt unerschwinglich. Über die drei genannten Zugänge konnten 797 der gesuchten Volltexte heruntergeladen werden. Die restlichen Primärstudien waren für die Analyse nicht zu ermitteln. Zusätzlich wurde eine Nachrecherche in sieben wichtigen Zeitschriften der (sozialpsychologisch orientierten) Kommunikationswissenschaft für den Zeitraum Januar 2014 bis Juli 2014 betrieben, um möglichst keine wichtige Publikation während des Codierzeitraums zu verpassen. Dabei wurden zusätzlich 31 Publikationen identifiziert, die denselben Codierdurchlauf (Auswahl der Studien anhand der Volltexte) durchlaufen haben.[21]

---

20 *OpenRefine* ist ein kostenfreies Online-Tool, das hilft, ähnliche, aber nicht identische Daten zu identifizieren und ist deshalb äußerst nützlich bei der Datenbereinigung. Weitere Informationen unter http://openrefine.org/

21 Folgende Journals der sozialpsychologisch orientierten Kommunikationswissenschaft wurden als relevant für das Sample bestimmt: *Journal of Communication*, *Journal of Computer-Mediated*

Damit wurden insgesamt 826 Studien anhand der Volltexte weiter auf ihre Relevanz hin ausgewählt. Der Recherche- und Downloadprozess fand im Zeitraum Februar 2014 bis einschließlich Juni 2014 statt.

6.4.2.2 Auswahl der Studien anhand der Volltexte

In einem weiteren Codebuch (Codebuch II) sind unterschiedliche Kriterien definiert, anhand derer die Studien mithilfe der nun vorliegenden Volltexte zur weiteren Bearbeitung ausgewählt oder als nicht relevant eingestuft wurden. Da mit den Volltexten weitaus detailliertere Informationen für die Codiererinnen und Codierer vorhanden waren, ging es in diesem Schritt um die Prüfung, ob 1) das Konzept des Sozialkapitals/sozialer Unterstützung in der Primärstudie auch explizit untersucht wurde. Dazu ist in diesem Codebuch sehr detailliert beschrieben, wie das Konzept der wahrgenommenen sozialen Ressourcen in der vorliegenden Arbeit verstanden wird. Danach werden 2) ausführlich diejenigen Online-Medien definiert, die das Erkenntnisinteresse der vorliegenden Arbeit bilden. Zum anderen wird 3) das Konzept der Online-Mediennutzung spezifiziert. Ergänzend ging es darum, festzustellen, ob es sich um 4) eine empirische Studie handelt, die 5) quantitativ ist oder einen quantitativen Teil beinhaltet, ob es sich beim Studiendesign um eine 6) korrelationsbasierte oder experimentelle Anlage handelt und welche 7) Datenerhebungsmethode der Primärstudie zugrunde liegt. Die Primärstudie wurde zur weiteren Codierung ausgewählt, wenn sie sich mit dem Zusammenhang

1) des Konzepts des Sozialkapitals bzw. der sozialen Unterstützung mit
2a) Online-Medien
2b) sowie der Nutzung von Online-Medien und zwar
3) in Form einer originär empirischen Studie beschäftigt,
4) in englischer Sprache geschrieben ist,
5) kein Experiment ist,
6) eine Befragung ist oder beinhaltet und
7) eine quantitative Studie ist oder diese beinhaltet.

D. h. alle sieben Kriterien mussten zutreffen, damit die Primärstudie zur weiteren Codierung ausgewählt wurde. Das war nötig, um in der vorliegenden Arbeit

Communication, *Human Communication Research*, *New Media and Society*, *Communication Research*, *Computers in Human Behavior*, *Cyberpsychology*, *Behavior and Social Networking*. Das ist sicherlich keine vollständige und erschöpfende Auswahl und sollte vor allem eine stichprobenartige Kontrolle bieten.

nur ähnliche Primärstudien miteinander zu vergleichen. So ist eine Befragung mit experimentellem Design, in der z. B. Online-Mediennutzung die Intervention ist, nur schwer zu vergleichen mit einer Befragung mit nicht-experimentellen Design, in der die mehr oder weniger normalen Nutzungsgewohnheiten der Befragten erhoben werden. Aus diesem Grund wurden experimentelle Studien aus dem Sample ausgeschlossen. Auch die qualitativen Primärstudien konnten leider nicht weiter berücksichtigt werden, denn die Metaanalyse als ein quantitatives Verfahren kann Ergebnisse qualitativer Methoden nicht synthetisieren.

Um die Codierung vorzubereiten, fanden weitere umfangreiche Codierschulungen statt, bei denen die Forscherin das Codebuch erläuterte und die Codiererinnen und Codierer Zeit hatten, Fragen zu stellen. Das Codebuch wurde wiederholt angepasst und die Konzepte wurden ausführlich definiert. Nach den ersten zwei Pretests wurde das Codebuch nochmal verbessert und die darin beschriebenen Konzepte weiter expliziert. Beim dritten Pretest wurde eine zufriedenstellende Inter-Coder-Reliabilität erreicht und darauffolgend mit der Codierung (manuelle Auswahl anhand der Volltexte) der Studien begonnen.

Weiterhin wurde für diesen Schritt ein Codesheet im Stil einer Online-Befragung mithilfe der Befragungssoftware *SoSci-Survey*[22] erstellt. Das war nötig, da an dieser Stelle die gesamte Anzahl der Variablen bereits unübersichtlich geworden war. Die Filter-Funktion der Software ermöglichte außerdem eine automatische Auswahl der Primärstudien, wenn alle oben genannten Kriterien zutrafen. Damit wurde eine Fehlerquelle, die beim Codieren in z. B. Excel-Sheets problematisch hätte werden können, von Anfang an eliminiert. Weiterhin konnte man sich durch die Vermeidung von (bei Metaanalysen oft noch üblichen) Codierbögen aus Papier die zusätzliche Arbeit der Digitalisierung der Daten ersparen. Diese Form des Online-Codesheets wurde auch bei der weiteren Codierung der relevanten Werte (Kap 6.4.3.2) benutzt.

Vier studentische Codiererinnen und Codierer arbeiteten an diesem Teil des Codierprozesses mit. Für den Pretest wurden durch sie 58 zufällig ausgewählte Studien anhand des Codebuchs codiert. Die Inter-Coder-Reliabilität betrug für die sieben Variablen, die für die Auswahl der Studien relevant waren, folgende Werte: 1) Sozialkapital/soziale Unterstützung Prozentübereinstimmung = 73, Krippendorf's α = 0,57, 2a) Online-Medien Prozentübereinstimmung = 91, Krippendorf's α = 0,72, 2b) Online-Mediennutzung Prozentübereinstimmung = 72, Krippendorf's α = 0,56, 3) empirische Studie: Prozentübereinstimmung = 93, Krippendorf's α = 0,60, 4) Publikationssprache Prozentübereinstimmung =

22 *SoSci Survey* ist ein für die Wissenschaft kostenloses Programm zur Erstellung von Online-Fragebögen. Weitere Informationen unter https://www.soscisurvey.de/help/doku.php/de:start

98, Krippendorf's α = -[23], 5) Studiendesign Prozentübereinstimmung = 82, Krippendorf's α = 0,62, 6) Befragung Prozentübereinstimmung = 86, Krippendorf's α = 0,67 und 7) quantitative Studie Prozentübereinstimmung = 74, Krippendorf's α = 0,67.

Die Forscher-Coder-Reliabilität betrug für die sieben Variablen, die für die Auswahl der Studien relevant waren, folgende Werte: 1) Sozialkapital/soziale Unterstützung Prozentübereinstimmung = 79, Krippendorf's α = 0,59, 2a) Online-Medien Prozentübereinstimmung = 92, Krippendorf's α = 0,61, 2b) Online-Mediennutzung Prozentübereinstimmung = 82, Krippendorf's α = 0,53, 3) empirische Studie Prozentübereinstimmung = 97, Krippendorf's α = 0,69, 4) Publikationssprache Prozentübereinstimmung = 99, Krippendorf's α = -, 5) Studiendesign Prozentübereinstimmung = 93, Krippendorf's α = 0,77, 6) Befragung Prozentübereinstimmung = 95, Krippendorf's α = 0,80 und 7) quantitative Studie Prozentübereinstimmung = 87, Krippendorf's α = 0,71.

Die kombinierte Auswahlreliabilität (= wird eine Primärstudie für die weitere Codierung ausgewählt oder nicht?) der Studien anhand der Volltexte insgesamt war trotz der relativ niedrigen Reliabilitätswerte einiger Variablen zwischen den vier Codiererinnen und Codierer durchaus zufriedenstellend: Prozentübereinstimmung = 78, Krippendorf's α = 0,70. Die kombinierte Auswahlreliabilität der Studien zwischen der Forscherin und den vier Codiererinnen und Codierer war ebenfalls zufriedenstellend Prozentübereinstimmung = 89, Krippendorf's α = 0,73. Abschließende Gespräche mit den Codiererinnen und Codierern legen nahe, dass insbesondere Studien, die nicht ins Raster passten, z. B. weil sie auf qualitativen Erhebungen basieren, schwieriger einzuordnen waren. Die Variablen Sozialkapital/soziale Unterstützung und Online-Mediennutzung erwiesen sich als am schwersten einzuordnen. Gerade hier berichteten die Codiererinnen und Codierer, dass sie Probleme mit der qualitativen Bestimmung dieses Konzepts in den Primärstudien hatten. Qualitative Studien verwenden oftmals sehr breite Definitionen, die kaum mit den präziseren Begriffsbestimmungen von quantitativen Studien zu vergleichen sind. Während bei diesen Arbeiten die inhaltlichen Variablen schwer zu bestimmen waren, konnten sie jedoch anhand des Kriteriums qualitativ/quantitativ aussortiert werden. Insgesamt war daher die kombinierte Auswahlreliabilität durchaus überzeugend, somit konnte mit der Erhebung angefangen werden.

Die 797 Primärstudien, von denen die Volltexte vorhanden waren, wurden folglich von den vier Codiererinnen und Codierer codiert und zur weiteren Codierung der Effektstärken ausgewählt oder nicht ausgewählt. Dabei wurden die Primärstudien zufällig auf die vier Codiererinnen und Codierer aufgeteilt.

23 Aufgrund der mangelnden Varianz in den Daten konnte Krippendorf's α nicht berechnet werden.

6.4.2.3 Ergebnisse bei der Auswahl der Studien anhand der Volltexte

Es wurde jeweils codiert, ob folgende Variablen auf die vorliegende Primärstudie zutreffen oder nicht. In Tabelle 7 werden das Sample und die codierten Werte beschrieben.

Aus Tabelle 7 wird ersichtlich, dass in 58% (465) der Studien Sozialkapital bzw. soziale Unterstützung und in 70% (555) Online-Mediennutzung identifiziert wurden. Weiterhin verwiesen 94% (751) der Volltexte auf eine empirische Studie, 80% (637) auf ein quantitatives Design, 79% (624) auf ein nicht-experimentelles Design und 87% (659) auf eine Befragung. Die überwiegende Mehrheit der Volltexte (98%) (784) lag in Englisch vor.

Insgesamt erfüllten bei der Auswahl der Studien anhand der Volltexte ca. 25% (199) der Primärstudien die kombinierten Anforderungen durch das Codebuch und wurden zur weiteren Bearbeitung ausgewählt.

Tabelle 7: Ergebnisse der Auswahl anhand der Volltexte

	WSR	OMN	ES	QS	KD	Bef.	Engl.
Ja	465	555	751	637	624	695	784
Nein	324	234	38	141	137	94	5
Sonstige	-	-	-	11	28	-	-
n[1]	789	789	789	789	789	789	789

[1] Abweichende n, da acht Primärstudien aufgrund der den Codiererinnen und Codierer nicht bekannten Sprache vom Codieren ausgeschlossen wurden. Angegeben werden absolute Zahlen.

6.5 Durchführung der Studie: Codierung der relevanten Werte

Hat man die relevanten Primärstudien für die Untersuchung bestimmt, muss festgestellt werden, welche Werte aus den einzelnen Studien für die vorliegende Arbeit geeignet sind. Diese müssen im Anschluss codiert werden. Dieser Teil der Untersuchung besteht aus zwei Arbeitsschritten, da in einer Studie mehrere Zusammenhänge zwischen Online-Mediennutzung und wahrgenommenen sozialen Ressourcen untersucht werden können. Die Bestimmung dieser Fälle erfolgt im ersten Schritt (Kap 6.4.1). In einem zweiten Schritt werden die relevanten Werte aus den Primärstudien codiert (Kap. 6.4.2).

6.5.1 Bestimmung der relevanten Fälle

Für jeden untersuchten Zusammenhang zwischen Online-Mediennutzung und wahrgenommenen sozialen Ressourcen in der Primärstudie entsteht ein Fall für die Metaanalyse. In dieser Untersuchung entstehen erwartungsgemäß innerhalb einer Studie unterschiedliche Fälle, wenn die Primärstudie z. B. verschiedene Samples betrachtet oder unterschiedliche Onlinemedien und verschiedene (Sub-)Dimensionen von Sozialkapital bzw. sozialer Unterstützung untersucht werden. Zudem gilt es, die Kombination dieser Möglichkeiten zu bedenken. Abbildung 10 veranschaulicht den Weg der Entscheidungsfindung bei der Bestimmung der Fälle, die in einer Primärstudie vorkommen können. Aus einer einzigen Studie können mehrere Fälle entstehen und so verschiedene Effektstärken in die späteren Berechnungen einfließen. Da die einzelnen Beobachtungen somit nicht immer voneinander unabhängig sind, muss diese besondere Datenstruktur in den Analysen berücksichtigt und anhand eines Mehrebenenmodells statistisch modelliert werden (vgl. Kap. 7).

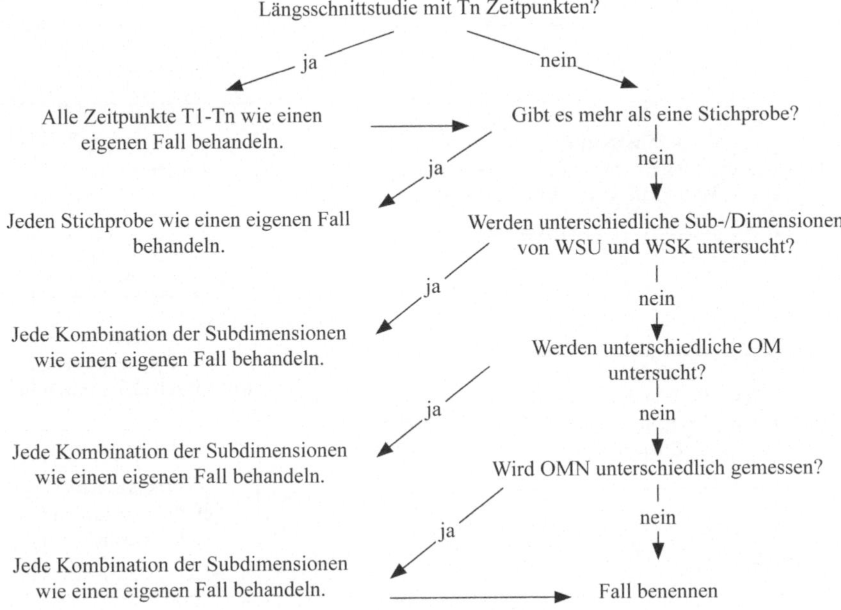

Abbildung 10: Bestimmung der Fälle in einer Studie

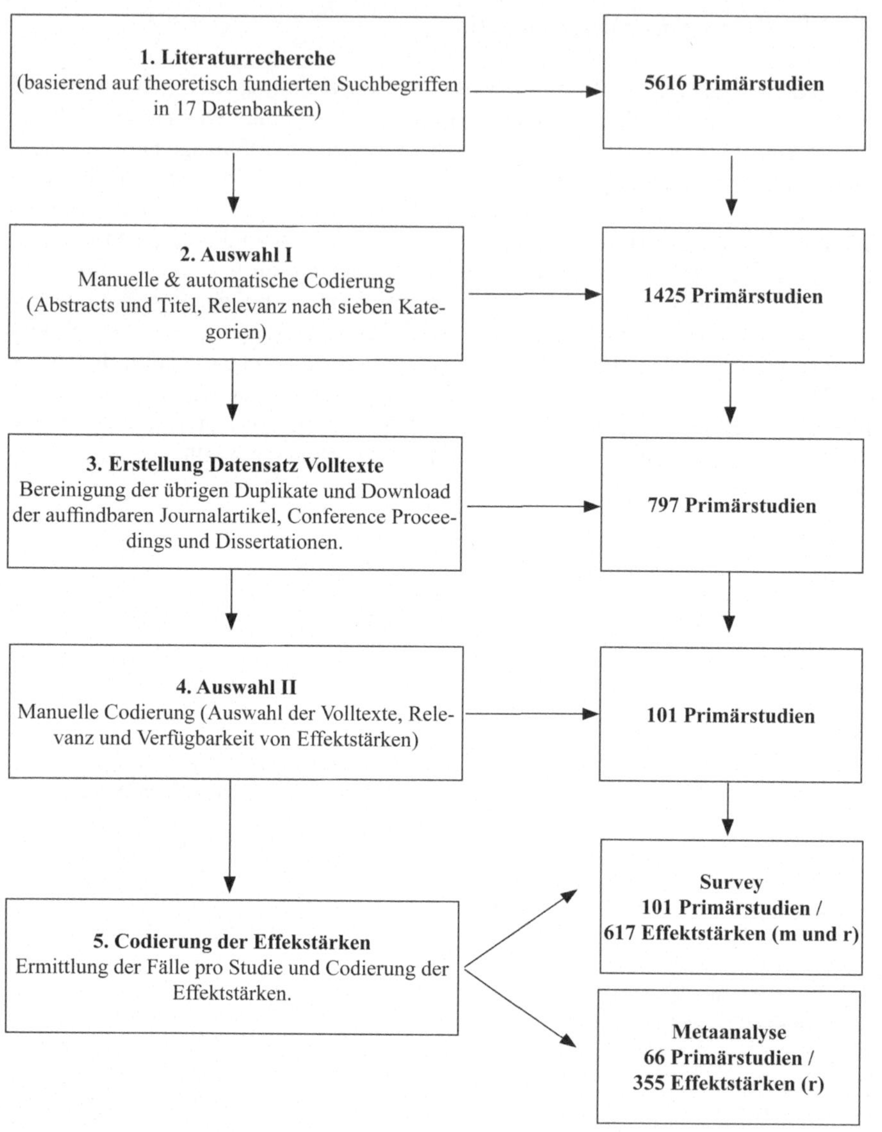

Abbildung 11: Mehrstufiger Auswahl- und Codierprozess

Für diesen Teil der Untersuchung war aufgrund der Komplexität der vorliegenden Konzepte und der oben beschriebenen Einteilung eine Expertencodierung von Nöten, die von Studierenden kaum reliabel bewältigt werden kann. Folglich wurde die Einteilung der Fälle anhand eines Codubuchs (Codebuch III) von der Forscherin vorgenommen. So konnte sichergestellt werden, dass alle relevanten Fälle aus einer Studie ausgewählt wurden. Die Intra-Coder-Reliabilität betrug dabei Prozentübereinstimmung = 91, und war somit zufriedenstellend.

Von den 199 Primärstudien, die aufgrund der Volltexte zur weiteren Codierung ausgewählt wurden, wurden alle einer weiteren Prüfung unterzogen und die möglichen Fälle dieser Studien bestimmt. 57 weitere Studien mussten ausgeschlossen werden, da hier entweder ein Codierfehler vorlag, die Messung der Konzepte unverständlich oder die Fallzahl zu klein war (< 20, Simmons, Nelson, & Simonsohn, 2011). In Langzeitanalysen wurden alle Werte aus den unterschiedlichen Wellen codiert, aber schlussendlich für das Sample jeweils nur die Werte aus der ersten Welle der Erhebung berücksichtigt. Wenn mehrere Primärstudien der gleichen Autoren und/oder Autorinnen in der Stichprobe waren, wurden diese zusätzlich manuell überprüft. Wenn diese offensichtlich auf einer Stichprobe basieren, wurden sie entweder aussortiert oder nur sich nicht doppelnde Fälle aufgenommen. Damit beinhaltet die vorliegende Untersuchung nur Querschnittsstudien. In Abbildung 11 wird der gesamte Auswahl- und Codierprozess dargestellt, wie er im Kapitel 6.4 erläutert wurde.

6.5.2 Extraktion der Effektstärken

Die Codierung der relevanten Werte aus den Primärstudien ist der zentrale Erhebungsschritt in einem systematischen Review. Während die Auswahl der Studien anhand der Abstracts und Volltexte als ein sehr wichtiger und sehr aufwendiger Filterungsschritt angesehen werden kann, ist die Codierung der Effektstärken die eigentliche Datenerhebung. Entsprechend sorgfältig muss dieser Schritt geplant werden. Dafür wurde erneut ein Codebuch (Codebuch IV) entwickelt, das alle für das Forschungsinteresse der Arbeit zentralen Variablen beinhaltet. Die Variablen sind in folgende inhaltliche Blöcke aufgeteilt 1) Samplecharakteristika, 2) wahrgenommene soziale Ressourcen, 3) Online-Mediennutzung und 4) Effektstärken (d.h. in den Studien berichtete Mittelwerte und Korrelationskoeffizienten). Die Studiencharakteristika wurden bereits weitgehend bei der Auswahl der Studien anhand der Volltexte erhoben, da sie analytisch auf der Ebene der Studie angesiedelt sind, während alle anderen Werte auf Ebene der Fälle bestimmt werden können. Ausführliche Codierschulungen und Anpassungen des Codebuchs fanden im Vorfeld der Codierung statt.

Tabelle 8: Inter-Coder- und Forscher-Coder-Reliabilitäten[24]

	Inter-Coder-Reliabilität		Forscher-Coder-Reliabilität	
	Prozent	K's α	Prozent	K's α
Studien- und Samplecharakteristika				
Studie - Fall	96	0,88	98	0,94
Land Forschende	99	0,97	97	0,95
Sample Nationalität	81	0,72	84	0,75
Auswahl Zufallsstichprobe	94	0,83	97	0,92
Teilnehmende nach Bereinigung	93	0,91	84	0,95
Mittelwert Alter	87	0,59	94	0,80
Geschlecht	89	0,76	89	0,82
Wahrgenommene soziale Ressourcen				
WSK	97	0,93	99	0,96
WSU	100	-	100	-
Dimension online/offline/unbestimmt	85	0,69	93	0,76
Sub-Dimensionen (*bridging*, etc.)	97	0,96	97	0,96
Online-Mediennutzung				
Generelle Internetnutzung	93	0,77	96	0,89
E-Mail	97	0,65	99	0,83
Soziale Netzwerke	90	0,78	95	0,89
Foto-, Musik- und Videocommunitys	100	-	100	-
Digitale Spiele	100	-	100	-
Foren	97	0,82	99	0,91
Chat	94	0,87	80	0,54
Blogs	100	-	100	-
Messung der Nutzung	80	0,72	88	0,84
Relation zwischen den Variablen				
Reliabilität OMN Skala	94	0,89	93	0,86
Art der Messung OMN	77	0,62	88	0,75
Mittelwert OMN	90	0,89	94	0,95
Reliabilität WSK/WSU Skala	76	0,58	81	0,66
Mittelwert WSK/WSU	92	0,88	96	0,92
Konsistenz Skala OMN	88	0,83	99	-
Konsistenz Skala WSK/WSU	96	0,95	98	0,97
Medium-Funktion	95	0,90	96	0,92
Pearson's r	97	0,91	98	0,93

24 Variablen die nicht ausreichend zufriedenstellend (K's $\alpha<.5$) codiert werden konnten, sind nicht in die weiteren Berechnungen eingeflossen.

Bei dem zweiten Pretest wurde eine gute Inter-Coder-Reliabilität erreicht und darauffolgend mit der Codierung der relevanten Effekte und anderer Werte aus den Primärstudien begonnen. Die Codierung wurde durch zwei studentische Codierer vorgenommen, nachdem die relevanten Fälle durch die Forscherin identifiziert worden waren. Für den Pretest wurden 74 zufällig ausgewählte Fälle von den Codierern anhand des Codebuchs codiert. Die Inter-Coder-Reliabilität betrug für die Variablen von Interesse zufriedenstellende Werte: Prozentübereinstimmung = 76–100 und Krippendorf's α = 0,59–0,97. Die Forscher-Coder-Reliabilität betrug für die Variablen von Interesse ebenfalls zufriedenstellende Werte: Prozentübereinstimmung – 88–100 und Krippendorf's α =0,54–0,96. Inter-Coder- und Forscher-Coder-Reliabilitäten für die in der Analyse relevanten Werte aus den Primärstudien sind in Tabelle 8 dargestellt.

6.5.3 Datenbereinigung und Datenmanagement

Nach der Codierung der relevanten Werte aus den Primärstudien stellte sich heraus, dass in vielen Arbeiten die relevanten Effektstärken nicht angegeben sind. Um die Studien und ihre einzelnen Fälle vergleichbar zu halten und später in der Auswertung gemeinsam berücksichtigen zu können, galt es als Bedingung, dass diese entweder die Mittelwerte und Standardabweichungen der beiden Haupteffekte oder die Korrelation zwischen diesen ausgegeben haben. Wie es in der Forschungsliteratur zur Metaanalyse für gewöhnlich empfohlen wird, wurden für diese Studien die E-Mail-Adressen der Forschenden ermittelt und diese mit der Bitte angeschrieben, die fehlenden Werte für die Zwecke einer Metaanalyse zur Verfügung zu stellen. Von den insgesamt 107 kontaktierten Forschenden schickten 19 entweder die angeforderten Werte oder stellten ihren Datensatz für die Forscherin zur Verfügung. Die überwiegende Mehrheit der angeschriebenen Autorinnen und Autoren waren entweder unter der ermittelten E-Mail-Adresse nicht erreichbar bzw. gaben der Forscherin keine (positive) Rückmeldung.

Im Zuge der Datenbereinigung wurden Duplikate, abgebrochene Einträge und von den Codiererinnen und Codierern so benannte fehlerhafte Einträge usw. aus dem Datensatz gelöscht. Weiterhin wurde der gesamte Datensatz für die weitere Bearbeitung in R vorbereitet, d. h. alle Sonderzeichen wurden entfernt und die Schreibweise von beispielsweise Dezimalstellen vereinheitlicht. Weiterhin ist bei so vielen unterschiedlichen Primärstudien eine Harmonisierung der Daten nötig. Vor allen Dingen mussten die Skalen bzw. Items, mit denen Online-Mediennutzung bzw. Sozialkapital bzw. soziale Unterstützung gemessen werden, ex post harmonisiert werden, damit sie untereinander vergleichbar waren. Im Anschluss wurden also die Angaben in den offenen Feldern vereinheitlicht und halbautomatisch mithilfe von *OpenRefine* einer umfänglichen Datenbereinigung unterzogen. Zum einen wurden nicht oder nicht vollständig genannte Angaben nachrecherchiert (bspw. Skalen), zum anderen musste sichergestellt werden, dass ein- und dieselben Angaben auch immer als solche erkannt werden. Dazu wurden unter anderem Rechtschreibfehler korrigiert und die Benennungen vereinheitlicht.

Die gesamte Datenbereinigung wurde von der Forscherin durchgeführt. Teile der Datenbereinigung wurden mithilfe des Pakets *plyr* (Wickham, 2011) in R realisiert.

6.6 Besonderheiten der Metaanalyse

Die Auswertung der Daten im folgenden Kapitel orientiert sich 1) an den Zielen des Surveys und 2) der Metaanalyse. Da in der Kommunikationswissenschaft Metaanalysen eher selten eingesetzt werden, sollen hier in aller Kürze zunächst die Auswahl des geeigneten Schätzers und seine Besonderheiten (Kap. 6.6.1) beschrieben, dann die Besonderheiten der zwei Hauptmodelle in Metaanalysen (Kap. 6.6.2) dargestellt und anschließend kurz auf die Auswertungsstrategie (Kap 6.6.3) eingegangen werden. Für eine vertiefende Lektüre empfehle ich die Darstellungen von Borenstein et al. (2009) sowie Field und Gillet (2010).

6.6.1 Auswahl der verwendeten Schätzer

Für die Berechnungen des Zusammenhangs von Online-Mediennutzung und wahrgenommenen sozialen Ressourcen muss zunächst das adäquate Maß für die Effektstärken gewählt werden. Da die vorliegende Studie keine Experimentalstudien mit Gruppenvergleichen untersucht, wurde der Korrelationskoeffizient r als die geeignete Effektstärke ausgewählt.

In diesem Fall ist der verwendete Schätzer ρ der Korrelationskoeffizient r des Samples und die Varianz damit

$$V_r = \frac{(1-r^2)^2}{n-1}.$$

Zumeist wird für die Berechnungen eine Transformation von r zu Fisher's z-Skala vorgenommen (Borenstein et al., 2009, S. 42f.) und für die Ergebnisdarstellung werden diese Werte später wieder in r transformiert.

Dabei gilt für das Zusammenhangsmaß z, die Varianz sowie den Standardfehler von z:

$$z = 0.5 * \ln\frac{(1+r)}{(1-r)}$$

$$V_z = \frac{1}{n-3}$$

$$SE_z = \sqrt{V_z}.$$

6.6.2 Gewichtung der Studien und Auswahl des geeigneten Modells

Nun interessiert sich die Metaanalyse vor allem für die mittlere Effektstärke über alle Studien hinweg und die Gründe für die Varianz zwischen den Studien. Dabei spielt neben der Wahl des verwendeten Schätzers auch die Gewichtung der Studien eine Rolle, denn so kann den präzisen Studien mehr Gewicht bei der Berechnung zugesprochen werden als den weniger präzisen Studien (Borenstein et al., 2009; Field & Gillet, 2010).

Die Berechnung der Effektgröße über alle Primärstudien hinweg beruht für gewöhnlich auf dem Fixed-Effects-Modell oder dem Random-Effects-Modell. Das Fixed-Effects-Modell geht von der Annahme aus, dass allen Studien eine wahre Effektgröße zugrundeliegt. Unterschiede zwischen den beobachteten Effektgrößen beruhen demnach einzig auf den Stichprobenfehler. Hier gilt:

$$\mathrm{Y_i} = \theta + \varepsilon_i,$$

wobei θ der wahre Mittelwert in der Population und ε der Stichprobenfehler ist. Das Random-Effects-Modell hingegen geht davon aus, dass die wahre Effektstärke von Studie zu Studie unterschiedlich sein könnte. Die beobachteten Effektstärken in den Studien repräsentieren eine zufällige Auswahl aus allen möglichen Effektstärken, die eine Normalverteilung aufweisen. Hier gibt es also zwei Quellen, die zu Unterschieden zwischen dem wahren Mittelwert durch alle Studien hinweg und den beobachteten Effekten in den Primärstudien führen: 1) Stichprobenfehler und 2) eine Variation in den wahren Effektstärken der einzelnen Studien. Hier gilt also:

$$\mathrm{Y_i} = \mu + \zeta_i + \varepsilon_i,$$

wobei μ der wahre Mittelwert über alle Studien hinweg, ζ die Abweichung des wahren Effekts der Primärstudien und ε der Stichprobenfehler sind. Je nachdem, ob man sich für ein Fixed-Effects-Modell oder das Random-Effects-Modell entschieden hat, werden den Studien also unterschiedliche Gewichte zugesprochen (Borenstein et al., 2009, S. 65ff). Das Gewicht der jeweiligen Primärstudie ist beim Fixed-Effects-Modell die Inverse der Studienvarianz. Beim Random-Effects-Modell gibt es zwei Arten von Varianz pro Primärstudie zu berücksichtigen, nämlich *between-study* (die Varianz zwischen den einzelnen Primärstudien) und *within-study* (die ‚Original'-Varianz der Primärstudie). Beim Fixed-Effects-Modell ist das benötigte Gewicht also:

$$\mathrm{W_i} = \frac{1}{V_{Y_i}},$$

wobei V_{Y_i} die Varianz (within-study Varianz) in der jeweiligen Primärstudie ist. D. h. Studien mit einer kleineren Varianz bekommen in den späteren Berechnungen mehr Gewicht. Der mittlere Effekt über die Studien hinweg ist bei einem Fixed-Effects-Modell damit

$$\mathrm{M} = \frac{\sum_{i=1}^{k} W_i Y_i}{\sum_{i=1}^{k} W_i}.$$

Die Varianz des mittleren Effekts ergibt sich durch die Umkehrung der Summe aller Gewichte und entsprechend auch der Standardfehler:

$$\mathrm{V_M} = \frac{1}{\sum_{i=1}^{k} W_i}$$

$$\mathrm{SE_M} = \sqrt{V_M}.$$

Beim Random-Effects-Modell gibt es hingegen zwei Arten von Varianz zu berücksichtigen, daher ist die Ermittlung der Gewichte für die einzelnen Studien etwas komplexer. Das jeweilige Gewicht für jede Studie $\mathrm{W_i^*}$ ist die Inverse aus der Varianz. Die Varianz entsteht hier jedoch nicht nur aus der Studienvarianz V_{Y_i} (within-study) sondern auch aus der Varianz zwischen den Studien T^2 (between-study). Wobei eine übliche Methode zur Schätzung von T^2 die sogenannte DerSimonian- und Laird-Methode ist (vgl. Borenstein et al., 2009).

$$\mathrm{W_i^*} = \frac{1}{V_{Y_i}^*},$$

$$V_{Y_i}^* = V_{Y_i} + T^2.$$

Der mittlere Effekt über die Studien hinweg bei einem Random-Effects-Modell ist damit:

$$M^* = \frac{\sum_{i=1}^{k} W_i^* Y_i}{\sum_{i=1}^{k} W_i^*}.$$

Die Varianz des mittleren Effekts und der Standardfehler ergeben sich wie gehabt aus

$$V_{M^*} = \frac{1}{\sum_{i=1}^{k} W_i^*}$$

$$SE_{M^*} = \sqrt{V_{M^*}}.$$

Damit sind die grundsätzlichen Unterschiede zwischen den zwei Modellarten beschrieben. Je nach Modellwahl werden 1) die Studien anders gewichtet. Zusätzlich beeinflussen 2) die Extremwerte die Ergebnisse und 3) die Konfidenzintervalle sind verändert. Daher ist die Modellwahl eine entscheidende Frage für jede Metaanalyse.

Obwohl es durchaus Möglichkeiten gibt, Heterogenität zwischen den Primärstudien zu testen, soll die Entscheidung für ein Modell theoretisch begründet sein (Borenstein et al., 2009, S. 84). In den Sozialwissenschaften ist zumeist die Annahme einer wahren Effektgröße für alle Primärstudien kaum gegeben. So ist es auch in der vorliegenden Arbeit: Es gibt vielerlei Quellen für Varianzen, die eine große Rolle für den Zusammenhang von Online-Mediennutzung und wahrgenommenen sozialen Ressourcen spielen. So könnten z. B. sozio-demographische Merkmale der Nutzenden wie Alter, Geschlecht, Bildung, Ethnie oder auch andere Drittvariablen wie Gesundheitszustand oder Selbstdarstellung etc. (vgl. Kap. 2) die Ergebnisse beeinflussen. Da das Forschungsfeld im Interesse der vorliegenden Metaanalyse es insbesondere mit Heterogenität unter den Primärstudien zu tun hat (siehe Kap. 3 und 4), fällt die Wahl des geeigneten Modells für die vorliegende Metaanalyse aufgrund theoretischer Vorüberlegungen auf das Random-Effects-Modell. Weiterhin war es nötig, aufgrund der besonderen Datenstruktur (mehrere Effektstärken geschachtelt in einzelne Studien) bei der Analyse die mögliche Abhängigkeit von einzelnen Daten zu berücksichtigen und ein Mehrebenenmodell einzuführen. Dieses Modell wird detailliert in Kap. 7.2.2 besprochen.

6.6.3 Auswertung der Ergebnisse

Erwartungsgemäß war es trotz sorgfältiger Recherche und Codierung nicht möglich, alle relevanten Werte aus allen Primärstudien zu ermitteln. So standen letztlich die Mittelwerte aus je 81 und die Korrelationskoeffizienten aus 66 Studien zur Verfügung. Die insgesamt 101 Studien, in denen einer dieser Werte ermittelt wurde, dienen als Basis der folgenden Auswertungen. Dabei ist die Auswertungsstrategie zweiteilig. Zunächst einmal werden die deskriptiven Daten beschrieben und dargestellt, wie die einzelnen Variablen in den untersuchten Primärstudien vorkommen. Damit wird das Forschungsfeld kartographiert, gängige Vorgehensweisen aufgedeckt und Forschungslücken identifiziert (= Survey). Das weiterreichende Ziel ist jedoch, die Ergebnisse jeder Studie im Kontext der anderen Studien zu verstehen (= Metaanalyse). Damit will die Arbeit ermitteln, ob die Ergebnisse durch die Studien hinweg konsistent sind, eine Effektstärke über alle Studien hinweg schätzen und auch die Varianz der Effekte über die Studien hinweg bestimmen. Abschließend soll Varianz zwischen den Studien mittels Moderatorvariablen erklärt werden. Da sich das Sample bei den unterschiedlichen Schritten (Survey und Metaanalyse) ändert, wird es der Übersichtlichkeit halber bei der Ergebnisdarstellung in Kapitel 7 jeweils vor den Berechnungen beschrieben. Die Analyse der deskriptiven Ergebnisse wurde mit dem Paket *plyr* (Wickham, 2011) in R realisiert. Für die Mehrebenenregressionsanalyse für den Zusammenhang auf der Ebene der Fälle wurden das Paket *nlme* (Bliese, 2013a, Pinheiro et al., 2015) und das Paket *multilevel* (Bliese, 2013a, 2013b) in R verwendet. Die Auswertung der Metaanalyse wurde mithilfe des Pakets *metafor* (Viechtbauer, 2010; 2014) und *metaSEM* (Cheung, 2014) in R durchgeführt.

7. Ergebnisse der Studie

An dieser Stelle werden zwei verschiedene Ziele verfolgt: Zunächst sollen anhand des Survey (Card, 2012) die gängigen Vorgehensweisen dargestellt und damit das Forschungsfeld zur Online-Mediennutzung und wahrgenommenen sozialen Ressourcen kartographiert werden. Mithilfe der darauf folgenden Metaanalyse wird dann der Zusammenhang von Online-Mediennutzung und wahrgenommenen sozialen Ressourcen näher beleuchtet. Grundsätzlich müssen bei beiden Vorgehensweisen zwei Ebenen berücksichtigt werden: Primärstudie und Fall. Dabei entspricht ein Fall einem untersuchten Zusammenhang zwischen Online-Mediennutzung und wahrgenommenen sozialen Ressourcen aus einer Primärstudie. Die Studien stellen die Auswahleinheit, die Fälle die Erhebungseinheit der Metaanalyse dar. Je nach Studie sind für die Fälle Effektstärken (Korrelationskoeffizient) ausgegeben, die in die Metaanalyse einfließen oder aber auch Mittelwerte für die einzelnen Konstrukte, die eine Rolle für das Survey spielen. Primärstudie und Fall befinden sich in einem hierarchischen Verhältnis zueinander.

In Kapitel 7.1 wird zunächst das Sample des Surveys dargestellt (Kap. 7.1.1). Dann werden die deskriptiven Ergebnisse auf der Ebene der Studien (Kap 7.1.2) und Fälle beschrieben (Kap. 7.1.3) und die Höhe der wahrgenommenen sozialen Ressourcen in den Fällen (Kap. 7.1.4) betrachtet. In Kapitel 7.2 wird schließlich die Metaanalyse vorgestellt. Hierzu wird zunächst das Sample beschrieben (Kap 7.2.1) und dann der Zusammenhang von Online-Mediennutzung und wahrgenommenen sozialen Ressourcen insgesamt dargestellt (Kap. 7.2.2), um anschließend (Kap. 7.2.3) die zwei Forschungsfelder und die Dimensionen der Konzepte (Kap. 7.2.4) getrennt zu betrachten. Letztlich widmet sich das Kapitel noch dem Thema des sogenannten *publication bias* (Kap. 7.2.5) und endet mit der Zusammenfassung und Einordnung der Ergebnisse (Kap. 7.3)

7.1 Der Survey

7.1.1 Das Sample: Primärstudien und Fälle

Insgesamt wurden in 101 Primärstudien die relevanten Werte ausgegeben (siehe Kap. 6). Erwartungsgemäß war es nicht möglich, alle benötigten Werte aus allen Primärstudien zu ermitteln, und so standen letztlich die Mittelwerte aus je 81 und die Korrelationskoeffizienten aus 66 Studien zur Verfügung (letztere werden im Folgenden Effektstärken genannt). Von den 617 insgesamt codierten Fällen, berichteten 482 die Mittelwerte von Online-Mediennutzung, 523 die Mittelwerte der Variable Sozialkapital bzw. soziale Unterstützung und 355 den Korrelationskoeffizienten zwischen diesen Variablen (vgl. Tabelle 9 und Liste der Primärstudien im Anhang).

Ein erstes Resultat dieser Arbeit zeigt somit die uneinheitliche und lückenhafte Darstellung der Ergebnisse im Forschungsfeld. Nur in knapp 58% aller Fälle konnte das für die Metaanalyse relevante Zusammenhangsmaß Pearson's r ermittelt werden.

Für die Beschreibung des Forschungsfelds werden die Ergebnisse aus dem gesamten Sample verwendet, während für die Metaanalyse nur diejenigen Studien/Fälle betrachtet werden können, die den Korrelationskoeffizienten zwischen den Variablen Online-Mediennutzung und wahrgenommene soziale Ressourcen berichten. Wie bereits in Kapitel 6 beschrieben, liegt in dieser Arbeit eine, in Metaanalysen durchaus übliche, geschachtelte Datenstruktur vor, d.h. man hat es mit mehreren Fällen pro Studie zu tun und die einzelnen Fälle sind nicht immer unabhängig voneinander. Diese Abhängigkeit in den Daten kann für die Metaanalyse (Kap. 7.2) statistisch modelliert werden. Für eine deskriptive Beschreibung der Ergebnisse gibt es diese Möglichkeit allerdings nicht. Daher sollte bei der Betrachtung der folgenden Ergebnisse die zugrundeliegende Datenstruktur immer mit bedacht werden. Abweichende n entstehen im Folgenden da in einigen Fällen die Ausprägungen der einzelnen Variablen nicht zugeordnet werden konnten.

Tabelle 9: Gültige Stichprobe auf Ebene der codierten Studien und Fälle

	Mittelwerte OMN	Mittelwerte WSK/WSU	Pearson's r	Gesamt
Studien	81	81	66	101
Werte	482	523	355	617

Notiz: Absolute Zahlen

7.1.2 Beschreibung des Forschungsfelds auf Ebene der Primärstudien

In den 101 Studien wurden im Durchschnitt 506 Befragte untersucht (SD = 1153). Insgesamt entspricht das Gesamtsample der Untersuchung in diesem Teil damit 51054 Befragten. Während der Auswertung wurde ein zahlenmäßiger Anstieg der Studien ersichtlich, die sich mittelbar oder unmittelbar mit dem Verhältnis von Online-Mediennutzung und wahrgenommenen sozialen Ressourcen beschäftigen. Während es aus dem Jahr 1999 gerade mal eine Studie in dem Sample gibt, sind es aus dem letzten vollständig erfassten Jahr der Erhebung, nämlich 2013, bereits 22 Studien (siehe Abbildung 12).

Dabei war mehr als die Hälfte der Erst-Autorinnen und Erst-Autoren (58) zum Zeitpunkt der Veröffentlichung der jeweiligen Studie in den USA beschäftigt, sechs in China (mit Hongkong), vier in Australien, vier in Deutschland, vier in Kanada, vier in Taiwan, drei in Japan, drei in Singapur, drei in Südkorea, zwei in Großbritannien und sieben in sonstigen Ländern. Damit ist eine Dominanz der Studien aus Nordamerika (62%) und dem asiatischen Raum (18%) evident, während Erst-Autorinnen und Erst-Autoren aus Europa kaum vertreten sind. Von den 101 Studien in diesem Sample sind 94 Aufsätze in Fachzeitschriften und sieben Dissertationen. Im Durchschnitt werden die Studien 47 Mal zitiert (SD = 89), wobei die Spanne von 0 bis 735 Zitaten reicht.

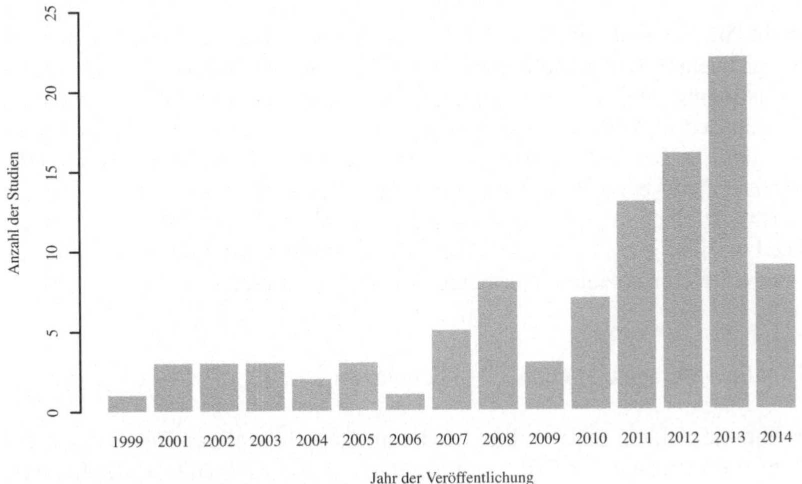

Abbildung 12: Anzahl der Studien pro Jahr
n = 101, absolute Zahlen

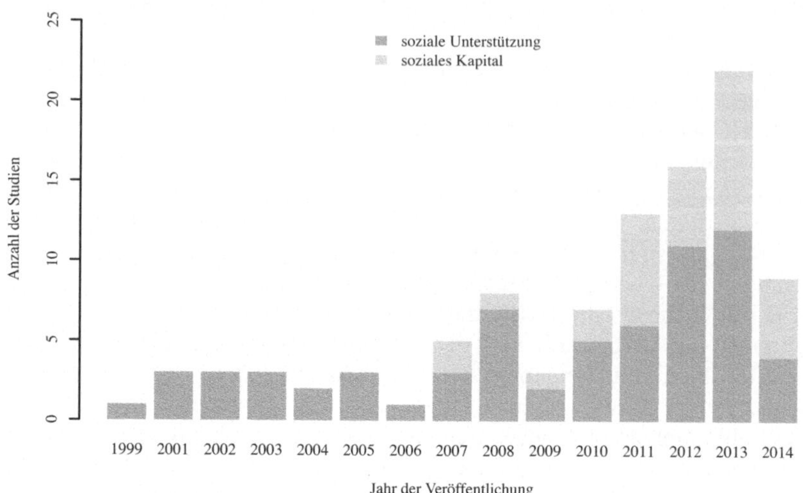

Abbildung 13: Anzahl der Studien pro Jahr und Forschungsfeld
n = 101, absolute Zahlen

7.1.3 Beschreibung des Forschungsfelds auf Ebene der Fälle

Es besteht die Vermutung, dass inhaltliche Unterschiede zwischen den zwei Forschungszweigen wahrgenommenes Sozialkapital und wahrgenommene soziale Unterstützung auch zustande kommen, weil die zwei Disziplinen zu unterschiedlichen Zeitpunkten entstanden sind (vgl. Kap. 3). Ein Blick auf Abbildung 13 zeigt, dass es bei den Primärstudien aus den zwei Forschungsfeldern sehr wohl Unterschiede bezogen auf das Publikationsjahr gibt. Studien zu wahrgenommenes Sozialkapital entstehen erst später, nämlich ab dem Jahr 2007. Damit kann H2.1 vorläufig beibehalten werden, denn offenbar sind die Primärstudien zum Themenbereich soziale Unterstützung früher entstanden.

7.1.3.1 Online-Medien und Online-Mediennutzung

Die Ergebnisse zeigen, dass Online-Mediennutzung vor allem unspezifisch erhoben wird: 66 Prozent der Fälle (410) drehen sich um allgemeine Mediennutzung. Nur 23 Prozent (140) der Fälle fokussieren sich auf eine bestimmte Nutzungsart und nur neun Prozent (54) auf eine bestimmte Funktion eines allgemeinen oder spezifischen Online-Mediums.

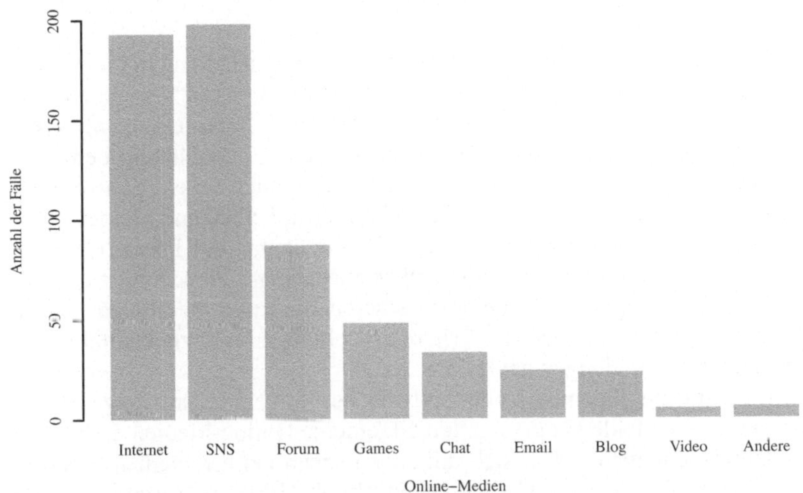

Abbildung 14: Unterschiedliche Online-Medien
n = 617, absolute Zahlen

Damit kann H1.1 vorläufig beibehalten werden, denn offenbar spielt die unspezifische Messung der Mediennutzung die größte Rolle im Forschungsfeld. Die konkrete Messung der Online-Mediennutzung wird von der Ermittlung der Nutzungszeit in 251 Fällen (41%) dominiert, gefolgt von der Nutzungsfrequenz in 199 Fällen (32%). 66 Fälle (11%) beschäftigen sich mit Nutzung/Nichtnutzung, 37 Fälle (6%) mit der Nutzungshistorie, 33 Fälle (5%) analysieren die Intensität der Nutzung und 24 (4%) messen Mediennutzung anders.

Nicht jedes Online-Medium wird gleich stark in der Forschungsliteratur berücksichtigt. Knapp 32 Prozent der ermittelten Fälle (193) drehen sich allgemein um das Internet, 32 Prozent (198) um soziale Netzwerkseiten, 14 Prozent (87) um Foren, acht Prozent (48) um digitale Online-Spiele, fünf Prozent um Chat (33), vier Prozent um Blogs und Mikro-Blogs (23), vier Prozent um E-Mail (24), ein Prozent (5) um Foto-, Video oder Musikcommunitys und ein Prozent (6) um sonstige Online-Medien. In Abbildung 14 sind die unterschiedlichen Online-Medien im Sample dargestellt. H1.2 kann verworfen werden, denn SNS dominieren nicht alleine die wissenschaftliche Literatur, generelle Internetnutzung ist genauso wichtig. Betrachtet man ausschließlich das Forschungsfeld Sozialkapital, sind SNS das wichtigste Online-Medium. Wenn man die Untersuchung der einzelnen Online-Medien in dem Bereich soziales Kapital und soziale Unterstützung vergleicht, ist offenbar, dass es deutliche Unterschiede

zwischen diesen beiden Disziplinen (Chi-Quadrat = 254,32; df = 7; $p \leq 0,001$) bezogen auf Online-Medien gibt.
Tabelle 10 zeigt die unterschiedliche Verteilung der betrachteten Online-Medien in den beiden Forschungszweigen. Hierbei wird deutlich, dass SNS vornehmlich in der Literatur zum wahrgenommenem Sozialkapital, Internetnutzung sowie Foren in den Studien zur wahrgenommenen sozialen Unterstützung betrachtet werden. Damit kann H2.2 beibehalten werden, schließlich ist ein Schwerpunkt der Literatur zum wahrgenommenen Sozialkapital auf SNS und Games sowie der Studien zur wahrgenommenen sozialen Unterstützung auf Foren, Chat und E-Mail erkennbar. Es scheint, dass die früher entstandene Forschung zur sozialen Unterstützung sich auf allgemeine Internetnutzung und die älteren Online-Medien fokussiert hat, während die spätere Forschung zum Sozialkapital hauptsächlich neuere Anwendungen analysiert.

Ein Blick auf die allgemeine oder spezifische Mediennutzung zeigt eindeutig, dass die meisten Fälle (71%) sich um allgemeine Online-Medien drehen und weniger Untersuchungen (28%) sich mit spezifischen Online-Medien befassen. Von den spezifischen Online-Medien ist Facebook (106) im Vordergrund und nur wenige Fälle drehen sich um andere spezifische Online-Medien wie World of Warcraft (12), Myspace (4), Youtube (5), Skype (5) oder Twitter (4). Drei Prozent der Fälle beschäftigen sich mit sonstigen Online-Medien und drei Prozent mit sonstigen sozialen Netzwerkseiten. Damit kann H1.3 vorläufig beibehalten werden, schließlich ist Facebook eindeutig die meistbeforschte Anwendung in der Stichprobe.

Tabelle 10: Unterschiedliche Online-Medien nach Disziplin

	Internet	SNS	Forum	Blog	Chat	E-Mail	Games	Sonst.	Ges.
WSU	163	53	87	17	31	22	16	0	389
WSK	29	144	0	6	2	2	32	6	221
Ges.	192	197	87	23	33	24	48	6	610

Notiz: n = 610, absolute Zahlen, restliche Fälle keine Angabe

Trotzdem wird deutlich, dass das Feld insgesamt von der unspezifisch erhobenen allgemeinen Internet- und SNS-Nutzung dominiert wird. Eine wichtige Rolle spielen auch Foren; sie werden verstärkt im Bereich soziale Unterstützung – vermutlich in dem dort traditionell viel beforschten Bereich der Gesundheitskommunikation – untersucht. Games, Chat, Blog und E-Mail spielen insgesamt eine weniger herausragende Rolle. Foto-, Video- und Musikcommunitys sind so gut wie bedeutungslos in der Stichprobe.

Aufschlussreich ist ebenfalls die Betrachtung der Verteilung der verschiedenen Nutzungs-Messarten auf die unterschiedlichen Online-Medien, wie sie in Tabelle 11 dargestellt wird. Die Erhebung der Online-Mediennutzung mittels einer Intensitätsskala erfolgt fast nur bei der Betrachtung von SNS, während die Messung mittels Nutzungsfrequenz und Nutzungszeit im Rahmen der Untersuchung von allen Online-Medien eingesetzt wird. Die Nutzungshistorie spielt vor allem bei der Erforschung von SNS-, Forums- und allgemeiner Internetnutzung eine Rolle, ebenso wie die Messung durch Nutzung/Nichtnutzung. Dabei zeigten sich signifikante Unterschiede zwischen den unterschiedlichen Online-Medien je nach Messung der Nutzungsart (Chi-Quadrat = 215,16; df = 42; p ≤ 0,01).

Tabelle 11: Online-Medien und die Messung der Online-Mediennutzung

	Internet	SNS	Forum	Blog	Chat	E-Mail	Games	Sonst.	Ges.
N/Nn	24	8	24	6	-	4	-	-	66
Nseit	7	16	13	-	1	-	-	-	37
Nfreq.	58	70	19	7	15	7	12	6	194
Nzeit	97	52	27	10	17	12	36	-	251
Intensität	-	32	1	-	-	-	-	-	33
Sonst.	5	20	3	-	-	1	-	-	29
Ges.	191	198	87	23	33	24	486	6	610

Notiz: n = 610, absolute Zahlen, restliche Fälle keine Angabe

7.1.3.2 Wahrgenommene soziale Ressourcen

Die zweite Variable von Interesse, wahrgenommene soziale Ressourcen, lässt sich nun ebenfalls differenzierter betrachten. 36 Prozent (221) der Fälle drehen sich um das wahrgenommene Sozialkapital, während 64 Prozent (394) das Konzept soziale Unterstützung betrachten. 189 Fälle analysieren explizit die Dimension online, 54 die Dimension offline und die große Mehrzahl der Fälle (364) machen keine Unterscheidung zwischen den Dimensionen online oder offline. In Tabelle 12 ist die Verteilung für die beiden Dimensionen dargestellt.

Auffällig ist, dass die Konzepte zumeist unspezifisch erhoben werden und es meist keine Unterscheidung zwischen Online- und Offline-Ressourcen gibt. Dabei zeigen sich signifikante Unterschiede zwischen den beiden Forschungsfeldern (Chi-Quadrat = 13,50; df = 3; p ≤ 0,01). Da die Dimension „unbestimmt“ am häufigsten vertreten ist, kann H1.4 falsifiziert werden. Obwohl es nahe liegt zu vermuten, dass Studien die die Dimension von Sozialkapital bzw. sozialer Unterstützung unbestimmt lassen, auf offline abzielen, soll hier ab jetzt der Genauigkeit halber unbestimmt als eine eigene Dimension betrachtet werden.

Tabelle 12: Dimensionen der wahrgenommenen sozialen Ressourcen

	Online	Offline	Unbestimmt	Gesamt
WSK	79	27	113	219
WSU	110	27	251	388
Gesamt	189	54	364	607

Notiz: n = 607, absolute Zahlen, restliche Fälle keine Angabe

Beim Blick auf die Subdimensionen zeigt sich, dass das Konzept wahrgenommenes Sozialkapital wesentlich leichter zu kategorisieren ist als wahrgenommene soziale Unterstützung. 104 Fälle beschäftigten sich mit bridging, 94 mit bonding, neun mit maintained Sozialkapital und zwölf mit anderen Arten des wahrgenommenen Sozialkapitals. Bei wahrgenommener sozialer Unterstützung ist das Bild weitaus diffuser: 46 Fälle fokussieren sich auf soziale Unterstützung von bestimmten Peers (z. B. Freunde oder Familie), 18 das soziale Netzwerk der Befragten, 21 esteem support, 20 appraisal support, 16 instrumental support, 15 tangible support, 13 emotional support, 14 belonging support, sechs emotional support von bestimmten Peers oder Familie, sechs instrumental support von bestimmten Peers oder Familie, vier companionship und ganze 62 Fälle andere Dimensionen von sozialer Unterstützung, die meist nur in einer Studie vorkamen und daher nicht einzeln genannt werden.

Knapp 25 Prozent aller Fälle jedoch (155) berichten keine Unterscheidung zwischen den Subdimensionen und betrachten das Gesamtkonzept wahrgenommenes Sozialkapital oder wahrgenommene soziale Unterstützung. Damit kann H1.5 vorläufig beibehalten werden, denn die meisten Fälle analysieren explizit eine bestimmte Subdimension der Konzepte. Im Forschungsfeld soziale Unterstützung werden diese allerdings so vielfältig erhoben, dass es schwierig ist, wichtige Subdimensionen zu erkennen. Wenn man die 155 nicht weiter spezifizierten Fälle betrachtet, die keine Unterscheidung zwischen den Subdimensionen berichten, dann sieht man, dass sie fast ausschließlich zu sozialer Unterstützung gehören. Damit kann H2.3 vorläufig beibehalten werden, schließlich betrachtet die Forschung zu wahrgenommenem Sozialkapital häufiger als die Untersuchungen zur wahrgenommenen sozialen Unterstützung einzelne konkrete Subdimensionen. Obwohl diese ursprünglich im Bereich sozialer Unterstützung entwickelt wurden, scheint ihre Differenzierung insbesondere im Gebiet Sozialkapital beliebt zu sein. Das könnte daran liegen, dass hier meist lediglich mit zwei Hauptdimensionen bridging und bonding gearbeitet wird, während die unterschiedlichen Subdimensionen bei sozialer Unterstützung sehr unübersichtlich sind. Die Skala von Williams (2006), auf der die meisten Studien im Bereich Sozialkapital basieren, ist so angelegt, dass sie beide Dimensionen bridging und bonding abfragt.

Ein weiteres Ergebnis ist, dass viele unterschiedliche Skalen zur Messung von wahrgenommener sozialer Unterstützung verwendet werden, während für die Messung von wahrgenommenem Sozialkapital fast ausschließlich die von Williams (2006) vorgeschlagene und von Ellison et al. (2007) weiterentwickelte Skala benutzt wird. Eine große Anzahl der Fälle im Bereich wahrgenommene soziale Unterstützung beruht zudem auf Skalen, die entweder nicht erkennbar waren oder nur in einer Studie vorkamen. Tabelle 13 zeigt die einzelnen Skalen für die Messung der wahrgenommenen sozialen Ressourcen.

Bei dieser Auflistung fällt auf, dass der Bereich soziale Unterstützung deutlich diffuser ist als der Bereich soziales Kapital. Während beim ersteren mannigfaltige Skalen eingesetzt werden, ist es beim letzteren vor allem eine Skala, die von fast allen Primärstudien verwendet wird. Das erklärt auch, warum bei sozialer Unterstützung so viele verschiedene Subdimensionen ermittelt wurden: Sie sind ein Resultat der unterschiedlichen Skalen.

Die Ergebnisse zeigen für die Variable wahrgenommene soziale Ressourcen, dass entweder ein etabliertes Maß (272) benutzt oder adaptiert (258) wird. Weiterhin beruhen 53 Fälle auf einem eigens erstellten Maß mit Validierung, 21 auf einem eigens erstellten Maß ohne Validierung. In zwölf Fällen ist das benutzte Maß nicht eindeutig zuzuordnen. Bei der Erhebung der Variable Online-Mediennutzung kehrt sich das um und es wird bei der überwiegenden Mehrzahl der Fälle (482) ein eigens erstelltes Maß ohne Validierung verwendet. 33 Fälle beruhen hier auf einem eigens erstellten Maß mit Validierung. In 41 Fällen wurde ein etabliertes Maß verwendet, in 27 ein etabliertes Maß adaptiert, in 24 Fällen war das benutzte Maß nicht eindeutig zuzuordnen. Damit kann H1.6 vorläufig beibehalten werden. Es gilt: Während die Variable wahrgenommene soziale Ressourcen in den meisten Primärstudien standardisiert erhoben wird, ist Online-Mediennutzung mehrheitlich nicht standardisiert.

Tabelle 13: Die verwendeten Skalen für wahrgenommene soziale Ressourcen

n	Name der Skala	Autoren	WSK/WSU
205	Internet Social Capital Scale (ISCS)	Williams (2006), Ellison et al. (2007)	WSK
97	Interpersonal Support Evaluation List (ISEL)	Cohen et al. (1985)	WSU
75	Multidimensional Scale of Perceived Social Support (MSPSS)	Zimet et al. (1988)	WSU
22	The Personal Resource Questionnaire (PRQ)	Brandt & Weinert (1981)	WSU
18	Medical Outcomes Study (MOS)	Sherbourne & Stewart (1991)	WSU
14	Social Provisions Scalen (SPS)	Cutrona & Russel (1987)	WSU
12	Health-Related Social Support (HRSS)	Cohen & Hoberman (1983), LaRose, Eastin, & Gregg (2001)	WSU
16	Spezielle Skalen für Kinder und Jugendliche (z. B. CASS)	Malecki et al., (2000), Harter (1985)	WSU
15	Social Support Questionnaire und The Quality of Relationships Inventory (Support Dimension)	Sarason et al. (1983), Pierce, (1994)	WSU
11	Berlin Social Support Scale (BSSS)	Schulz & Schwarzer (2003)	WSU
5	Soziale Unterstützung im Kontext der AIDS-Erkrankung	Mo & Coulson (2010b)	WSU
127	Sonstige (alle Skalen, die nicht zuzuordnen waren oder nur in einer Studie vorkamen)	Verschiedene	WSU

Notiz: n = 613

7.1.3.3 Population und Stichprobe

Doch nicht nur die Art der Messverfahren, sondern auch die den Untersuchungen zugrundeliegende Population und die Ziehung des Samples spielen möglicherweise eine Rolle beim Zustandekommen von Ergebnissen. 80 Fälle beruhen auf einer Zufallsziehung des Samples, doch immerhin 85 Prozent aller Fälle auf eine willkürliche (232) bzw. festgelegte (291) Ermittlung der Stichprobe. Die zugrundeliegende Population besteht nur in 49 Fällen aus Befragten aus der allgemeinen Bevölkerung, die überwiegende Mehrheit der Fälle – 45 Prozent (282) – basiert auf der Befragung von Studierenden. Eine große Rolle spielen auch spezifische Populationen, die mit einer physischen oder psychischen Krankheit in Verbindung gebracht werden (131) oder unspezifische Nutzende eines Online-Mediums (94). Bei 61 Fällen war die zugrundeliegende Population eine andere oder nicht ermittelbar.

7.1.4 Die Höhe des Sozialkapitals und sozialer Unterstützung in den Fällen

Im Folgenden wird dargelegt, wie die Mittelwerte der Variablen Online-Mediennutzung und wahrgenommene soziale Ressourcen auf Ebene der Fälle zusammenhängen. Diese Ergebnisse sagen nichts über den Zusammenhang von Online-Mediennutzung und Sozialkapital bzw. soziale Unterstützung auf individueller Ebene aus, sondern beschreiben, inwiefern die Fälle, die einen höheren Mittelwert für Online-Mediennutzung berichten, auch einen höheren Mittelwert für wahrgenommene soziale Ressourcen ausgeben. Diese Frage ist durchaus bedeutsam, schließlich gilt in der Forschungsliteratur: Je höher das Sozialkapital, desto besser für das Individuum (vgl. Kap. 2). Es wäre also ein erstes Zeichen für mögliche negative Effekte der Online-Mediennutzung, wenn die Beziehung zwischen der Höhe der Nutzung und der Höhe der wahrgenommenen sozialen Ressourcen negativ wäre. Auf der individuellen Ebene wird dieser Zusammenhang in der Metaanalyse geprüft. Hier geschieht die Prüfung auf Ebene der Fälle.

Da die Erhebungsart je nach Messung der Mediennutzung sehr unterschiedlich ist und Mittelwerte keine standardisierten Maßzahlen sind, werden die Ergebnisse für Fälle mit unterschiedlichen Messmethoden für Online-Mediennutzung getrennt ausgegeben. Um die Skalen für die gleichen Messmethoden vergleichbar zu machen, wurden sie daher standardisiert. Trotz dieser Standardisierung, die dafür sorgt, dass die Skalen zumindest dieselben Werte annehmen können, hat man es natürlich bei unterschiedlichen Skalen auch immer mit unterschiedlichen theoretischen Konstrukten zu tun. D. h. die unterschiedlichen Skalen können an dieser Stelle nicht ohne Informationsverlust vereinheitlicht werden. Diesen Umstand gilt es bei der Interpretation der Ergebnisse immer mit zu berücksichtigen (vgl. Colman, Norris, & Preston, 1997).

Auf Ebene der Fälle sind signifikante Korrelationen zwischen der Höhe des Mittelwerts der Online-Mediennutzung und der wahrgenommenen sozialen Ressourcen festzustellen. Die Ergebnisse zeigen, dass auf Ebene der Fälle die Nutzungsfrequenz (Spearmans rho = -0,18; $p \leq 0{,}05$; n = 146) negativ und Nutzungszeit ($r = 0{,}41$; $p \leq 0{,}001$, n = 196) positiv signifikant mit der Höhe des Mittelwerts für wahrgenommene soziale Ressourcen korrelieren. Die Mittelwerte für Nutzungshistorie ($r = 0{,}33$, $p \geq 0{,}05$, n = 22) und Intensität ($r = 0{,}42$, $p \geq 0{,}05$, n = 16) zeigen hier keine signifikanten Korrelationen. Für die Fälle, die Nutzung vs. Nichtnutzung von Online-Medien betrachten, gilt eine positive

Korrelation mit der Höhe der wahrgenommenen sozialen Ressourcen ($r = 0{,}66$; $p \leq 0{,}05$, $n = 11$). Aufgrund der sehr kleinen Fallzahlen sind die letzten Ergebnisse jedoch mit äußerster Vorsicht zu betrachten und werden hier nur der Vollständigkeit halber angegeben. Zunächst kann man festhalten, dass hier ein erster Indikator dafür vorliegt dass, der Zusammenhang zwischen Online-Mediennutzung und wahrgenommenen sozialen Ressourcen je nach Messart variiert.

Um die Höhe des Sozialkapitals bzw. sozialer Unterstützung unter Hinzuziehung anderer Variablen erklären zu können, wurde eine multivariate Regression gerechnet. Da man es an dieser Stelle mit Studien und Fällen, also mit geschachtelten Daten zu tun hat, ist ein hierarchisches Mehrebenenmodell die Methode der Wahl (Snijders & Bosker, 2011). Die Mehrebenenmodellierung mit Zufallskoeffizienten (*multilevel random coefficient modeling*, MRCM, vgl. Nezlek, Schröder-Abé, & Schütz, 2006; Snijders & Bosker, 2011) erscheint dabei am Besten geeignet. Da die Mittelwerte der unterschiedlichen Nutzungsmessungen nicht direkt miteinander vergleichbar sind, werden separate Regressionen für die unterschiedlichen Messarten gerechnet. Nur Nutzungsfrequenz und Nutzungszeit hatten genügend große Fallzahlen, daher fokussiert die folgende Berechnung ausschließlich diese. Es ist durchaus vorstellbar, dass die Daten nicht nur als Studien-Fälle geschachtelt sind, sondern auch z. B. nach Sozialkapital bzw. soziale Unterstützung eingeteilt werden könnten. Aufgrund der geringen Fall- bzw. Gruppenzahlen musste man hier jedoch von weiteren Eben absehen und so wurde ein Zwei-Ebenen-Modell modelliert, welches die Schachtelung der Fälle in Studien berücksichtigt.

Im Folgenden werden unterschiedliche Prädiktoren getestet. Es wurden auf Ebene eins die Variablen Online-Medien und Online-Mediennutzung hinzugezogen, sowie die Dimensionen online und offline von Sozialkapital und sozialer Unterstützung. Auf Ebene zwei wurde getestet wie viel Varianz dadurch erklärt wird, dass die einzelnen Fälle zu bestimmten Studien gehören. Dabei ist die Zahl der Fälle (= Einheiten) pro Studie (= Gruppe) nicht besonders groß, allerdings ist die Zahl der einzelnen Gruppen ausreichend (Snijders & Bosker, 2011). Da zweiteres für eine Mehrebenenanalyse weitaus wichtiger ist, ist hier diese Modellspezifikation möglich. Als Ebene-Zwei-Prädiktoren werden die Studieneigenschaften geprüft mit der Variable Erscheinungsjahr. Weiterhin wurden die Sampleeigenschaften der Studien wie Alter und Geschlecht berücksichtigt. Im Gegensatz zu Mehrebenen-Modellen bei Metaanalysen sind Mehrebenenregressionsmodelle in der Kommunikationswissenschaft hinlänglich bekannt und in Gebrauch (vgl. Hanitzsch, 2011; Hayes, 2006; Festl, Scharkow, & Quandt, 2014; von Pape et al., 2012). Daher werden sie an dieser Stelle nicht weiter ausgeführt. Für eine vertiefende Darstellung empfehle ich das Buch von Snijders und Bosker (2011). Bei beiden multivariaten Modellen gilt, dass die Höhe der Online-Mediennutzung keinen signifikanten Einfluss auf die Höhe der wahrgenommenen sozialen Ressourcen hat. Weiterhin zeigt sich bei Nutzungszeit, dass neuere Studien einen höheren Wert für wahrgenommene soziale Ressourcen aufweisen (0,79; p≤0,01). Bei der Betrachtung der Nutzungsfrequenz ist hingegen die Zusammensetzung des Samples, also der Anteil an Frauen (0,03; p≤0,05), ein signifikanter positiver Indikator für die Höhe des Sozialkapitals bzw. der sozialen Unterstützung. In beiden Fällen zeigt sich allerdings, dass die Dimension online (Nutzungszeit: -3,24; p≤0,01, Nutzungsfrequenz: -2,74; p≤0,01) eine negative Beziehung mit der Höhe des Sozialkapitals bzw. der sozialen Unterstützung hat (vgl. Tabelle 14).

Tabelle 14: Mehrebenenregression für die Höhe des Mittelwerts von wahrgenommenen sozialen Ressourcen im Sample Nutzungszeit und Nutzungsfrequenz

	Nzeit. B (SE)	Nfreq. (SE)
Fixed-Effekte		
Intercept	-1565,40 (482,54)**	80,24 (680,03)
Ebene 2 (Studie)		
Studieneigenschaften		
Jahr	0,79 (0,24)**	-0,02 (0,34)
Ebene 1 (Fall)		
Sampleeigenschaften		
Mittelwert Alter	-0,12 (0,08)	-0,18 (0,10)
Anteil Weiblich	0,05 (0,03)	0,07 (0,03)*
Online-Medien		
Mittelwert OMN	0,16 (0,24)	-0,03 (0,04)
Messung von WSR		
WSK[1]	-0,27 (1,35)	-1,99 (1,65)
Online[2]	-3,24 (1,15)**	-2,74 (0,95)**
Unbestimmt	-1,57 (1,80)	-1,70(1,27)
Random-Effekte		
Intercept/Residual	3,70/2,93	4,34/1,80
-2*log likelihood	889,83	448,95
Ebene 2 R^2/ Ebene 1 R^2	0,38/0,22	0,15/0,66
ICC	0,62	0,85
Fälle/Primärstudien	167/32	95/24

Notiz: p≤0,05 = *, p≤0,01 = **, p≤0,001 = ***, [1]Die Referenz ist soziale Unterstützung. [2]Die Referenz ist offline.

Offenbar berichten die Fälle, die die Dimension online untersuchen weniger hohe soziale Ressourcen, als Fälle, die die Dimension offline untersuchen. Dieses Resultat kann verschiedene Tatsachen implizieren, bspw. auch, dass Nutzende generell weniger Online- als Offline-Sozialkapital haben. Auf der Ebene der Fälle sind diese Fragen allerdings nicht zu entscheiden. Um solche Aussagen über die Beziehung von Online-Mediennutzung und wahrgenommenen sozialen Ressourcen auf individueller Ebene treffen zu können, werden nun die erhobenen Zusammenhangsmaße in der Metaanalyse näher beleuchtet.

7.2 Die Metaanalyse

Wie bereits beschrieben (Kap. 7.1.1), beruht die vorliegende Metaanalyse auf insgesamt 66 Studien und 355 Effektstärken aus diesen Studien. Jede Studie ist mit mindestens einem und höchstens 35 Effektstärken vertreten, im Durchschnitt sind 5,38 (SD = 6,66) Effektstärken pro Studie vorhanden. Die Korrelationskoeffizienten bewegen sich dabei zwischen rMIN = -0,47 und rMAX = 0,89. Diese große Spannweite an Korrelationskoeffizienten suggeriert bereits eine substantielle Heterogenität in den Daten, die mittels einer Metaanalyse empirisch überprüft werden sollte. 103 Fälle berichten negative und 250 Fälle positive Korrelationen zwischen Online-Mediennutzung und Sozialkapital sowie sozialer Unterstützung. Bei zwei Effektstärken ergab sich aufgrund der Rundung eine Korrelation von 0. Insgesamt waren in dem Sample 44 Prozent (157) der angegebenen Korrelationen in den Fällen als nicht signifikant ausgegeben.

7.2.1 Sample der Fälle mit ermitteltem Korrelationskoeffizient

In den 66 Studien werden im Durchschnitt 551 Befragte untersucht (SD = 1390). Die Primärstudien haben dabei mindestens 39 und höchstens 11248 Befragte im Blick. Insgesamt entspricht die Stichprobe der Metaanalyse damit ca. 36410 Befragten und steht damit auf einer sehr soliden Basis. Natürlich ist die Verteilung der Ausprägung der Variablen in diesem Sample etwas anders als in der gesamten Stichprobe, mit der das Forschungsfeld beschrieben wurde. Daher sollen hier die wichtigsten Charakteristika des Teilsamples für die Metaanalyse kurz dargestellt werden.

7.2.1.1 Online-Medien und Online-Mediennutzung

Auch in dieser Stichprobe kommt nicht jedes Online-Medium gleich oft vor: 108 der ermittelten Effektstärken beziehen sich auf das Internet, 103 auf soziale Netzwerkseiten, 47 auf Foren, 34 auf digitale Onlinespiele, 21 auf Blogs und Mikro-Blogs, 20 auf Chat, 13 auf E-Mail, drei auf Foto-, Video- oder Musikcommunitys und sechs auf sonstige Online-Medien. Beim Blick auf die allgemeine oder spezifische Mediennutzung wird deutlich, dass allgemeine Online-Medien (231) im Fokus des Interesses stehen und sich weniger Effektstärken (124) mit spezifischen Online-Medien befassen. Davon untersuchen die meisten Effektstärken Facebook (63) und nur wenige andere spezifische Online-Medien wie World of Warcraft (12), Myspace (4), Twitter (4), YouTube (3) oder Skype (3). 20 Mal kommen sonstige Online-Medien vor und 15 Mal sonstige soziale Netzwerkseiten. Ähnlich verhält es sich mit der Betrachtung der Nutzung von diesen allgemeinen oder spezifischen Online-Medien. 221 Effektstärken drehen sich allgemein um die Betrachtung der Mediennutzung, 82 analysieren eine bestimmte Nutzungsart, während 50 eine bestimmte Funktion eines allgemeinen oder spezifischen Online-Mediums betrachten. Die Messung der Online-Mediennutzung ist hier dominiert von der Ermittlung der Nutzungszeit in 137 Fällen, gefolgt von der Nutzungsfrequenz (131). 24 Effektstärken beschäftigen

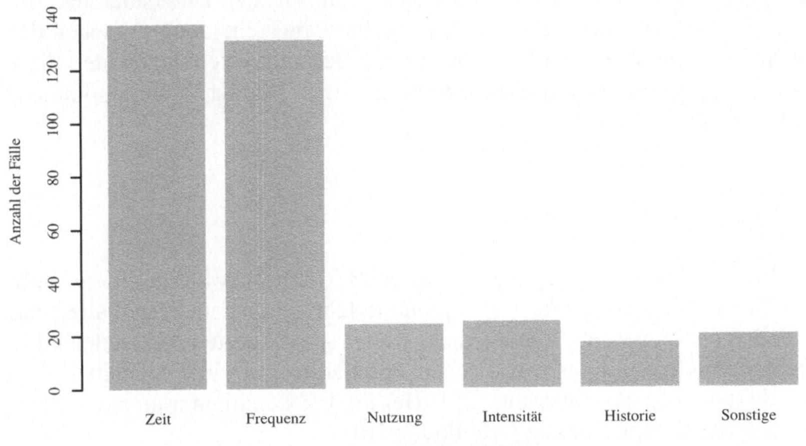

Abbildung 15: Messung der Online-Mediennutzung
n = 355, absolute Zahlen

sich mit Nutzung/Nichtnutzung, 25 analysieren die Intensität der Nutzung, 17 die Nutzungshistorie und 20 messen Mediennutzung auf sonstige Weise. In Abbildung 15 ist die unterschiedliche Messung der Online-Mediennutzung in diesem Sample dargestellt.

7.2.1.2 Wahrgenommene soziale Ressourcen

122 Effektstärken drehen sich um das wahrgenommene Sozialkapital, während 233 das Konzept soziale Unterstützung betrachten. 120 Mal wird explizit die Dimension online und 45 Mal die Dimension offline fokussiert. Zumeist, nämlich in 52 Prozent (184) der Fälle, wird keine Unterscheidung zwischen den Dimensionen online oder offline gemacht. Ein Blick auf die Subdimensionen zeigt, dass sich 56 Effektstärken mit bridging, 56 mit bonding, acht mit maintained Sozialkapital und einer mit anderen Arten des wahrgenommenen Sozialkapitals beschäftigen. Bei wahrgenommener sozialer Unterstützung ist das Bild erwartungsgemäß diffuser: 42 Effektstärken untersuchen soziale Unterstützung von bestimmten Peers (z. B. Freunde oder Familie), 14 esteem support, sechs emotional support, 13 appraisal support, 10 belonging support, 10 tangible support, fünf instrumental support, fünf das soziale Netzwerk der Befragten, drei companionship und 41 andere Dimensionen von sozialer Unterstützung. Immerhin in 24 Prozent aller Fälle (84) wird keine Unterscheidung zwischen den Subdimensionen gemacht und betrachteten das Gesamtkonzept betrachtet; diese Effektstärken gehören fast ausschließlich zu dem Bereich wahrgenommene soziale Unterstützung.

7.2.1.3 Population und Stichprobe

Nur 15 Prozent (54) der Fälle beruhen auf einer Zufallsauswahl in diesem Subsample. Die zugrundeliegende Population besteht in den meisten Fällen aus Studierenden (182), gefolgt von den nicht weiter spezifizierten Nutzenden eines Online-Mediums (56), einer spezifischen Population mit einer Krankheit (46) und der allgemeinen Bevölkerung (35). Bei 36 Effektstärken war die Zusammenstellung des Samples unklar (Abbildung 16)

Die ermittelten Korrelationskoeffizienten in den Primärstudien reichen von -0,47 bis 0,89 und haben einen durchschnittlichen Wert von M = 0,10 (SD = 0,19). In Abbildung 17 werden alle ermittelten Korrelationskoeffizienten pro Jahr dargestellt, damit ihre Verteilung auch visuell zu erfassen ist. Die Abbildung deutet auf eine recht große Heterogenität in den Effektstärken hin.

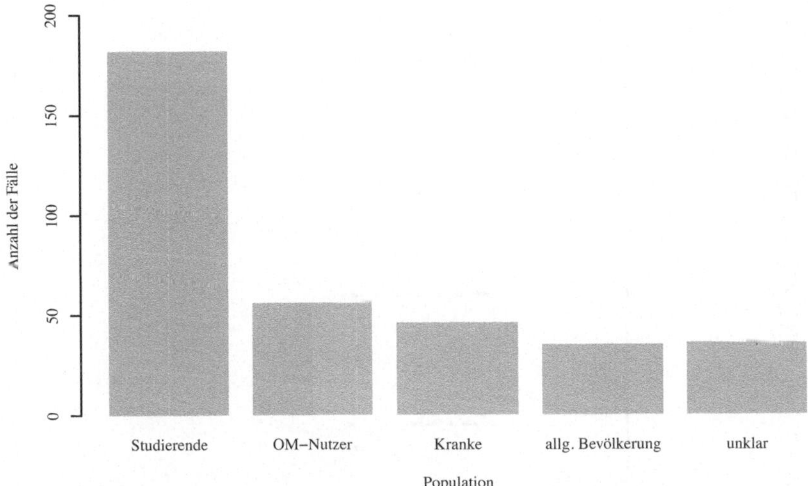

Abbildung 16: Population der Fälle mit Korrelationskoeffizient
n = 355, absolute Zahlen

Die Korrelation zwischen den beiden Variablen Größe der Korrelationskoeffizienten und Erscheinungsjahr beträgt r = 0,21 ($p \leq 0{,}001$). Die Korrelation zwischen der Größe der Korrelationskoeffizienten und der Zitation pro dem Fall zugehöriger Studie ist ebenfalls klein -0,15 aber signifikant ($p \leq 0{,}01$) und negativ. Das bedeutet, dass neuere Studien eher positive Zusammenhänge finden und gleichzeitig, dass Studien mit größeren positiven Zusammenhängen weniger oft zitiert werden. Hier gilt es jedoch zu bedenken, dass neuere Studien grundsätzlich weniger oft zitiert werden. Das Ergebnis weist nichtsdestotrotz auch darauf hin, dass es vermutlich etwas leichter fällt, negative Ergebnisse zu verkaufen und daher diese Studien eher sichtbar sind. Da aber nicht ganz klar ist, ob dieser Effekt daher rührt, dass weniger oft zitierten Studien neuer oder wirklich unpopulärer sind, wird darauf verzichtet, den Einfluss dieses Prädiktors multivariat zu betrachten.

Im Folgenden soll anhand des metaanalytischen Methodeninventars der Zusammenhang von Online-Mediennutzung und den wahrgenommenen sozialen Ressourcen der Individuen ermittelt werden.

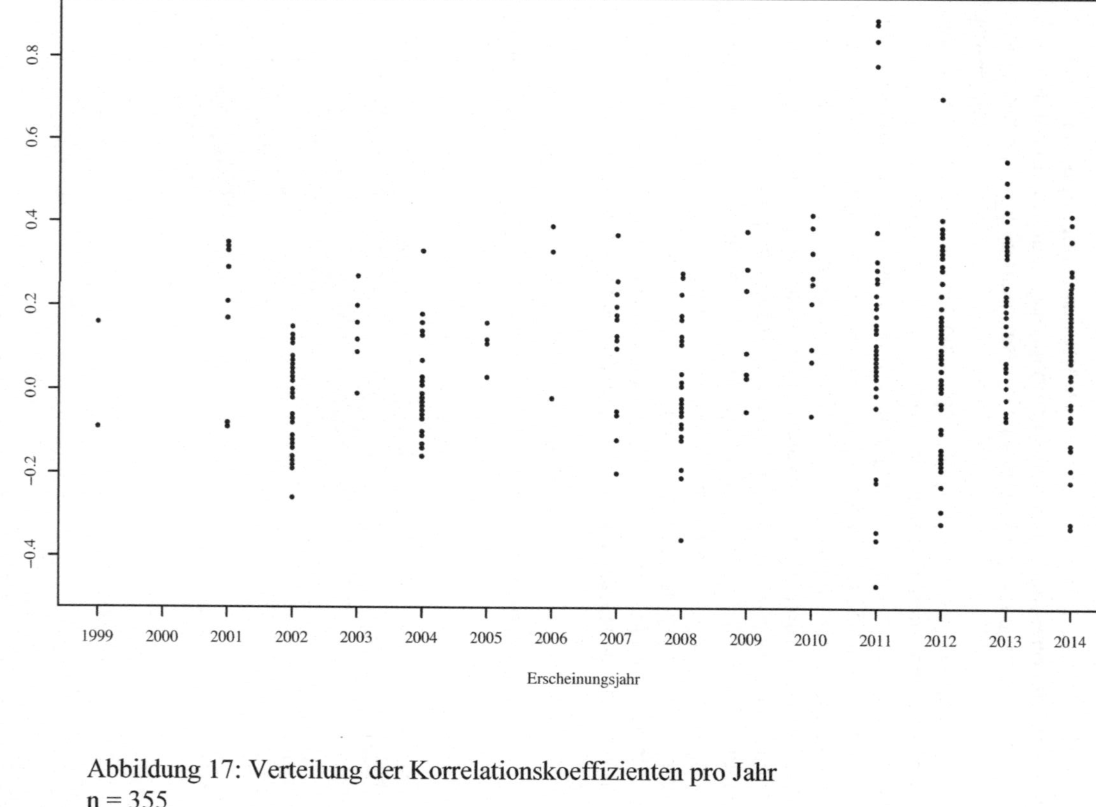

Abbildung 17: Verteilung der Korrelationskoeffizienten pro Jahr
n = 355

7.2.2 Die Relation von Online-Mediennutzung und wahrgenommenen sozialen Ressourcen

Heterogenität in den vorliegenden Daten ist bis jetzt aufgrund der visuellen Inspektion des Scatterplots (vgl. Abbildung 17) vermutet, aber noch nicht empirisch untersucht worden. An dieser Stelle wird daher der bivariate Zusammenhang zwischen Online-Mediennutzung und wahrgenommenen sozialen Ressourcen geprüft. Zunächst soll für den gesamten Datensatz ein Fixed- und ein Random-Effects-Modell gerechnet werden, um die Größe von r und die Heterogenität des Zusammenhangsmaßes über die Studien hinweg zu berichten (vgl. Kap. 6). Wie bereits oben beschrieben, liegt in dieser Arbeit eine – in Metaanalysen durchaus übliche – geschachtelte Datenstruktur vor, d. h. man hat es mit mehreren Effektstärken pro Studie zu tun. Da die einzelnen Fälle also nicht immer unabhängig voneinander sind, muss diese Abhängigkeit in den Daten statistisch modelliert werden. Daher wird zusätzlich ein Drei-Ebenen-Random-Effects-Modell geschätzt, welches dieser Schachtelung von Fällen in Studien Rechnung trägt (Cheung, 2013).

Wie in Kapitel 6 dargestellt, rührt die Varianz beim Random-Effects-Modell der Metaanalyse aus zwei Quellen, der Varianz in und zwischen den Studien. Daher ist das Random-Effects-Modell ein Modell mit zwei Ebenen (Borenstein et al., 2009; Cheung, 2013). Auf der ersten Ebene sind dabei die Teilnehmenden

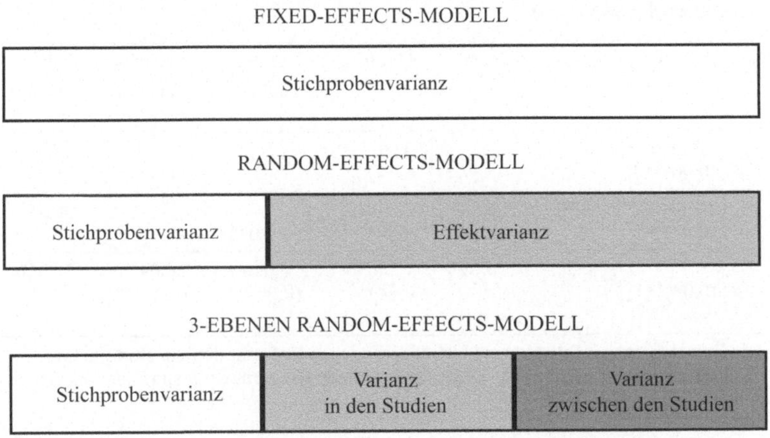

FIXED-EFFECTS-MODELL

Stichprobenvarianz

RANDOM-EFFECTS-MODELL

Stichprobenvarianz	Effektvarianz

3-EBENEN RANDOM-EFFECTS-MODELL

Stichprobenvarianz	Varianz in den Studien	Varianz zwischen den Studien

Abbildung 18: Quellen der Varianz in den verschiedenen Modellen
Eigene Darstellung nach Borenstein et al., 2009

(Stichprobenvarianz) und auf der zweiten Ebene die Studien (Effektvarianz) zu verorten. Die Metaanalyse trifft Aussagen auf Ebene zwei, klärt also über Unterschiede zwischen den Studien auf. Allerdings ist bei der vorliegenden Arbeit zu beachten, dass potentiell multiple Effektstärken je Studie berichtet und codiert werden (z. B. für den Zusammenhang von SNS-Nutzung und Sozialkapital und Blog-Nutzung und Sozialkapital). Daher wird hier eine Drei-Ebenen-Metaanalyse (Cheung, 2013; Konstantopoulos, 2011) durchgeführt, bei der die Effektvarianz aufgeteilt wird. Auf der zweiten Ebene sind die Fälle in einer Studie (within-study-variance) und auf der dritten Ebene die Studien (between-study-variance) zu verorten (vgl. Abbildung 18). Die Varianz in den Daten wird somit zerlegt und den Abhängigkeiten in den Daten wird Rechnung getragen. Die vorliegende Metaanalyse klärt dabei Varianz auf der Ebene zwei und drei auf. Auch hier gilt, dass die Zahl der Effektstärken (= Einheit) pro Studie (= Gruppe) nicht besonders groß ist, allerdings die für diese Modellspezifikation weitaus wichtigere Zahl der verschiedenen Gruppen ausreichend (Snijders & Bosker, 2011).

Wie üblich (Borenstein et al., 2009, Cheung, 2013) werden separat sowohl die Ergebnisse des Fixed-, Random-, als auch des Drei-Ebenen-Random-Effects-Modells für den bivariaten Zusammenhang berichtet. Die Ergebnisse sind in Tabelle 15 dargestellt.

Tabelle 15: Der Zusammenhang von Online-Mediennutzung und wahrgenommenen sozialen Ressourcen

	r^1 (SE)	Ebene 2 I^2	Ebene 3 I^2	Q (dfQ)	Ebene 2 Tau^2 (SE)	Ebene 3 Tau^2 (SE)	Fälle/ Primärstudien
FEM	0,11 (0,00)***	-	-	4256,30 (354)	-	-	355/-
REM	0,11 (0,01)***	0,94	-	4256,30 (354)	0,04 (0,00)***	-	355/-
Drei-Ebenen-REM	0,14 (0,03)***	0,27	0,69	4256,30 (354)	0,02 (0,00)***	0,04 (0,01)***	355/66

Notiz: [1]Die Berechnungen erfolgen gemäß der üblichen Standards mit den transformierten Fisher's z-Werten, die hier in die entsprechenden Korrelationen zurück transformiert wurden. $p \leq 0,05$ = *, $p \leq 0,01$ = **, $p \leq 0,001$ = ***

Das Fixed-Effects-Modell ergibt die gemeinsame Effektgröße $r = 0{,}11$ ($SE = 0{,}00$, $p \leq 0{,}001$). Es handelt sich also um einen positiven, aber kleinen Zusammenhang zwischen den Variablen Online-Mediennutzung und wahrgenommene soziale Ressourcen. Das Random-Effects-Modell ergibt den gleichen mittleren Effekt $r = 0{,}11$ ($SE = 0{,}01$, $p \leq 0{,}001$). Damit zeigt sich auch in diesem Modell ein schwacher positiver Zusammenhang zwischen Online-Mediennutzung und wahrgenommenen sozialen Ressourcen.

Die Heterogenitätsmaße des Random-Effects-Modells verweisen auf substantielle Heterogenität in den Daten. Das gilt sowohl für den Test auf Homogenität $Q(df = 354) = 4256{,}30$ ($p \leq 0{,}001$), bei dem die Homogenitätsannahme zurückgewiesen werden muss, als auch für die anderen Heterogenitätsmaße. Diese sind besonders wichtig, da der Test auf Homogenität nicht das Ausmaß der Streuung der wahren Effektgrößen berichtet. Da Heterogenitätsmaße in der Kommunikationswissenschaft unüblich sind, sollen sie hier in aller Kürze erklärt werden (vgl. Borenstein et al., 2009): τ2 misst die Varianz der wahren Effektstärken und wird daher auch benutzt, um die Gewichtung im Random-Effects-Modell vorzunehmen (vgl. Kap. 6). Im Random-Effects-Modell ist $\tau 2 = 0{,}04$ ($SE = 0{,}00$, $p \leq 0{,}001$). I2 kann als eine Messung von Unstimmigkeiten in den Studienergebnissen angesehen werden, also die Frage beantworten, wie viel der gefundenen Variabilität in den Ergebnissen auf echten Unterschieden beruht. In diesem Fall ergibt sich ein sehr hoher Wert $I2 = 94\%$, welcher darauf verweist, dass diese Varianz bspw. durch Subgruppenanalysen oder die Hinzuziehung von Moderatorvariablen erklärt werden sollte.

Das Drei-Ebenen-Random-Effects-Modell ergibt den mittleren Effekt $r = 0{,}14$ ($SE = 0{,}03$, $p \leq 0{,}001$). Damit zeigt sich, dass sich der mittlere Effekt durch die Hinzuziehung der zweiten und dritten Ebene – Fall und Studie – um 0,03 verändert hat. Obwohl sich die Effektgröße nur minimal verändert, weisen die zerlegten Varianzen der verschiedenen Modelle doch deutliche Unterschiede auf. Für das Drei-Ebenen-Modell beträgt der Wert auf der zweiten Ebene $I2 = 27\%$ und auf der dritten Ebene $I2 = 69\%$. D. h., vor allem Ebene drei weist eine substantielle Varianz auf. Dazu passend ist auf Ebene zwei $\tau 2 = 0{,}02$ auch deutlich kleiner als auf Ebene drei $\tau 2 = 0{,}04$. Der Vergleich der Random- und Drei-Ebenen-Random-Effects-Modelle ergibt bei dem *likelihood ratio test* 156.71 ($df = 1$), $p \leq 0.001$ und verweist damit auf den statistischen Vorteil des Drei-Ebenen-Random-Effects-Modells. Daher wird von nun an dieses Modell für die Berechnungen verwendet. Damit kann auch H3.1 vorläufig beibehalten werden.

Sensitivitätsanalysen sorgen dafür, dass einzelne Ausreißer entdeckt und in einem iterativen Prozess ausgelassen werden können. Daher wurde geprüft, welche Fälle den minimalen und den maximalen I2 haben und welche Fälle den mittleren Effekt r um mindestens die zweite Nachkommastelle verändern. Dabei konnten jedoch keine übermäßigen Ausreißer identifiziert werden, weshalb alle Fälle in die Berechnung einbezogen werden.

Ein erstes Ergebnis der Metaanalyse ist also, dass es durchaus einen Zusammenhang zwischen Online-Mediennutzung und wahrgenommenen sozialen Ressourcen gibt. Dieser Zusammenhang ist positiv, aber klein ($r = 0{,}14$; $p \leq 0{,}001$). Weiterhin zeigen die Modelle für den bivariaten Zusammenhang von Online-Mediennutzung und den wahrgenommenen sozialen Ressourcen substantielle Heterogenität in den Daten. Im Folgenden werden daher Moderatorvariablen eingeführt, die einen Einfluss auf diese Relation haben könnten. Zu diesem Zweck werden Drei-Ebenen-Mixed-Effects-Modelle geschätzt (vgl. Cheung, 2014; Borenstein et al., 2009), da sich diese als vorteilhaft für die Datenstruktur gezeigt haben.

Zunächst wird für die Studiencharakteristika die Variable Erscheinungsjahr der Studie berücksichtigt.[25] Für die Samplecharakteristika werden die Variablen durchschnittliches Alter und Verteilung des Geschlechts sowie die dem Fall zugrunde liegende Population (bestimmte Online-Medien-Nutzende vs. studentische vs. allgemeine oder spezifische Population) hinzugezogen. Danach werden die unterschiedlichen Online-Medien (Internet, SNS, E-Mail etc.) und unterschiedliche Arten der Messung von Online-Mediennutzung (Nutzung/Nichtnutzung, Nutzungszeit etc.) berücksichtigt. Abschließend werden die Dimensionen online und offline sowie unbestimmt der Variablen Sozialkapital und soziale Unterstützung hinzugezogen. Tabelle 16 zeigt die entsprechenden Drei-Ebenen-Mixed-Effects-Modelle, die zunächst für das gesamte Sample geschätzt werden. Die Prädiktoren werden blockweise hinzugefügt um ihren Einfluss separat betrachten zu können

Die Ergebnisse zeigen, dass die unterschiedlichen Studien- und Samplecharakteristika kaum Heterogenität in den Daten erklären können. Hingegen sind die Modelle mit den Prädiktoren Online-Medien und Online-Mediennutzung sowie den Dimensionen von wahrgenommenen sozialen Ressourcen besser in der Lage, die Heterogenität in den Daten zu erklären. Im Gesamtmodell werden schließlich 43% Varianz auf Ebene zwei und 27% Varianz auf Ebene drei erklärt. Viel wichtiger als die Studien und Samplecharakteristika scheinen die Prädiktoren aus dem Block Online-Medien für die Beziehung der zwei Variab-

25 Grundsätzlich gilt, sowohl hier als auch in späteren Modellen, dass die Einteilung der Variablen auf die Ebene der Studien und Fälle idealtypisch geschieht. In Wirklichkeit kann es gut sein, dass zwei Fälle aus einer Primärstudie auf der gleichen Stichprobe beruhen, insofern die Sampleeigenschaften eigentlich auf Studienebene zu verorten sind. Da es allerding auch sein kann, dass sich die Stichprobe bei Fällen aus einer Primärstudie unterscheidet, werden sie in der Arbeit grundsätzlich auf Ebene der Fälle verortet. Das Gleiche gilt für alle Prädiktorenblöcke, ausgenommen Erscheinungsjahr.

len von Interesse. Wenn man diesen Block hinzuzieht, zeigen auch die drei Online-Medien E-Mail ($B = 0,12$, $p \leq 0,05$), Forum ($B = 0,11$, $p \leq 0,05$) und SNS ($B = 0,20$, $p \leq 0,001$) eine signifikante Relation mit dem Zusammenhangsmaß. Damit scheinen Nutzende dieser Online-Medien stärker von der Nutzung zu profitieren als Nutzende anderer Online-Medien. Es gibt also tatsächlich einen positiven Zusammenhang zwischen der Nutzung von SNS sowie Foren und der Relation zwischen Online-Mediennutzung und den wahrgenommenen sozialen Ressourcen der Nutzenden. Daher können H4.1 und H4.3 vorläufig beibehalten werden. Im Gegensatz dazu wurde H4.2 falsifiziert, da digitale Spiele keine signifikanten Prädiktoren für den Zusammenhang der beiden Variablen sind.

Fügt man den Block Online-Mediennutzung hinzu, bleiben nur noch SNS ($B = 0,16$, $p \leq 0,001$) als signifikanter Prädiktor übrig. D. h. die Berücksichtigung der Messart von Online-Mediennutzung ist neben der Untersuchung von unterschiedlichen Online-Medien essentiell. Positive Prädiktoren ist hier die Messung der Nutzungsart mittels der Intensitätsskala ($B = 0,13$, $p \leq 0,05$). Daraus wird ersichtlich, dass es durchaus Auswirkungen auf das Zusammenhangsmaß hat, auf welche Weise Forschende Online-Mediennutzung erheben. Insbesondere die Verwendung der Intensitätsskala, die nicht nur Nutzungszeit, sondern auch die Bedeutung des Mediums für Nutzende und die Anzahl ihrer Freundschaften in die Messung einschließt, scheint Auswirkungen zu haben. Dahingegen weisen die anderen Arten, Online-Mediennutzung zu messen, keinen signifikanten Zusammenhang mit dem Beziehungsmaß auf. Damit kann H5.3 vorläufig beibehalten und H5.1 und H5.2 falsifiziert werden.

Die Erhebung der Nutzungsart ($B = -0,09$, $p \leq 0,01$) ist hingegen im Vergleich zur allgemeinen Erhebung der Mediennutzung ein negativer Prädiktor für die Beziehung der zwei Variablen von Interesse. Das weist darauf hin, dass die Reduktion auf eine bestimmte Nutzungsart in den Studien eher zum Auffinden von kleineren oder gar negativen Zusammenhangsmaßen führt.

Auch der Block mit den Prädiktoren aus dem Bereich wahrgenommene soziale Ressourcen erweist sich als sinnvoll. Der Zusammenhang ist größer für die Dimension online ($B = 0,13$; $p \leq 0,001$). H6.1 kann damit vorläufig beibehalten werden, schließlich zeigt die Dimension online einen positiven Zusammenhang mit der untersuchten Relation. Außerdem gilt, dass die Annahmen aus der Forschungsliteratur hinsichtlich der Bedeutung der Dimension online empirisch anhand von vielen Ergebnissen aus Primärstudien bestätigt werden können. Durch die Hinzuziehung von Medien- und Nutzungsarten kann so eine neue Perspektive auf die Relation von Online-Mediennutzung und wahrgenommene soziale Ressourcen entwickelt werden.

Tabelle 16: Drei-Ebenen-Mixed-Effects-Modell für den Zusammenhang von Online-Mediennutzung und wahrgenommenen sozialen Ressourcen

	B (SE)	B (SE)	B (SE)	B (SE)	B (SE)
Intercept	0,13 (0,03)***	0,09 (0,09)	0,03 (0,08)	0,06 (0,10)	0,02 (0,10)
Ebene 3 (Studie)					
Jahr	0,01 (0,01)	0,01 (0,01)	0,00 (0,01)	0,00 (0,01)	-0,01 (0,01)
Ebene 2 (Effektstärken)					
Sampleeigenschaften					
Alter		0,00 (0,00)*	0,00 (0,00)**	0,00 (0,00)*	0,00 (0,00)*
Weiblich		0,00 (0,00)	0,00 (0,00)	0,00 (0,00)	0,00 (0,00)
Studierende[1]		0,01 (0,08)	-0,05 (0,09)	-0,06 (0,08)	-0,07 (0,08)
OM-Nutzende		-0,11 (0,10)	-0,07 (0,10)	-0,06 (0,10)	-0,07 (0,10)
Kranke		-0,08 (0,10)	-0,09 (0,10)	-0,07 (0,10)	-0,06 (0,10)
Allgemein		-0,12 (0,12)	-0,08 (0,11)	-0,09 (0,11)	-0,10 (0,11)
Online-Medien[2]					
Blog			0,01 (0,10)	-0,04 (0,10)	-0,06 (0,10)
Chat			0,06 (0,04)	0,01 (0,03)	0,00 (0,03)
E-Mail			0,12 (0,05)**	0,08 (0,05)	0,07 (0,04)
Forum			0,11 (0,05)*	0,04 (0,05)	0,02 (0,05)
Games			0,01 (0,04)	-0,02 (0,05)	-0,03 (0,05)
SNS			0,20 (0,04)***	0,16 (0,04)***	0,17 (0,03)***
Messung der Online-Mediennutzung					
Funktion [3]				0,05 (0,04)	0,04 (0,04)
Nutzungsart				-0,09 (0,03)**	-0,09 (0,03)**

Nseit.[4]				-0,07 (0,08)	-0,07 (0,08)
Nfreq.				0,12 (0,07)	0,12 (0,06)
Nzeit.				-0,04 (0,06)	-0,03 (0,06)
Intensität				0,14 (0,07)*	0,13 (0,06)*
Sonstige				0,11 (0,10)	0,09 (0,10)
Messung von wahrgenommenen sozialen Ressourcen					
Online[5]					0,13 (0,03)***
Offline					0,00 (0,04)
-2*log likelihood	-231,81	-225,88	-266,92	-319,07	-347,72
R^2 Ebene 2/ Ebene 3	0,00/0,03	0,01/0,09	0,15/0,21	0,32/0,31	0,43/0,27
Fälle/ Primärstudien	353/65	324/61	324/61	323/61	323/61

Notiz: $p \leq 0{,}05$ = *, $p \leq 0{,}01$ = **, $p \leq 0{,}001$ = ***, [1] Die Referenz ist für alle Populations-Variablen „anderes, unklar". [2] Die Referenz ist allgemeine Internetnutzung. [3] Die Referenz ist Medium allgemein. [4] Die Referenz ist Nutzung/Nichtnutzung. [5] Die Referenz ist unbestimmt.

Diese herausragende Rolle der Nutzungsmessung mittels einer Intensitätsskala soll nun detaillierter betrachtet werden. Welche Rolle die unterschiedliche Messung der Mediennutzung insgesamt spielt, kann man grafisch mit einem sogenannten *forest plot* darstellen, zu sehen in Abbildung 19 Da diese Methode für Drei-Ebenen-Metaanalysen noch nicht implementiert ist, werden hier die Ergebnisse der Random-Effects-Modelle dargestellt. Bei den Koeffizienten handelt es sich um den bivariaten Zusammenhang von Online-Mediennutzung und wahrgenommene soziale Ressourcen jeweils für die unterschiedlichen Messarten. Abbildung 19 verdeutlicht visuell, dass nur Nutzungsfrequenz und Intensität einen signifikanten (bivariaten) Zusammenhang mit wahrgenommenen sozialen Ressourcen aufzeigen. Insbesondere Fälle, die eine Intensitätsskala zur Messung von Online-Mediennutzung heranziehen, zeigen einen deutlich stärkeren Zusammenhang mit wahrgenommenen sozialen Ressourcen als die Fälle mit anderen Messarten.

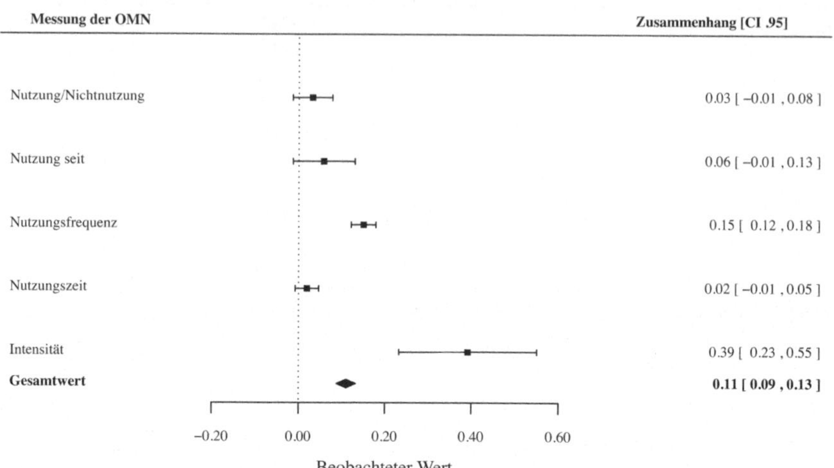

Abbildung 19: Forest plot für die unterschiedlichen Messungen von Online-Mediennutzung

7.2.3 Unterschiede zwischen den Forschungsfeldern wahrgenommenes Sozialkapital sowie wahrgenommene soziale Unterstützung

Da hier zwei sehr ähnliche, aber meist als unterschiedlich bezeichnete Konzepte betrachtet werden, sollen die bivariaten Zusammenhänge auch für wahrgenommenes Sozialkapital und wahrgenommene soziale Unterstützung getrennt ausgegeben werden. Dafür werden in Tabelle 17 die Koeffizienten dargestellt. Berechnet wird jeweils das Drei-Ebenen-Random-Effects-Modell, da es sich im ersten Schritt als vorteilhaft gegenüber den üblichen Random-Effects-Modellen entpuppt hat. Dabei wird hier zwischen wahrgenommenem Sozialkapital und wahrgenommener sozialer Unterstützung differenziert. Da die Messung via Intensitätsskala die Ergebnisse massiv zu beeinflussen scheint, gleichzeitig nur wenige Fälle auf dieser Skala basieren und diese Messungsart ausschließlich im Forschungsfeld Sozialkapital vorkommt, sollen im Folgenden zwei Modelle für das Sample Sozialkapital gerechnet werden. Einmal mit und einmal ohne Berücksichtigung der Effekte, die auf eine Messung mittels Intensitätsskala zurückgehen. Wie zuvor wird zuerst der bivariate Zusammenhang berichtet, dann werden Moderatorvariablen hinzugezogen.

Tabelle 17: Der Zusammenhang von Online-Mediennutzung und wahrgenommenes Sozialkapital (mit und ohne Intensität) sowie wahrgenommene soziale Unterstützung

	r^1 (SE)	95% CI	Ebene 2 I^2	Ebene 3 I^2	Q (df)	Ebene 2 Tau^2 (SE)	Ebene 3 Tau^2 (SE)	Fälle/ Primärstudien
wahrgenommenes Sozialkapital gesamt								
Drei-Ebenen-REM	0,21 (0,06)***	[0,09, 0,32]	0,15	0,82	1569,08 (121)	0,01 (0,00)***	0,07 (0,02)***	122/21
wahrgenommenes Sozialkapital ohne Intensität								
Drei-Ebenen-REM	0,12 (0,03)***	[0,07, 0,17]	0,46	0,41	711,44 (97)	0,01 (0,00)***	0,01 (0,00)*	98/18
wahrgenommene soziale Unterstützung								
Drei-Ebenen-REM	0,11 (0,02)***	[0,06, 0,15]	0,47	0,46	2538,23 (231)	0,02 (0,00)***	0,02 (0,01)**	232/47

Notiz: [1]Die Berechnungen erfolgen gemäß der üblichen Standards mit den transformierten Fisher's z-Werten, die hier in die entsprechenden Korrelationen zurück transformiert wurden. $p \leq 0{,}05$ = *, $p \leq 0{,}01$ = **, $p \leq 0{,}001$ = ***

Nebeneinander betrachtet zeigen die beiden Konzepte, dass der geschätzte Zusammenhang zwischen Online-Mediennutzung und wahrgenommenem Sozialkapital gut doppelt so groß ist ($r = 0{,}21$, $p \leq 0{,}001$) wie der zwischen Online-Mediennutzung und wahrgenommener sozialer Unterstützung ($r = 0{,}11$, $p \leq 0{,}001$). Allerdings nur, wenn die Messungsart Intensität bei Sozialkapital berücksichtigt wird. Werden diese Fälle ausgeschlossen, ist der Zusammenhang zwischen Online-Mediennutzung und wahrgenommenem Sozialkapital ($r = 0{,}12$, $p \leq 0{,}001$) deutlich kleiner und unterscheidet sich kaum von dem Zusammenhang zwischen Online-Mediennutzung und wahrgenommener sozialer Unterstützung. Da sich die 95% Konfidenzintervalle in allen drei Modellen überschneiden, kann man hier nicht von echten Unterschieden reden. Damit kann H3.2 verworfen werden. Zusätzlich zeigt sich, dass in dem Drei-Ebenen-Modell die Varianz bei wahrgenommener sozialer Unterstützung annähernd gleich zwischen den Ebenen zwei und drei verteilt ist, während bei Sozialkapital vor allem substantielle Heterogenität auf Ebene drei, also zwischen den Studien, zu finden ist. Dieser Unterschied verschwindet ebenfalls, sobald man Fälle, die eine Messung via Intensitätsskala berichten, nicht mehr berücksichtigt. Obwohl der Zusammenhang im Bereich Sozialkapital größer ist, liegt das hauptsächlich an einer spezifischen Messart von Online-Mediennutzung. Das weist darauf hin dass Differenzen zwischen den Ergebnissen der Studien aus den verschiedenen Forschungsbereichen auch entstehen, weil für Online-Mediennutzung unterschiedliche Messarten verwendet werden.

An dieser Stelle sollen einzelne Modelle für die Effektstärken aus den beiden Forschungsbereichen mit den gleichen Moderatorvariablen gerechnet werden. Es werden größtenteils diejenigen Prädiktoren berücksichtigt, die auch im Gesamtmodell (vgl. Tabelle 16) hinzugezogen wurden. Allerdings konnten die Prädiktorenblöcke aus dem Bereich Studiensampleeigenschaften nicht hinzugezogen werden. Aufgrund der kleineren Fallzahl drohte eine Überspezifizierung des Modells durch zu viele Prädiktoren und dieser Block hatte sich bisher nicht als ein signifikanter Beitrag zur Erklärung des Zusammenhangsmaßes oder zur Verbesserung der Varianzaufklärung erwiesen. Für wahrgenommenes Sozialkapital werden zudem die Subdimensionen bridging, bonding und maintained berücksichtigt. Für soziale Unterstützung kann lediglich eine gröbere Differenzierung der Dimensionen vorgenommen werden, da hier im Gegensatz zum Bereich Sozialkapital die einzelnen Subdimensionen sehr mannigfaltig sind und jeweils sehr wenige Fälle sich auf die gleiche Subdimension beziehen. Ebenso wird aufgrund der mangelnden Fallzahl kein Modell mit Moderatorvariablen für das Sample Sozialkapital ohne die Fälle mit Intensität geschätzt.

Tabelle 18: Drei-Ebenen-Mixed-Effects-Modell für wahrgenommenes Sozialkapital und wahrgenommene soziale Unterstützung

	WSK B (SE)	WSU B (SE)
Intercept	-0,02 (0,14)	0,04 (0,06)
Ebene 2 (Effektstärke)		
Online-Medien[1]		
Blog	0,20 (0,18)	0,00 (0,07)
Chat	-	0,00 (0,03)
E-Mail	-	0,06 (0,04)
Forum	-	0,06 (0,04)
Games	0,06 (0,11)	-0,06 (0,05)
SNS	0,12 (0,06)*	0,18 (0,05)***
Messung der Online-Mediennutzung		
Funktion[2]	0,01 (0,12)	0,01 (0,04)
Nutzungsart	0,05 (0,10)	-0,06 (0,04)
Nutzung seit[3]	0,07 (0,15)	-0,08 (0,08)
Nutzungsfrequenz	0,15 (0,09)	0,12 (0,06)*
Nutzungszeit	0,08 (0,12)	-0,05 (0,06)
Intensität	0,23 (0,11)*	-
Sonstige	0,14 (0,17)	0,06 (0,10)
Messung wahrgenommene soziale Ressourcen		
Online[4]	-0,08 (0,10)	0,14 (0,04)***
Offline	-0,21 (0,11)*	0,03 (0,04)
Bridging[5]	0,08 (0,05)	-
Bonding	0,03 (0,05)	-
Subdimension[6]	-	-0,06 (0,03)
-2*log likelihood	-131,68	-244,14
R^2 Ebene 2/Ebene 3	0,37/0,35	0,44/0.18
Fälle/Primärstudien	122/21	232/47

Notiz: p≤0,05 = *, p≤0,01 = **, p≤0,001 = ***, [1]Die Referenz ist allgemeine Internetnutzung. [2]Die Referenz ist Medium allgemein. [3]Die Referenz ist Nutzung/Nichtnutzung. [4]Die Referenz ist offline. [5]Die Referenz ist maintained. [6]Die Referenz ist Oberkonzept. – die Variable/Ausprägung der Variablen kam in dem Sample nicht vor

Tabelle 18 zeigt die unterschiedlichen Modelle für die beiden Konzepte wahrgenommenes Sozialkapital und wahrgenommene soziale Unterstützung. Da hier hauptsächlich der Vergleich der beiden Bereiche und nicht der Vergleich der unterschiedlichen Prädiktorenblöcke relevant ist, wird nur das Gesamtmodell berichtet.

Die Ergebnisse weisen auf zwei disparate Forschungsfelder hin, die durchaus Gemeinsamkeiten haben. Gleichzeitig zeigen die separaten Modelle die Bedeutung der unterschiedlichen Online-Medien und der Messung von Online-Mediennutzung für das ermittelte Zusammenhangsmaß auf. Während im Modell für wahrgenommenes Sozialkapital die Messung von Online-Mediennutzung durch die Intensitätsskala ein wichtiger, signifikanter und positiver Prädiktor ist ($B = 0{,}23$, $p \leq 0{,}05$), ist die Variable im Datensatz wahrgenommene soziale Unterstützung nicht vorhanden. Betrachtet man also die beiden Gebiete getrennt, wird klar, dass H5.3 nur für den Bereich Sozialkapital beibehalten werden kann. Die Messung der Online-Mediennutzung mittels der Intensitäts-Skala zeigt zwar einen stärkeren Zusammenhang mit der untersuchten Relation als die anderen Messarten in dem Gesamtmodell; doch diese Skala wird in den Primärstudien zu sozialen Unterstützung nicht verwendet. Hier erweist sich allerdings die Nutzungsfrequenz als signifikanter positiver Prädiktor ($B = 0{,}12$, $p \leq 0{,}05$). Auffällig ist außerdem dass bei Sozialkapital alle Arten, Online-Mediennutzung zu messen, positive Zusammenhänge mit dem Beziehungsmaß von Interesse aufzeigen – auch wenn diese nicht immer signifikant sind. Bei sozialer Unterstützung sind Nutzungshistorie (Nutzung seit) ($B = -0{,}08$, $p \geq 0{,}05$) und Nutzungszeit ($B = -0{,}05$, $p \geq 0{,}05$) negativ mit dem Zusammenhangsmaß assoziiert. Allerdings sind auch diese nicht signifikant.

Signifikante Prädiktoren sind bei sozialer Unterstützung ($B = 0{,}18$, $p \leq 0{,}001$) und Sozialkapital ($B = 0{,}12$, $p \leq 0{,}05$) ausschließlich die Online-Medien SNS. D. h. für die Nutzenden von sozialen Netzwerken besteht ein größerer Zusammenhang zwischen Online-Mediennutzung und sozialen Ressourcen. H4.1 kann für beide Forschungsfelder vorläufig beibehalten werden. H4.2 und H.4.3 müssen verworfen werden, denn Foren und Games haben hier keinen signifikanten Zusammenhang mit der analysierten Relation. In beiden Modellen ist allerdings die Dimension online bzw. offline ein signifikanter Prädiktor für den Zusammenhang der Variablen. Bei wahrgenommenem Sozialkapital zeigt sich ein negativer Zusammenhang mit offline ($B = -0{,}21$, $p \leq 0{,}05$), bei wahrgenommener sozialer Unterstützung ein positiver Zusammenhang mit online ($B = 0{,}14$, $p \leq 0{,}001$). Die Subdimensionen bridging und bonding sind keine signifikanten Prädiktoren im Modell wahrgenommenes Sozialkapital, wie auch die generelle Differenzierung in Subkonzepte für wahrgenommene soziale Unterstützung. Zusammengefasst gilt, dass SNS als Prädiktoren aus dem Bereich der verschiedenen Online-Medien eine wichtige Rolle spielen. Im Modell soziale Unterstützung ist Nutzungsfrequenz ein signifikanter Prädiktor, während im Modell Sozialkapital die Messung der Online-Mediennutzung mittels der Intensitäts-Skala der hervorstechendste Prädiktor ist. In beiden Modellen spielen die Dimensionen online oder offline eine wichtige Rolle. H6.1 kann damit auch hier vorläufig beibehalten werden. H6.2 muss allerdings verworfen werden, denn es zeigt sich kein signifikanter Zusammenhang von bridging oder bonding mit der untersuchten Relation.

7.2.4 Unterschiede zwischen den Dimensionen online, offline und unbestimmt

Da zuvor wahrgenommenes Sozialkapital und wahrgenommene soziale Unterstützung separat beschrieben wurden und sich in beiden Stichproben die Dimension online bzw. offline als ein starker Prädiktor herausstellt, soll an dieser Stelle die Differenzierung nach den Dimensionen online, offline und unbestimmt erfolgen. Gleichzeitig wird damit eine der spannendsten Fragen in dem Forschungsfeld untersucht: Inwiefern unterscheiden sich die Dimensionen online und offline von Sozialkapital und sozialer Unterstützung? Bereits in Kapitel 7.2.1 wurde deutlich, dass die meisten Effektstärken sich gar nicht auf online (120) oder offline (45) beziehen sondern, dass diese Unterscheidung oft gar nicht erst getroffen wird und somit ein unbestimmtes (184), nicht weiter differenziertes Sozialkapital bzw. soziale Unterstützung untersucht wird. Obwohl es nahe liegt, dass – wenn keine Dimension explizit bestimmt wurde – vermutlich offline gemeint ist, soll hier der Genauigkeit halber die Terminologie unbestimmt verwendet werden. Das heißt auch, dass die explizit so benannte Dimension offline hiervon getrennt betrachtet wird. Zunächst wird der bivariate Zusammenhang zwischen den Variablen geschätzt und die Effektstärken, die sich auf online, offline bzw. nicht weiter bestimmte wahrgenommene soziale Ressourcen fokussieren, werden direkt miteinander verglichen. Die Ergebnisse sind in Tabelle 19 dargestellt. Betrachtet man die unterschiedlichen Dimensionen gemeinsam, zeigt sich, dass der geschätzte Zusammenhang zwischen Online-Mediennutzung und wahrgenommenem Sozialkapital für die Dimension online ($r = 0{,}17$, $p \leq 0{,}003$) etwas größer ist als für unbestimmt ($r = 0{,}12$, $p \leq 0{,}001$).

Für die Dimension offline ($r = 0{,}00$, $p \geq 0{,}05$) gibt es keinen Zusammenhang zwischen den betrachteten Variablen. Hierbei gilt es allerdings, die unterschiedlichen Fallzahlen, insbesondere die wenigen Fälle bei der Dimension offline, zu berücksichtigen und, dass sich die 95% Konfidenzintervalle für die verschiedenen Modelle überschneiden.

Tabelle 19: Der Zusammenhang von Online-Mediennutzung und wahrgenommenen sozialen Ressourcen online, offline und unbestimmt

	r[1] (SE)	95% CI	Ebene 2 I^2	Ebene 3 I^2	Q (dfQ)	Ebene 2 Tau^2(SE)	Ebene 3 Tau^2 (SE)	Fälle/ Primärstudien
Online								
Drei-Ebenen-REM	0,17 (0,02)***	[0,12; 0,22]	0,72	0,19	1224,65 (119)	0,03 (0,00)***	0,01 (0,01)	120/24
Offline								
Drei-Ebenen-REM	0,00 (0,04)	[-0,08; 0,08]	0,22	0,61	195,18 (42)	0,01 (0,00)**	0,01 (0,01)	45/11
Unbestimmt								
Drei-Ebenen-REM	0,12 (0,04)***	[0,05; 0,19]	0,12	0,84	2504,86 (184)	0,01 (0,00)***	0,05 (0,01)***	184/44

Notiz: [1]Die Berechnungen erfolgen gemäß der üblichen Standards mit den transformierten Fisher's z-Werten die hier in die entsprechenden Korrelationen zurück transformiert wurden. p≤0,05 = *, p≤0,01 = **, p≤0,001 = ***

Außer dem bivariaten Zusammenhang stellt sich an dieser Stelle die Frage, ob und, wenn ja, wie dieser Zusammenhang von den zuvor vorgestellten Prädiktoren aus dem Bereich Online-Medien und Online-Mediennutzung beeinflusst wird. Daher werden hier Einzelmodelle für die verschiedenen Dimensionen von wahrgenommenen sozialen Ressourcen mit Moderatorvariablen geschätzt. Es werden größtenteils diejenigen Prädiktoren berücksichtigt, die auch im Gesamtmodell hinzugezogen wurden. Allerdings werden auch hier die Prädiktorenblöcke aus dem Bereich Studien- und Sampleeigenschaften weggelassen. Aufgrund der kleineren Fallzahl drohte sonst eine Überspezifizierung des Modells durch zu viele Prädiktoren und diese Blöcke hatten sich bislang nicht als signifikanter Beitrag zur Erklärung des Zusammenhangsmaßes oder zur Verbesserung der Varianzaufklärung erwiesen. Leider ist es nicht möglich, für die Dimension offline ein eigenes Modell mit Moderatorvariablen zu schätzen, da hier die Fallzahl zu klein ist. Aus dem gleichen Grund können hier etwaige Unterschiede zwischen den zwei Forschungsbereichen nicht berücksichtigt werden

In Tabelle 20 wird ersichtlich, dass es große Unterschiede gibt, je nachdem, welche Dimension der wahrgenommenen sozialen Ressourcen untersucht wird. Betrachtet man die Dimension online, zeigen sowohl die Online-Medien Blog ($B = 0{,}25$, $p \leq 0{,}01$), Chat ($B = 0{,}14$, $p \leq 0{,}05$), Forum ($B = 0{,}15$, $p \leq 0{,}01$) und SNS ($B = 0{,}15$, $p \leq 0{,}05$) signifikante positive Zusammenhänge mit der Beziehung der zwei interessierenden Variablen. Die Messung der Mediennutzung anhand der Ermittlung der Nutzungsintensität ($B = 0{,}28$, $p \leq 0{,}01$) ist wieder ein starker positiver Prädiktor für den betrachteten Zusammenhang. Betrachtet man jedoch die Dimension unbestimmt, ändert sich das Bild zum Teil radikal. Die Online-Medien Chat ($B = -0{,}08$, $p \leq 0{,}05$) und Games ($B = -0{,}12$, $p \leq 0{,}01$) zeigen signifikante negative Zusammenhänge mit der Beziehung der zwei Variablen von Interesse in diesen Fällen. Einzig das Online-Medium SNS ($B = 0{,}16$, $p \leq 0{,}001$) tritt als ein positiver Prädiktor für das Zusammenhangsmaß in Erscheinung. H6.3 und H6.4 müssen verworfen werden. Trotzdem gilt, dass verschiedene Online-Medien eher eine negative Auswirkung auf die Relation der Variablen von Interesse in der Dimension unbestimmt aufweisen. Für die Dimension online ist diese Wirkung nicht sichtbar. Auffällig ist zudem der negative Zusammenhang mit der Nutzung von Online-Games für die Dimension unbestimmt – analog zu der häufig geäußerten Sorge in der Forschungsliteratur.

Tabelle 20: Drei-Ebenen-Mixed-Effects-Modell für wahrgenommene soziale Ressourcen online und unbestimmt

	Online B (SE)	Unbestimmt B (SE)
Intercept	-0,04 (0,10)	0,04 (0,08)
Ebene 2 (Fall)		
Online-Medien[1]		
Blog	0,25 (0,09)**	-0,21 (0,12)
Chat	0,14 (0,06)*	-0,08 (0,04)*
E-Mail	0,12 (0,09)	0,01 (0,05)
Forum	0,15 (0,06)**	-0,01 (0,06)
Games	0,07 (0,07)	-0,12 (0,05)*
SNS	0,15 (0,06)*	0,16 (0,04)***
Messung der Online-Mediennutzung		
Funktion[2]	0,14 (0,10)	0,00 (0,04)
Nutzungsart	-0,07 (0,05)	0,00 (0,04)
Nutzung seit [3]	-0,03 (0,12)	-0,03 (0,11)
Nutzungsfrequenz	0,18 (0,10)	0,06 (0,09)
Nutzungszeit	0,05 (0,10)	0,01 (0,09)
Intensität	0,28 (0,11)**	0,14 (0,09)
Sonstige	0,18 (0,10)	0,11 (0,14)
-2*log likelihood	-117,04	-233,69
R^2 Ebene 2/Ebene 3	0,51/0,02	0,34/0,12
Fälle/Primärstudien	120/24	184/44

Notiz: $p \leq 0,05$ = *, $p \leq 0,01$ = **, $p \leq 0,001$ = ***, [1] Die Referenz ist allgemeine Internetnutzung. [2]Die Referenz ist Medium allgemein. [3]Die Referenz ist Nutzung/Nichtnutzung.

7.2.5. *Ein Exkurs zum Thema publication bias*

Der Ausdruck publication bias bezieht sich meist auf den Umstand, dass Studien mit höheren und signifikanten Effektstärken eine größere Chance haben, veröffentlicht zu werden als Forschungsarbeiten mit kleineren und statistisch nicht signifikanten Forschungsergebnissen (vgl. Berning & Weiß, 2015; Borenstein et al., 2009; Rothstein, Sutton, & Borenstein, 2006). Weitere Verzerrungen können z. B. durch die Bevorzugung von Englisch als lingua franca der Wissenschaft entstehen, womit Autorinnen und Autoren aus nicht-angelsächsischen Ländern benachteiligt werden.

In dieser Arbeit wurde eine systematische Auswahl der relevanten Primärstudien aus einem großen Sample an potentiell relevanten Studien (siehe Kap. 6) angestrebt und verschiedene Arten von Dokumenten berücksichtigt. Natürlich lässt sich das Problem von publication bias damit nicht gänzlich umgehen, insbesondere da viele Primärstudien nicht aufzutreiben waren oder die relevanten Zusammenhangsmaße nicht berichteten. Da in dem endgültigen Sample fast nur Artikel aus Fachzeitschriften und kaum Dissertationen gelandet sind, ist es leider nicht möglich, die einzelnen Publikationsformen einander gegenüber zu stellen. Gleichzeitig konnte diese Arbeit auch nur englische Artikel berücksichtigen. Daher soll hier mangels Alternativen kurz auf das Problem eingegangen werden.

Der funnel plot der Daten ist eine erste visuelle Hilfe zur Lokalisierung eventueller publication bias. Da der funnel plot zwar eine potentielle Asymetrie implizieren kann (wie auch im Fall der vorliegenden Daten), es aber keine verlässlichen Verfahren gibt, diese Asymetrie anhand einer visuellen Inspektion intersubjektiv nachvollziehbar zu deuten, wurde hier ein Regressionstest für publication bias berechnet, der keinen Hinweis auf eine Asymetrie im funnel plot liefert (Prädiktor Standardfehler: $z = -0{,}18$, $p = 0{,}86$; Prädiktor: Stichprobenvarianz: $z = -0{,}93$, $p = 0{,}35$). Da diese Tests noch nicht für Drei-Ebenen-Metaanalysen implementiert sind, wurde der Test für ein Random-Effects-Modell durchgeführt. Der Trim- und Fill-Test ergibt, dass keine Studien mit negativen Effektstärken in den funnel plot eingefügt werden müssen. Je nach verwendetem Schätzer fehlen höchstens Studien mit positiven Effektstärken, diese würden die ermittelte mittlere Effektstärke nur in der zweiten Nachkommastelle beeinflussen. Da diese Tests noch nicht für Drei-Ebenen-Random-Effects-Modelle implementiert sind und darauf hinweisen dass einzelne imputierte Werte die erzielten Ergebnisse nicht entscheidend verändern würden, wird an dieser Stelle von weiteren Maßnahmen abgesehen.

Allerdings gilt es zu beachten, dass die Entdeckung von publication bias kein einfaches Unterfangen ist (Rothstein, Sutton, & Borenstein, 2006). Verschiedene Tests und Schätzer liefern oftmals verschiedene Ergebnisse und sind oft (noch) nicht für Drei-Ebenen-Mixed-Effects-Modelle implementiert. Neue Methoden die über Trim- und Fill-Test hinausführen wie bspw. der PET-PEESE Test werden kontrovers diskutiert, vor allem für Random-Effekts-Modelle[26]. Daher gilt es hier kritisch zu bleiben und die Ergebnisse immer im Hinblick darauf zu interpretieren, dass sie fast ausschließlich auf englischen Fachzeitschriftenartikeln basieren und dass längst nicht alle Effektstärken aus allen Primärstudien ermittelt werden konnten.

7.3 Zusammenfassung der Ergebnisse

Ein erstes Ergebnis der Arbeit besteht bedauernswerterweise in der Erkenntnis, dass längst nicht alle Primärstudien die für eine Systematisierung nötigen Werte publizieren. In 81 Primärstudien sind die Mittelwerte für Online-Mediennutzung ausgegeben, in 81 die Mittelwerte für wahrgenommene soziale Ressourcen. Nur für 66 Studien ist das zentrale Zusammenhangsmaß für die Metaanalyse, Pearson's r, ermittelbar. Fehlende Standardisierung ist gewiss keine Seltenheit in den Sozialwissenschaften, impliziert aber ein Problem angesichts der zunehmenden Zahl wissenschaftlicher Arbeiten und der daher unübersichtlichen Forschungsliteratur. Metaanalysen, die die wertvolle Systematisierung einer Vielzahl von Primärstudien leisten können, stehen damit vor dem Problem, dass sie mit einer großen Zahl von *missing data* zu kämpfen haben. Das hat Auswirkungen auf die Aussagekraft und Güte der Ergebnisse (vgl. Borenstein et al., 2009; Card, 2012), ist aber momentan leider kaum zu vermeiden.

Im Folgenden werden die Ergebnisse der Arbeit zusammengefasst. Der Übersichtlichkeit halber werden hier zuerst die Ergebnisse aus dem Survey dargestellt, mit denen das Forschungsfeld insgesamt kartographiert werden soll. Danach werden die Ergebnisse der Metaanalyse zusammengefasst. Abschließend werden die Forschungsfragen und Hypothesen nochmal in einem tabellarischen Überblick dargestellt.

Die Ergebnisse des Survey zeigen, dass das Forschungsfeld zum Zusammenhang von Online-Mediennutzung und wahrgenommenen sozialen Ressourcen mit den Jahren angewachsen ist – ein Indikator für ein reges Forschungsinteresse in dem Feld. Die meisten Erst-Autorinnen und Erst-Autoren sind dabei in den USA angesiedelt, doch auch der asiatische Raum ist stark vertreten. Kaum eine Bedeutung haben hingegen europäische Erst-Autorinnen und Erst-

[26] Vgl. z. B. http://willgervais.com/blog/2015/6/25/putting-pet-peese-to-the-test-1 und http://daniellakens.blogspot.de/2015/04/why-meta-analysis-of-90-precognition.html

Autoren. Daher kann ein sogenannter Kultur-Bias angenommen werden, wenn diese Annahme auch aufgrund der kleinen Fallzahlen hier nicht geprüft werden konnte. Dieser Befund ist sicherlich auch der Fokussierung der Arbeit auf englischsprachige Studien geschuldet (vgl. Kap 6.3) und musste in Kauf genommen werden, um die internationale Forschung zu repräsentieren und nicht einen Sprachraum zu bevorzugen. Vor allem allgemeine Internetnutzung, SNS-Nutzung und Foren stehen im Zentrum des Interesses der hier untersuchten Primärstudien. Die Messung von Online-Mediennutzung ist meist unspezifisch: Es werden eher allgemeine als spezifische Online-Medien in Augenschein genommen und in den meisten Fällen eher allgemeine Mediennutzung als die Funktionen eines Mediums oder eine bestimmte Nutzungsart erkundet. Werden spezifische Online-Medien betrachtet, handelt es sich dabei fast ausschließlich um Facebook. Die Erhebung der Nutzung durch die Bestimmung von Nutzungsfrequenz und Nutzungszeit kommt am häufigsten vor im Sample. Oftmals werden bestimmte Nutzungsarten bei bestimmten Online-Medien erhoben. Besonders evident ist das bei der Intensität-Skala, die fast ausschließlich bei der Untersuchung von SNS angewendet wird. Daher sollte es zumindest in Betracht gezogen werden, dass die Verwendung dieser Skala das Image von SNS als prosoziales Online-Medium mitgeprägt haben könnte.

Auch die Konzepte Sozialkapital sowie soziale Unterstützung werden oftmals unspezifisch erhoben, d. h. häufig wird nicht zwischen den Dimensionen online und offline unterschieden. Allerdings werden meist einzelne Subdimensionen der Konzepte betrachtet. Generell gilt: Die meisten Fälle fokussieren sich auf soziale Unterstützung; Sozialkapital wird weniger oft untersucht. Während bei der Variable wahrgenommene soziale Ressourcen fast ausschließlich etablierte Skalen verwendet werden, setzt man bei der Erhebung der Online-Mediennutzung vor allem nicht validierte eigene Messverfahren ein. Insgesamt zeigt sich ein disparates Forschungsfeld, in dem die Konzepte oft unspezifisch gemessen werden. Gleichzeitig stehen nur wenige Online-Medien im Fokus der Forschungsliteratur.

Die Studien zu wahrgenommenem Sozialkapital sind deutlich später entstanden als die Arbeiten zur sozialen Unterstützung. Deswegen und aufgrund der traditionellen Verankerung der Arbeiten im Umfeld der Gesundheitskommunikation verwundert es nicht, dass die Forschung zur wahrgenommenen sozialen Unterstützung vor allem allgemeine Internetnutzung und die Nutzung von Foren betrachtet. Dahingegen untersuchen Primärstudien zum Thema wahrgenommenes Sozialkapital vor allem SNS. Während die Intensitäts-Skala zur Messung von Online-Mediennutzung stark die Ergebnisse im Bereich Sozialkapital beeinflusst, gibt es diese Messart im Sample soziale Unterstützung überhaupt nicht.

Da wahrgenommenes Sozialkapital im Zuge der Online-Forschung entstanden ist, wird hier häufiger als in Studien zur wahrgenommenen sozialen Unterstützung zwischen online und offline unterschieden. Da es bei der Forschung zum wahrgenommenen Sozialkapital faktisch nur eine Skala gibt (Williams, 2006) werden hier konsequent die Subdimensionen bridging und bonding unterschieden. Studien zur wahrgenommenen sozialen Unterstützung messen dagegen mittels unterschiedlicherer Skalen viele verschiedene Subdimensionen; das macht die Studien nur schwer vergleichbar.

Insgesamt gilt also: Wahrgenommenes Sozialkapital und wahrgenommene soziale Unterstützung erscheinen auf den ersten Blick nicht als ein kohärentes Forschungsfeld. Die Ergebnisse der Arbeit lassen die Vermutung zu, dass das hauptsächlich auf die unterschiedlichen Forschungstraditionen und Messverfahren zurückzuführen ist.

Ab hier werden die Ergebnisse der Metaanalyse vorgestellt, die sich konkret mit der Beziehung von Online-Mediennutzung und wahrgenommenen sozialen Ressourcen beschäftigt.Bei der Auswertung der Metaanalyse zeigt sich, dass der Zusammenhang von Online-Mediennutzung und den wahrgenommenen sozialen Ressourcen mit $r = 0{,}14$ positiv und klein ist und es damit keinen Anlass zu Befürchtungen um die generelle Abnahme der sozialen Eingebundenheit der Individuen durch die Nutzung von Online-Medien gibt. Allerdings besteht bei einem so kleinen mittleren Zusammenhang auch kein Anlass zur Hoffnung auf eine deutliche Verbesserung der sozialen Ressourcen der Rezipierenden durch die Nutzung von Online-Medien. Online-Mediennutzung scheint nur eine sekundäre Rolle für die wahrgenommenen sozialen Ressourcen der Individuen zu spielen. Der Zusammenhang von Online-Mediennutzung und wahrgenommenem Sozialkapital ($r = 0{,}21$, $p \leq 0{,}001$) ist fast doppelt so groß wie die Beziehung zwischen Online-Mediennutzung und wahrgenommener sozialer Unterstützung ($r = 0{,}11$, $p \leq 0{,}001$) – allerdings nur, wenn man die Fälle, die auf einer Intensitätsskala basieren, berücksichtigt. Schließt man diese Fälle aus, ist die Relation von Online-Mediennutzung und wahrgenommenem Sozialkapital ($r = 0{,}12$, $p \leq 0{,}001$) deutlich kleiner und vergleichbar mit der Beziehung zwischen Online-Mediennutzung und wahrgenommener sozialer Unterstützung. Allerdings sind diese Unterschiede nicht signifikant.

Das legt die Interpretation nahe, dass man es hier mit zwei unterschiedlichen Forschungstraditionen zu tun hat und Unterschiede in der Größe des Zusammenhangs vermutlich zu Stande kommen, da Online-Mediennutzung in beiden Forschungstraditionen anders gemessen wird. Das ist eine These, die streng genommen nur von Studien geprüft werden kann, die beide Konzepte parallel messen. Diese Überprüfung muss daher auf die kommende Forschungsliteratur vertagt werden. Da sich entscheidende Unterschiede zwischen den zwei Bereichen zeigen, werden die Beantwortung der Forschungsfrage und die Prüfung der Hypothesen ab hier für das gesamte Sample und die beiden Bereiche vorgenommen.

Bei der Anwendung von multivariaten Testverfahren (Mixed-Effects-Modell) zeigt sich, dass es weniger wichtig ist, wie alt die Befragten sind, welches Geschlecht sie haben oder ob sie einer studentischen oder allgemeinen Bevölkerungsgruppe entstammen. Wichtig ist zum einen, welches Online-Medium im Vordergrund steht: Wenn die Rezipierenden soziale Netzwerkseiten nutzen, ist der Zusammenhang zwischen Online-Mediennutzung und den wahrgenommenen sozialen Ressourcen größer. Die anderen Online-Medien wie Games oder Forum, aber auch Blog, E-Mail und Chat zeigen in diesen Modellen überhaupt keinen signifikanten Zusammenhang mit der untersuchten Relation.

Es lohnt sich aber ein genauerer Blick auf die Messung der Online-Mediennutzung um auch auch Differenzen zwischen den zwei Forschungsbereichen aufzuzeigen. So gilt, dass die detailliertere Messung von Funktionen und Nutzungsarten von Online-Medien kein signifikanter Prädiktor für die Größe des Zusammenhangsmaßes ist. Auch kann nicht generell bestätigt werden, dass reichhaltigere Messarten einen positiven Zusammenhang mit der Größe des untersuchten Zusammenhangsmaßes zeigen. Allerdings gilt sehr wohl: Beim Zusammenhang von Online-Mediennutzung und wahrgenommenem Sozialkapital scheint die Messung der Online-Mediennutzung durch eine Intensitätsskala eine gewichtige Rolle zu spielen. Für die Relation von Online-Mediennutzung und wahrgenommener sozialen Unterstützung ist hingegen die Messart Nutzungsfrequenz ein positiver signifikanter Prädiktor. An dieser Stelle wird deutlich, dass man die Messung der Online-Mediennutzung nicht aus den Augen lassen darf, wenn man verstehen möchte, warum abweichende Ergebnisse in verschiedenen Primärstudien zu Stande kommen. Diese Tatsache zu berücksichtigen gilt es nicht nur in zukünftigen empirischen Arbeiten, sondern auch in der noch ausstehenden theoretischen Beschäftigung mit dem Phänomen. Doch es zeigt sich, dass nicht nur die Konzeption der Variable Online-Mediennutzung entscheidend für die gefundenen Zusammenhangsmaße ist.

Weiterhin zeigt sich, dass die Beziehung zwischen den beiden Variablen größer ist, wenn man die Dimension online der wahrgenommenen sozialen Ressourcen betrachtet ($r = 0{,}17$, $p \leq 0{,}001$). In dem Sample offline ergab sich gar kein Zusammenhang zwischen den betrachteten Variablen ($r = 0{,}00$, $p \geq 0{,}05$). Die meisten Primärstudien differenzieren jedoch nicht explizit zwischen verschiedenen Dimensionen; für diese ließ sich ein positiver Zusammenhang ermitteln ($r = 0{,}12$, $p \leq 0{,}001$). Da die Fallzahl bei der Dimension offline so klein ist, konnten für die folgenden multivariaten Testverfahren (Mixed-Effects-Modell) nur die Dimensionen online und unbestimmt herangezogen werden. Es ist deutlich, dass unterschiedliche Online-Medien wie Blog, Chat, Forum und SNS im Sample online einen positiven Zusammenhang mit der hier untersuchten Relation aufzeigen. Dahingegen zeigen Chat und Online Games einen negativen Zusammenhang mit der hier untersuchten Beziehung im Sample unbestimmt auf.

Es zeigte sich also bei den Detailmodellen, dass es sowohl Unterschiede in den zwei Forschungsfeldern wahrgenommenes Sozialkapital und wahrgenommene soziale Unterstützung als auch zwischen den Dimensionen online, offline und unbestimmt gibt. Die Tabellen 21 und 22 stellen die einzelnen Forschungsfragen und Hypothesen nochmal überblicksartig dargestellt. In Kapitel 8 werden die gefundenen Ergebnisse eingeordnet und diskutiert.

Tabelle 21: Zusammenfassung Forschungsfragen und Hypothesen I

F1 Wie wird der Zusammenhang von OMN und den WSR in dem Forschungsfeld untersucht?		
H1.1	Allgemeine Mediennutzung wird häufiger untersucht als einzelne Funktionen und Nutzungsarten eines Mediums.	✔
H1.2	SNS sind das am häufigsten untersuchte OM.	X
H1.3	Insbesondere Facebook steht als spezifisches OM im Vordergrund.	✔
H1.4	Die Primärstudien unterscheiden mehrheitlich zwischen den Dimensionen online und offline der WSR.	X
H1.5	Die Primärstudien unterscheiden mehrheitlich zwischen den verschiedenen Subdimensionen der WSR.	✔
H1.6	Während die Variable WSR in den meisten Primärstudien mit den etablierten Messverfahren untersucht wird, ist die Messung von OMN mehrheitlich nicht standardisiert.	✔
F2: Wie unterscheiden sich die Forschungsbereiche WSK und WSU?		
H2.1	Die Primärstudien zur WSU entstehen vor den Primärstudien zu WSK.	✔
H2.2	Die Forschung zu WSK fokussiert sich vor allem auf SNS, digitale Spiele und Blogs, während die Forschung zur WSU vor allem die Nutzung von Foren, E-Mail und Chat betrachtet.	✔
H2.3	Primärstudien zu WSK untersuchen häufiger als Primärstudien zur WSU einzelne Subdimensionen des Konzepts.	✔
F3: Wie ist der Zusammenhang von OMN und den WSR der Individuen?		
H3.1	Der Zusammenhang von OMN die WSR ist positiv..	✔
H3.2	OMN und WSK zeigen einen stärkeren positiven Zusammenhang als OMN und WSU.	X

Notiz: X = Hypothese wurde falsifiziert, ✔= Hypothese wird vorläufig beibehalten.

Tabelle 22: Zusammenfassung Forschungsfragen und Hypothesen II

		Ges.	WSK	WSU
F4: Wie wirkt sich die Nutzung von unterschiedlichen OM auf die Relation von OMN und den WSR der Nutzenden aus?				
H4.1	Es gibt einen positiven Zusammenhang zwischen SNS-Nutzung und der Relation von OMN und WSR.	✔	✔	✔
H4.2	Es gibt einen negativen Zusammenhang zwischen der Nutzung digitaler Spiele und der Relation von OMN und WSR.	X	X	X
H4.3	Es gibt einen positiven Zusammenhang zwischen der Nutzung von Foren und der Relation von OMN und WSR.	X	X	X
F5: Wie wirkt sich die unterschiedliche Messung der Nutzung von OM auf den gefundenen Zusammenhang zwischen OMN und den WSR aus?				
H5.1	Funktionen und Nutzungsarten von OM zeigen einen stärkeren Zusammenhang mit der Relation von OMN und WSR als allgemeine Mediennutzung.	X	X	X
H5.2	Die reichhaltigeren Messarten der OMN zeigen einen stärkeren Zusammenhang mit der Relation von OMN und WSR als weniger reichhaltige Messarten.	X	X	X
H5.3	Die Messung der OMN mittels der Intensitäts-Skala zeigt einen stärkeren Zusammenhang mit der Relation von OMN und WSR als die anderen Messarten.	✔	✔	X
F6: Wie ist das Verhältnis der unterschiedlichen Dimensionen der WSR mit der Relation von OMN und WSR?				
H6.1	Die Dimension online zeigt einen positiven Zusammenhang mit der Relation von OMN und WSR, während offline damit negativ assoziiert ist.	✔	✔	✔
H6.2	Die Sub-Dimension bridging zeigt eine positive Beziehung mit der Relation von OMN und WSR, während bonding damit negativ assoziiert ist.	X	X	-
H6.3	Die Nutzung von SNS weist einen positiven Zusammenhang mit der Dimension online auf, während die Dimension offline damit negativ assoziiert ist.	X	-	-
H6.4	Die Nutzung von digitalen Spielen weist einen negativen Zusammenhang mit der Dimension online und offline der WSR auf.	X	-	-

Notiz: X = Hypothese wurde falsifiziert, ✔= Hypothese wird vorläufig beibehalten.

8. Diskussion und Ausblick

Hier werden zunächst die Vorgehensweise der Arbeit und die Hauptergebnisse resümiert (Kap 8.1). Anschließend sollen in den Bemerkungen zu den Limitationen (Kap. 8.2) diese einzelnen Schritte noch einmal kritisch reflektiert und auch Defizite der Arbeit benannt werden. Darauffolgend werden die Implikationen der Arbeit für die zukünftige theoretische und empirische Auseinandersetzung mit dem Forschungsbereich Online-Mediennutzung und wahrgenommene soziale Ressourcen formuliert (Kap 8.3). Zuletzt wird ein Ausblick auf den Zusammenhang von Online-Mediennutzung und wahrgenommenen sozialen Ressourcen sowie die wissenschaftliche Beschäftigung damit vor dem Hintergrund der Ergebnisse dieser Studie gegeben (Kap. 8.4).

8.1 Resümee: Vorgehensweise und Ergebnisse

Die vorliegende Arbeit hat das Ziel verfolgt, zwei übergeordnete Forschungsfragen zu beantworten.

1. Wie ist das Forschungsfeld zum Zusammenhang von Online-Mediennutzung und den wahrgenommenen sozialen Ressourcen beschaffen?

2. Wie ist der Zusammenhang von Online-Mediennutzung und den wahrgenommenen sozialen Ressourcen der Individuen?

Die theoretische und empirische Bearbeitung dieser übergeordneten Forschungsinteressen erfolgt in den Kapiteln 1–7, die hier kurz resümiert werden. Der theoretische Teil der vorliegenden Arbeit fokussiert die beiden Konzepte Online-Mediennutzung und wahrgenommene soziale Ressourcen und ihr Verhältnis zueinander. Dass die Debatte um den Zusammenhang zwischen Online-Mediennutzung und der sozialen Eingebundenheit der Nutzenden keineswegs neu ist, wird in Kapitel 2 aufgezeigt. Sorgen und auch Hoffnungen in Bezug auf diese Relation sind bereits in den frühen wissenschaftlichen Arbeiten zum Thema Online-Mediennutzung formuliert worden (z.B. Katz & Aspden, 1997; Kraut et al., 1998; Kraut et al., 2002; Nie, 2001; Nie & Hillygus, 2002; Rainie et al.,

2000). Diese Studien, die seit Ende der 1990er Jahre entstanden sind und zu den Pionierarbeiten im Bereich der Online-Forschung gehören, prägen ganz entscheidend die wissenschaftliche Diskussion bis heute. Die Grundannahmen über die Beziehung von Online-Mediennutzung und den sozialen Ressourcen der Nutzenden sind bereits hier entstanden und dominieren seitdem das Forschungsfeld (vgl. Kap. 2.1). Im Zuge der Weiterentwicklung der Diskussion werden nicht nur Nutzende und Nutzung differenzierter betrachtet, sondern auch das Konzept wahrgenommene soziale Ressourcen weiterentwickelt (z.B. Haythornthwaite, 2005; Ellison et al., 2007; Kowert et al., 2014; Ramirez & Zhang, 2007; Valkenburg et al., 2006; Wang & Wellman, 2010; Williams, 2006; Yee et al., 2007). Parallel werden im Laufe der Zeit unterschiedliche Online-Medien in die Studien eingeführt – eine systematische Untersuchung des Zusammenhangs von Online-Mediennutzung und den sozialen Ressourcen der Individuen blieb allerdings aus und bildet das größte Defizit im Forschungsfeld.

Nachdem die Grundzüge der Forschungsdiskussion von den Anfängen bis zur Gegenwart in Kapitel 2 skizziert wurden, widmet sich das dritte Kapitel der theoretischen Einordnung der wahrgenommenen sozialen Ressourcen. Dafür werden Sozialkapital und soziale Unterstützung systematisch diskutiert und miteinander in Verbindung gebracht. Zunächst wird dargestellt, dass unterschiedliche Persönlichkeiten aus den zwei Disziplinen Soziologie und Psychologie verschiedene Konzepte entwickelt haben, die auf unterschiedlichen theoretischen Annahmen basieren (Barrera, 1986; Fulkerson & Thompson, 2008; Haug, 2007; Shumaker & Brownell, 1984; Trepte & Scharkow, 2016). Um die Begriffe verstehen und einordnen zu können, wird daher eine ausführliche Betrachtung der theoretischen Ansätze der Sozialkapitaldiskussion vorgenommen (Bourdieu, 1987a, 1987b; Coleman, 1994; Granovetter, 1973; Lin, 2002; Putnam, 2001). Auf diese Weise werden divergierende Grundannahmen aufgedeckt und die Unterschiede zwischen den verschiedenen Ansätzen herausgearbeitet. Da soziale Unterstützung in der Forschungsliteratur insgesamt weniger theoretisiert wird, fällt die Darstellung etwas kürzer aus und fokussiert auf die Entwicklung der einzelnen Subkonzepte – eine Besonderheit dieses Felds (Barrera, 1986; Shumaker & Brownell, 1984). Die nun vorhandenen Grundlagen führen zu dem Konzept, das im Zentrum der Arbeit steht: Obwohl das wahrgenommene Sozialkapital (Ellison et al., 2007; Williams, 2006) und die wahrgenommene soziale Unterstützung im Rahmen unterschiedlicher Disziplinen entwickelt wurden, sind sie sich konzeptionell sehr ähnlich und unterscheiden sich auch deutlich von anderen verwandten Ideen (z. B. Vertrauen als eine Art Sozialkapital nach Putnam). Beide bieten durch die Differenzierung zwischen online und offline, sowie zwischen verschiedenen Subkonzepten, besonders gute Möglichkeiten, den Zusammenhang von Online-Mediennutzung mit der sozialen Eingebundenheit der Nutzenden zu messen. Gleichzeitig wurden im Zuge der Online-Forschung auch die theoretischen Differenzen zwischen den beiden Konzepten verwischt (Ellison et al., 2007; Williams, 2006).

In Kapitel 4 zeigt sich, dass auch Online-Mediennutzung differenziert werden muss. Zunächst einmal ist es entscheidend, nicht nur allgemeine Internetnutzung zu betrachten, sondern zwischen unterschiedlichen Online-Medien zu unterscheiden (Beck, 2006, 2010; Neuberger, 2007; Rössler, 2003; Wirth & Schweiger, 1999). Gleichzeitig gilt es, die Operationalisierung der Mediennutzung in den Primärstudien zu berücksichtigen. Obwohl die Messung dieser Variable zentral für die Kommunikationswissenschaft ist, wird die Konzeption von Online-Mediennutzung bis heute vergleichsweise selten reflektiert (Fishbein & Hornik, 2008; Valkenburg & Peter, 2013). Daher wird eine eigene Systematik auf Basis der Einteilung in der ISR (Burton-Jones & Straub, 2006) entwickelt, nach der die Messung der Online-Mediennutzung für den empirischen Teil der Arbeit erfolgen kann (vgl. Abbildung 4). Gleichzeitig kann die Systematik leicht erweitert werden, um die Messung von Online-Mediennutzung in verschieden Kontexten zu betrachten.

Kapitel 5 bildet das Bindeglied zwischen dem theoretischen und empirischen Teil der Arbeit. Als zentrale Forschungsdesiderate konnten im theoretischen Teil die Uneinheitlichkeit und Unübersichtlichkeit der Forschungsliteratur herausgearbeitet werden. Damit war das Forschungsinteresse für den empirischen Teil der Arbeit zweigeteilt. Zunächst sollte das Forschungsfeld kartographiert werden, um anschließend die Frage nach dem Zusammenhang von Online-Mediennutzung und den sozialen Ressourcen der Individuen über die unterschiedlichen Studien hinweg zu beantworten. Auf Basis der vorangegangenen Kapitel wurden ein Forschungsmodell sowie -fragen und -hypothesen entwickelt, die die Grundlage der empirischen Studie bilden.

In Kapitel 6 wird die Methode des systematischen Reviews erläutert und dargestellt (Bonfadelli & Meier, 1984; Borenstein et al., 2009; Card, 2012). Gemäß dem zweigeteilten Forschungsinteresse, welches sich aus den theoretischen Betrachtungen ergab, werden im empirischen Teil der Arbeit ein Survey und eine Metaanalyse durchgeführt. Weiterhin wird in Kapitel 6 der Ablauf der Studie dokumentiert und der Auswahl- und Codierprozess beleuchtet. Beide stellen sich als besonders umfangreich für die Arbeit heraus (vgl. Abbildung 11). Um die große Anzahl von Primärstudien bearbeiten zu können, die nach der Datenbankrecherche zur Auswahl standen, wurde dieser Auswahlprozess mehrstufig mittels einer Kombination aus manueller und automatischer Codierung durchgeführt.

Kapitel 7 stellt die erzielten Resultate der Studie vor. Zunächst werden die Ergebnisse des Survey berichtet und so das wissenschaftliche Gebiet von Interesse kartographiert. Dabei zeigt sich, dass vor allem allgemeine Internetnutzung und SNS analysiert werden und Online-Mediennutzung uneinheitlich, oft mit nicht validierten Skalen, gemessen wird. Zusätzlich erweisen sich Sozialkapital und soziale Unterstützung als durchaus disparate Forschungsfelder mit unterschiedlichen Schwerpunkten und Charakteristika. So betrachtet die Forschung zur wahrgenommenen sozialen Unterstützung oftmals allgemeine Internetnutzung und Foren. Dahingegen fokussiert die Forschung zu wahrgenommenem Sozialkapital vor allem auf SNS und verwendet die Intensitätsskala zur Messung von Online-Mediennutzung. Der Forschungsbereich soziale Unterstützung ist charakterisiert von der Verwendung einer unüberschaubaren Anzahl von Subdimensionen, die jeweils nur in wenigen Studien vorkommen und sich kaum zusammenfassen lassen. Die wissenschaftliche Auseinandersetzung mit dem wahrgenommenen Sozialkapital ist hingegen von der Skala von Williams (2006) geprägt und dadurch deutlich übersichtlicher. Obwohl sich die beiden Konzepte von der Grundidee und der Messung sehr ähnlich sind, sorgt die Verankerung in unterschiedlichen Disziplinen für unterschiedliche Vorgehensweisen.

Die Ergebnisse der Metaanalyse in dieser Arbeit können schließlich eine der drängendsten Fragen der Online-Forschung (Wilson et al., 2012), nämlich die nach dem Zusammenhang von Online-Mediennutzung und wahrgenommenen sozialen Ressourcen, über viele disparate Studien hinweg beantworten. Das in der Einleitung vorgestellte Video *Look up* ist in 2014 viel diskutiert worden. Es ermahnt die Menschen, mal vom Handy aufzuschauen und endlich, statt der computervermittelten, „echte“ Kommunikation zu erleben. Die Debatte, die sich nach Veröffentlichung des Videos bezeichnenderweise vor allem online entzündete, drehte sich darum, inwiefern Online-Medien für die soziale Eingebundenheit der Nutzenden schädlich sind. Die vorliegende Arbeit kann darauf antworten, dass die Sorgen, die in dem Video verbreitet werden, nicht begründet sind – zumindest wenn man die Eingebundenheit der Nutzenden mittels ihrer wahrgenommenen sozialen Ressourcen misst. Die hier erzielten Ergebnisse implizieren einen positiven Zusammenhang zwischen Online-Mediennutzung und wahrgenommenem Sozialkapital bzw. wahrgenommener sozialer Unterstützung.

Um diesen kleinen aber substantiellen Zusammenhang richtig einordnen zu können, lohnt der Hinweis darauf, dass Medieneffekte generell eher als klein einzuschätzen sind (z. B. ersichtlich in den unterschiedlichen Metaanalysen, die in dem Buch *Mass Media Effects Research*, herausgegeben von Preiss (2007), beschrieben werden; für eine andere Zusammenfassung von kleinen Medieneffekten aus Metaanalysen vgl. auch Valkenburg & Peter, 2013). D. h. im Falle der vorliegenden Arbeit, dass die Ergebnisse, die einen relativ kleinen Zusammenhang aufzeigen, durchaus zu den Resultaten anderer Metaanalysen in dem

Bereich passen und im Kontext der Medienwirkungsforschung keineswegs unterbewertet werden sollten. Die vorliegende Metaanalyse fußt auf einem sehr großen Sample von über 36.000 Befragten aus 66 unterschiedlichen Studien und stellt diese Antwort damit auf eine breite Datenbasis. In unterschiedlichen Detailmodellen konnte gezeigt werden, dass sowohl die Auswahl der Online-Medien als auch die Messung von Online-Mediennutzung einen Einfluss auf die hier untersuchte Relation haben. Gleichzeitig wurde deutlich, dass sich die Konzepte Sozialkapital und soziale Unterstützung unterscheiden, aber mehr noch die Dimensionen online, offline und unbestimmt der wahrgenommenen sozialen Ressourcen.

8.2 Limitationen der Arbeit

Die Limitationen, die im Folgenden aufgezählt werden, müssen bei der Interpretation der Ergebnisse zwingend berücksichtigt werden. Die Arbeit kann für sich in Anspruch nehmen, das Verhältnis von Online-Mediennutzung und wahrgenommenen sozialen Ressourcen ausgeleuchtet zu haben, indem sie eine bisher nicht unternommene Systematisierung des Bereichs vorgelegt hat. Der Vergleich zwischen unterschiedlichen Arten von Sozialkapital, wie in Kapitel 2 und 3 erwähnt, z. B. Größe der Netzwerke, Vertrauen, Nachbarschaftlichkeit etc., die in der Arbeit nur theoretisch besprochen, jedoch empirisch nicht vorgenommen werden konnte, bleibt ein weiterhin bestehendes Forschungsdesiderat. In der vorliegenden Studie werden ausschließlich zwei sehr eng verwandte Konzepte wahrgenommenes Sozialkapital und wahrgenommene soziale Unterstützung empirisch geprüft und trotz aller Nähe auch Unterschiede zwischen ihnen festgestellt. Die Ausweitung der metaanalytischen Betrachtung auf weitere Sozialkapitalkonzepte und deren Vergleich würden helfen, diese besser einordnen und das Gebiet detaillierter beschreiben zu können. Das hier vorgelegte Instrument, könnte zu dieser Untersuchung gewinnbringend eingesetzt werden.

Die Adaption einer Methode aus einer anderen Disziplin – hier die Metaanalyse, die vor allem in Medizin und Psychologie verwendet wird – bringt erwartungsgemäß Schwierigkeiten mit sich. Gleichzeitig verstärken der interdisziplinäre Charakter der vorliegenden Fragestellung und die Popularität des Forschungsfelds diese Schwierigkeiten zusätzlich. Das wurde bereits bei der Literaturrecherche in EBSCO-Host ersichtlich: So musste die Suche nach den relevanten Suchbegriffen auf Abstract und Titel der Primärstudien beschränkt werden, weil eine Volltextsuche eine Anzahl an Treffern lieferte, die aus forschungsökonomischen Gründen nicht händisch als Volltext gesichert werden konnten. In Volltexten wird oftmals nebenbei auf das populäre Konzept der sozialen

Ressourcen verwiesen, auch wenn es nicht Gegenstand der entsprechenden Studie ist. D. h. die Suche im Volltext liefert noch mehr falsch positive Treffer, die im Rahmen dieser Arbeit ebenfalls aus forschungsökonomischen Gründen nicht bearbeitet werden können. Die Fokussierung auf die Titel und Abstracts der Primärstudien ist diesem Umstand geschuldet und von der Annahme geleitet, dass die wichtigsten Informationen einer Studie kompakt im Titel und Abstract wiedergegeben sind. Natürlich muss das – insbesondere angesichts von wenig standardisierten Abstracts in den Sozialwissenschaften – nicht immer der Fall sein.

Aufgrund der Breite und Popularität des Forschungszweigs war die Anzahl der Treffer nach der Datenbankrecherche auch so nur in verschiedenen arbeits- und zeitaufwendigen Schritten zu bändigen. Eine erfolgreiche Antwort auf diese große Anfangsdatenmenge liegt in der Kombination von automatischer und manueller Inhaltsanalyse, durch die die Anzahl der Primärstudien erheblich reduziert wurde. Die weiteren Codierungen für die Auswahl der Studien und die Ermittlung der Effektstärken wurden manuell vorgenommen. Es bedarf allerdings sehr aufwendiger mehrmaliger Schulungen sowie eines sehr genauen Codebuchs, um die zufriedenstellende Reliabilität bei der Codierung komplexer Konzepte wie Sozialkapital und soziale Unterstützung innerhalb der Gruppe studentischer Codiererinnen und Codierer zu gewährleisten. Wenn man eine Metaanalyse konzipiert, müssen Forschende darauf gefasst sein, erheblich mehr in die Datenerhebung eingebunden zu werden als ursprünglich geplant. Weiterhin gilt zu bedenken, dass das Datenmanagement sehr aufwendig und sehr zeitintensiv ist.

Ein weiteres Problem ist, dass in allen Erhebungsschritten sehr viele missing data entstehen. Nicht alle Abstracts sind identifizierbar, nicht alle Volltexte zugänglich, nicht jede Studie berichtet die benötigten Werte – wenige Verantwortliche der Primärstudien sind bereit, den alten Datensatz noch einmal zu öffnen und die gewünschten Zusammenhänge für die Metaanalyse herauszusuchen oder zu berechnen. Nur in knapp 58 Prozent aller Fälle konnte das relevante Zusammenhangsmaß Pearson's r ermittelt werden. In Fachgebieten wie Medizin oder Psychologie sind standardisierte Darstellungen von Studien üblich, daher ist das Problem dort nicht so evident. Die Datenerhebung für die hier vorgestellte Metaanalyse hat deutlich gezeigt, dass diese eine echte Herausforderung in einem sozialwissenschaftlich geprägten Forschungsfeld ist, die auch von künftigen Metaanalysen zu bedenken ist. Zusätzlich besteht die Stichprobe letztlich fast nur aus englischsprachigen Journalartikeln. Ein möglicher publication bias muss bei der Interpretation der Ergebnisse immer mitbedacht werden.

Eine Folge der aufwendigen und zeitintensiven Codierung ist die Notwendigkeit eines schlanken Codebuchs, die Fokussierung auf die relevanten – ja, die nötigsten – Variablen. So hat die vorliegende Arbeit sich auf die Messung der Hauptkonzepte fokussiert und Drittvariablen auf Seiten der Nutzenden, die ebenfalls von vielen Primärstudien erhoben wurden sowie den Zusammenhang von Online-Mediennutzung und wahrgenommene soziale Ressourcen beeinflussen können, sehr reduziert. Zukünftige Metaanalysen sollten nach Möglichkeit mehr Drittvariablen auf der Seite der Nutzenden in das Untersuchungsdesign einbauen, um besser zeigen zu können, ob es spezifische Populationen gibt, für die diese Effekte insgesamt größer oder kleiner sind. In die Metaanalyse flossen ausschließlich die Ergebnisse von Querschnittsuntersuchungen ein. So bleibt die Richtung des Zusammenhangs empirisch letztlich ungeklärt, wie auch Veränderungen über die Zeit.

Einer der größten Kritikpunkte an der Metaanalyse ist – das klang in der Arbeit schon an –, dass sie Unvergleichbares – „apples and oranges" (Card, 2012, S. 25) – miteinander vergleiche. Auf diese Kritik lässt sich zunächst grundsätzlich auf der Metaebene antworten: Eine Arbeit, die ein Forschungsfeld systematisieren will, muss nun einmal genau diese uneinheitlichen Studien berücksichtigen und mit ihnen arbeiten. Schließlich ist die Forschungsrealität insbesondere in einem sozialwissenschaftlichen Gebiet uneinheitlich und daher auch oftmals intransparent. Das wird zwar oft beklagt, doch nur Systematisierungen können diese Uneinheitlichkeit offenlegen, einen Überblick bieten sowie neue Forschungsfragen generieren.

Um dieser Kritik auf methodischer Ebene zu begegnen, wird in der Arbeit in besonderem Maße auf eine sorgfältige Messung und einen umsichtigen Vergleich der unterschiedlichen theoretischen Konstrukte und ihrer Operationalisierungen geachtet. Durch die Offenlegung der unterschiedlichen Messmethoden soll gewährleistet werden, dass nur Vergleichbares miteinander verglichen wird. Durch die Einführung der verschiedenen Moderatoranalysen wird der Effekt dieser Uneinheitlichkeit transparent gemacht. Damit reicht die vorliegende Arbeit weit über den Horizont von Primärstudien hinaus. Schließlich gilt ebenfalls: „The use of case studies in psychological and social research is beset by extreme subjectivity which carries with it two important disadvantages – non-comparability and lack of precision" (Lazarsfeld & Robinson, 1940). Dieser vielbeklagten Subjektivität kann die vorliegende Arbeit eine systematische Übersicht entgegensetzen, sowohl theoretischer als auch empirischer Natur und damit das Forschungsfeld deutlich voranbringen.

8.3 Implikationen für das Forschungsfeld

8.3.1 Implikationen für die Theoriebildung

Die Ergebnisse der Arbeit offenbaren: Die theoretische Beschäftigung mit dem Zusammenhang von Online-Mediennutzung und wahrgenommenen sozialen Ressourcen hat einige Defizite und sollte vor dem Hintergrund aktueller Entwicklungen modifiziert werden. Daher werden hier die theoretischen Implikationen der erzielten Resultate dieser Studie für die untersuchten Konzepte und die zukünftige Erforschung des Themenbereichs diskutiert. Wichtig für die theoretische Neuausrichtung sind die gesellschaftlichen und technologischen Veränderungen, die für gewöhnlich unter dem Stichwort digitale Gesellschaft (Kap. 8.3.1.1) zusammengefasst werden. Außerdem die erneute Betrachtung der unterschiedlichen Forschungsfelder, Dimensionen und Subdimensionen der wahrgenommenen sozialen Ressourcen (Kap. 8.3.1.2).

8.3.1.1 Gesellschaftliche und technologische Veränderungen

Der Zusammenhang von Online-Mediennutzung und wahrgenommenen sozialen Ressourcen ist seit dem Aufkommen des Internets ein relevantes und beliebtes Thema in der wissenschaftlichen Forschung und öffentlichen Diskussion (vgl. Kap. 2). Dass dieser Forschungsbereich sich ungebrochener Popularität erfreuen kann zeigt z. B. die kürzlich erschienene Sonderausgabe der Zeitschrift *Societies* zu dem Thema *Social media and social capital* (Utz & Muscanell, 2015). Da die rege Forschungstätigkeit aller Erwartung nach nicht nachlassen wird, bedarf es einiger theoretischer Modifikationen um mit dem Konzept an aktuelle gesellschaftliche Entwicklungen anschließen zu können.

In Kapitel 3 ist beschrieben, dass die Perspektive auf die Gesellschaft je nach Forschendem unterschiedlich ist: Pierre Bourdieus (1987a, 1987b) starres Gesellschaftsbild ist von der Einteilung in soziale Klassen geprägt und gesellschaftliche Mobilität ist kaum vorstellbar. Robert Putnam (2001) beklagt hingegen den Verfall von Sozialkapital in einer veränderten und sich weiter ändernden US-amerikanischen Gesellschaft und reduziert die Individuen weitgehend zu Produzenten von gesellschaftlich relevanten Ressourcen. Nan Lins (2002) Ansatz ist durch die Einnahme der Netzwerkperspektive, die sowohl die handelnden Individuen als auch die sie einschließende Struktur berücksichtigt, geeignet, die Defizite der beiden Perspektiven auszugleichen – das Werk wird aber (noch) nicht weitreichend rezipiert. Die Forschung zur sozialen Unterstützung ist eine größer angelegte Theorie bis heute schuldig geblieben (Barrera, 1986; Shumaker & Brownell, 1984).

Doch nicht nur die konfligierenden theoretischen Zugänge sind problematisch, sondern vor allem auch das Fehlen der Theorie, die die wahrgenommenen sozialen Ressourcen der Individuen vor dem Hintergrund der aktuellen gesellschaftlichen und technologischen Entwicklungen, die unter den Stichwörtern digitale Gesellschaft oder auch Informationsgesellschaft[27] zusammengefasst werden, einordnet. Die meisten der in Kapitel 3 aufgezählten Theoretiker kannten zur Zeit ihrer Forschung das Medium Internet gar nicht. Lin (2002) und Putnam (2001), die als Einzige die Bedeutung der gerade aufkommenden Online-Medien in ihren Büchern anreißen, fehlte zu diesem Zeitpunkt die Möglichkeit, die massive Verbreitung und Ausdifferenzierung der Internetnutzung oder gar die damit verbundenen Konsequenzen für das Leben der Einzelnen abzusehen. Im Zuge des Aufkommens der Online-Forschung wurde die Untersuchung des Konzepts der wahrgenommenen sozialen Ressourcen vor allem in empirischen Studien vorangetrieben (z. B. Chang & Zhu, 2012; Ellison et al., 2007, 2011; Valkenburg et al., 2006; Yoder & Stutzman, 2011; Williams, 2006). Eine den Forschungsbemühungen entsprechende vertiefte theoretische Reflexion angesichts der Online-Medien ist bis heute ausgeblieben. Etwas mehr als eine Dekade nach Lins (2002) und Putnams (2001) Werken unterscheidet die heutige digitale Gesellschaft vom Amerika zu Anfang des neuen Jahrtausends mehr als nur eine verstärkte Nutzung des Internets. Eine Ausdifferenzierung der Online-Medien (Beck, 2006, 2010; Neuberger, 2007; Rössler, 2003; Wirth & Schweiger, 1999), das Aufkommen von mobilen Technologien (Humphreys, von Pape, & Karnowski, 2013) und damit verbunden das Phänomen des „being permanently online“ (Vorderer & Kohring, 2013, S. 190; ähnlich auch Vorderer et al., 2015) sind neue relevante Entwicklungen, die theoretisch eingeordnet werden müssen. Rezipierende nutzen demnach nicht mehr einzelne Online-Medien, sie verfügen über ein vielfältiges Kommunikationsrepertoire (Hasebrink, 2015), das ihnen quasi immer und überall zur Verfügung steht.

> The Internet allows people to communicate seemingly independent from time and place – that is, potentially always and everywhere. People are no longer subject to individual messages; rather, they seem to communicate and interact almost permanently. (Vorderer & Kohring, 2013, S. 188)

[27] Diese Begriffe werden zunehmend für die Vielzahl der Entwicklungen auf der Makro-, Meso- und Mikroebene benutzt, die im Zuge der weltweiten Vernetzung durch Onlinetechnologien entstehen. Weitere Informationen dazu z. B. unter http://www.digital-ist.de/ oder http://europa.eu/pol/infso/index_de.htm.

Diese neue Nutzungsform stellt die Wissenschaft vor eine Herausforderung: Der Nutzende ist potentiell immer online, hat durch das Smartphone, Tablet, Laptop, Fernseher, Spielekonsole, etc. immer Zugang zu verschiedenen Online-Medien und ist durch sie immer erreichbar. Die besonders im Bereich online starke Medienkonvergenz (Beck, 2006) und die zunehmende Vernetzung der einzelnen Online-Medien verstärken die Notwendigkeit, den Blick auf die Einzelangebote durch die Gesamtschau zu ersetzen (Bjur et al., 2014; Hasebrink, 2015). Damit wäre eine nutzungszentrierte Perspektive verbunden und die Frage „Welche Medienangebote stellt sich ein Individuum im Zuge seines Alltagshandelns zusammen?“ (Hasebrink, 2015, S. 4).

Diese Überlegungen sind noch nicht ausdrücklich auf den Themenbereich Online-Mediennutzung und soziale Ressourcen übertragen worden, spielen aber offensichtlich auch hier eine große Rolle. Unterschiedliche Online-Medien werden von den Rezipierenden mehr oder weniger zielgerichtet eingesetzt um zu kommunizieren, sich zu informieren und unterhalten zu lassen sowie um selbst neue Inhalte zu erstellen. Medieninhalte dienen gleichzeitig der sozialen Anschlusskommunikation (Friemel, 2013). Der Aufbau und die Pflege der wahrgenommenen sozialen Ressourcen werden zukünftig vermutlich immer mehr in einer komplexen Online-Kommunikationsumgebung stattfinden.

Weitere drängende Desiderata sind Fragen nach Sicherheit und Privatsphäre bei der Nutzung von Online-Medien sowie die Beobachtung der Entstehung von Online-Gemeinschaften mit negativen Auswirkungen für die Individuen. Zu den Risiken der Online-Mediennutzung gehören Phänomene wie z. B. Cybermobbing (z. B. Festl, Scharkow, & Quandt, 2015), Flaming (z. B. Lee, 2005) oder der Kontakt mit extremistischen Gruppierungen[28] über Online-Medien. Alle diese Phänomene können als soziale Handlungen angesehen werden und zielen oftmals auf eine sozialen Einbettung der Handelnden ab. Obwohl sie dem Nutzenden unter Umständen auch genau diese liefern können, verkehren sie die eigentlich erwünschten und positiven Konsequenzen, die mit sozialen Ressourcen traditionell verbunden werden, genau in ihr Gegenteil – für den Nutzenden und/oder für die soziale Umgebung. Eine neue Theorie zum Zusammenhang von Online-Mediennutzung und wahrgenommenen sozialen Ressourcen sollte auch diese negative soziale Eingebundenheit berücksichtigen. Bereits Lin (2002) diskutiert mögliche negative Auswirkungen von Online-Medien auf die sozialen Ressourcen der Individuen. Hierzu gehören u. a. Nachteile für bestimmte Populationen, unerwünschte Nachrichten von Werbung bis Propaganda sowie Probleme bei der Wahrung der Privatsphäre. Doch aktuelle Entwicklun-

[28] Weitere Informationen hier: http://www.cicero.de/weltbuehne/terroranwerbung-bei-facebook-eine-freundschaftsanfrage-vom-islamischen-staat/58946

gen fordern eine vertiefte theoretische Auseinandersetzung mit diesen negativen Konsequenzen, auch von der Forschung zu wahrgenommenen sozialen Ressourcen.

Gleichzeitig gilt es, die frühe Online-Forschung hinter sich zu lassen. In Kapitel 2 wurde herausgearbeitet, dass die Grundannahmen (vgl. Tabelle 1) über die Beziehung von Online-Mediennutzung und der sozialen Eingebundenheit der Nutzenden bereits hier entstanden sind und seitdem das Forschungsfeld beherrschen. Diese Forschungsfragen werden immer wieder neu gestellt, die Thesen immer wieder neu geprüft. Die vorliegende Arbeit konnte einen kleinen positiven Zusammenhang zwischen den untersuchten Variablen aufzeigen (vgl. Kap. 7). Sie zeigt aber auch, dass es keine einfach Antwort auf die Frage nach dem Zusammenhang von Online-Mediennutzung und den sozialen Ressourcen der Individuen geben kann und dass viele Fragen offenbleiben. Eine Rückbesinnung auf die Theoretiker, die in Kapitel 3 der Arbeit besprochen wurden, kann helfen neue Forschungsfragen zu formulieren, auch abseits der Suche nach positiven und negativen Effekten des Internets auf die traditionellen sozialen Ressourcen. Mit der Entledigung des theoretischen Ballastes im Zuge des Aufkommens der Online-Forschung (vgl. Kap. 3) wurde nämlich substantielle theoretische Vorarbeit verschenkt. Beispielsweise ist ein Rückblick auf das Feldkonzept von Bourdieu, welches in seinem Werk untrennbar mit dem Begriff des Kapitals verbunden ist, vielversprechend. Die unterschiedlichen Kapitalformen bilden die Differenzierungskriterien der Felder und die Handlungschancen der Akteurinnen und Akteure in diesen Feldern ab (Barlösius, 2006; Bourdieu, 1983; Schwingel, 2003). Die Differenzen, die die Ergebnisse dieser Arbeit zwischen den verschiedenen Dimensionen von sozialen Ressourcen aufzeigen, könnten auf verschiedene Handlungschancen in unterschiedlichen Feldern hinweisen. Welche die relevanten Felder in der immer weiter ausdifferenzierten und komplexen digitalen Gesellschaft sind. Inwiefern die Handlungschancen der Individuen in diesen Feldern durch Online-Mediennutzung verändert werden, wäre eine theoretische Vertiefung der momentanen, zunehmend unrealistischen online/offline Dichotomie.

Genauso vielversprechend ist Lins Netzwerkansatz, der über die Eigenschaften der einzelnen Individuen hinausführt und ihre Eingebettetheit in die sie umgebende Sozialstruktur herausstellt. Lin (1999, 2002) betont, dass die möglichen Ressourcen zwar den Individuen zur Verfügung stehen, aber in soziale Netzwerke eingebunden sind. Wenn man dieser Argumentation folgt, lohnt insbesondere ein Blick auf die Positionen, die den Zugang zu bestimmten Ressourcen und damit zu mehr Macht und Autorität bieten. Gleichzeitig gilt es, die Individuen umgebenden sozialen Strukturen zu untersuchen. Obwohl die soziale Netzwerkanalyse für die Forschung zu den sozialen Ressourcen (Bernhard,

2008) gut geeignet ist, wird sie vergleichsweise selten (eine Ausnahme ist z. B. Brooks et al., 2014) im untersuchten Themenbereich eingesetzt. Das liegt auch daran, dass diese explizite theoretische Verbindung der beiden Felder durch Lin (1999, 2002) bisher eher selten rezipiert wird. Gerade im Zuge der zunehmenden Mobilität der Individuen und der Erweiterung der sozialen Kreise über die traditionell wichtigen familiären und geographisch nahen Verbindungen (Duggan & Smith, 2013; Fischer, 1982; Quitney & Rainie, 2010) stellt sich die Frage, welche Rolle Online-Mediennutzung bei der Bildung und Aufrechterhaltung von sozialen Ressourcen in den relevanten Netzwerken spielt.

8.3.1.2 Das Konzept der wahrgenommenen sozialen Ressourcen

Die Resultate der vorliegenden Arbeit zeigen, dass das Verhältnis der beiden Forschungsfelder, Sozialkapital und soziale Unterstützung, neu austariert werden muss. Bereits 1988 forderten House et al. (1988) eine Ankopplung der psychologisch orientierten Forschung zur sozialen Unterstützung an die Soziologie. Fast drei Jahrzehnte später ist die vorliegende Untersuchung ein erster Schritt in diese Richtung. In Kapitel 3 wurde aufgezeigt, dass man sowohl wahrgenommenes Sozialkapital als auch wahrgenommene soziale Unterstützung unter den Oberbegriff wahrgenommene soziale Ressourcen subsummieren kann. Die hier vorgeschlagene Betrachtung von wahrgenommenen sozialen Ressourcen könnte die Kräfte zweier Disziplinen bündeln und den Blick für wichtige Fragen über ihre Grenzen hinweg freigeben.

In der vorliegenden Arbeit wurde aufgezeigt, dass sich das Konzept soziale Ressourcen quasi organisch über die Zeit entwickelt hat. Verschiedene Theoretiker und Theoretikerinnen setzten sich damit auseinander und entwickelten oftmals parallel mehr oder weniger unterschiedliche Ansätze (vgl. Kap. 3). Die Ergebnisse geben Hinweise darauf, dass sich auch das empirische Forschungsinteresse im Laufe der Zeit verändert hat. Mit dem Aufsatz von Williams (2006, für eine Kritik an dem Ansatz siehe Appel et al., 2014) setzt eine Entwicklung in dem Forschugsfeld ein, die man als die Sozialkapital-Wende bezeichnen könnte. Fortan ist dieses wahrgenommene Sozialkapital, mit seinen auf die Online-Mediennutzung zugeschnittenen Dimensionen online und offline, verstärkt ins Blickfeld der Primärstudien gerückt. Ein wichtiges Ergebnis der vorliegenden Arbeit ist, dass es durchaus Unterschiede zwischen der Dimension online und dem nicht weiter differenzierten Konzept der sozialen Ressourcen gibt. Der positive Zusammenhang von verschiedenen Online-Medien mit dem untersuchten Zusammenhang für die Dimension online ist übereinstimmend mit der bisherigen Forschungsliteratur (z. B. Ellison et al., 2007; Williams, 2006).

Bis heute fehlt aber eine theoretische Fundierung, warum die Dimensionen online und offline zu unterscheiden sind und wie diese Unterscheidung angesichts der Entwicklungen, die unter dem Stichwort digitale Gesellschaft (vgl. Kap. 8.3.1.2) zusammengefasst werden, zukünftig aussehen soll.

Die Annahme, dass Online-Kommunikation die wertvollere Offline-Kommunikation verdrängt und damit auch die wichtigeren Offline-Kontakte durch die weniger wertvollen Online-Kontakte ersetzt werden, wurde im Zuge frühen Online-Forschung (vgl. Tabelle 1) formuliert. Die auf Granovetter (1973), Putnam (2001) und Lin (2002) basierende Annahme der unterschiedlichen Kontaktarten wurde dabei grundsätzlich verändert. Einige Online-Forschende (z. B. Williams, 2006) vertreten die Idee, dass die Individuen unterschiedliche Arten von sozialen Verbindungen online (= schwache Verbindungen oder bridging) und offline (= starke Verbindungen oder bonding) pflegen. Das bereits erwähnte Phänomen permanently online (Vorderer & Kohring, 2013; Vorderer et al., 2015), die fast vollständige Verbreitung von Smartphones und Internetzugang über alle Alterskohorten hinweg (Eimeren & Frees, 2014) sowie die zunehmende geographische Mobilität der Individuen sorgen dafür, dass eine Unterscheidung von Kontaktpersonen online und offline zunehmend schwierig oder gar obsolet wird. Diese dichotome Einteilung in online und offline scheint also zu kurz zu greifen. Trotzalledem stellen empirische Studien jedoch oft einen empirischen Unterschied zwischen den beiden Sphären fest, wie auch die vorliegende Metaanalyse.

Wie lassen sich nun diese Unterschiede zwischen den verschiedenen Dimensionen online und offline erklären? Eine zeitgemäßere These vor dem Hintergrund der Ergebnisse der Arbeit wäre nun die, dass mit zunehmender Online-Mediennutzung, die traditionellen sozialen Ressourcen der Rezipierenden, die bisher offline verortet wurden, nach und nach an Relevanz verlieren. Das heißt allerdings nicht, dass die wichtigen Kontaktpersonen nicht erhalten bleiben, sondern nur, dass sich die Kommunikation mit ihnen verändert. Aufgrund der Verbreitung von Internetnutzung auch in älteren Bevölkerungsgruppen und der Ausweitung der Mobiltechnologien wird immer mehr, auch mit traditionell als offline eingeordneten Gruppen, z. B. mit der Familie, durch eine Vielzahl von Online-Medien wie SNS, Fotodienste, E-Mail, Text- und Videochat kommuniziert. Das heißt also, dass die Online-Ressourcen, die permanent verfügbar sind und immer mehr Personenkreise einschließen, die wichtigeren Ressourcen werden, während die reinen Offline-Ressourcen insgesamt abnehmen.

Die Thesen aus der frühen Online-Forschung (vgl. Kap. 2), können damit modifiziert werden. Der hier gefundene positive Zusammenhang der beiden Variablen insgesamt impliziert zunächst die Gültigkeit der social augmentation-Hypothese, die postuliert, dass Online-Kontakte Offline-Kontakte einfach ergänzen, statt sie zu ersetzen. Betrachtet man allerdings die positiven Auswirkungen der verschiedenen Online-Medien auf die Relation für die Dimension online und die negativen Auswirkungen der verschiedenen Online-Medien auf die Relation für die Dimension unbestimmt, scheint die social displacement-Hypothese gültig, die postuliert, dass Online-Kontakte die wertvolleren Offline-Kontakte ersetzen. Wenn die hier entwickelte These, dass die Offline-Ressourcen zunehmend an Relevanz entwickeln, zutrifft, kann die *social media shift*-Hypothese formuliert werden. Diese postuliert, dass die Nutzung von Online-Medien grundsätzlich eine positive Auswirkung auf die wahrgenommenen sozialen Ressourcen der Individuen hat. Doch es findet eine Veränderung in der Zusammensetzung dieser Ressourcen statt: Aufgrund der technologischen und gesellschaftlichen Entwicklungen verändern sich die Kommunikationsgewohnheiten der Individuen und die Relevanz der Online-Ressourcen nimmt zu während die Bedeutung der Offline-Ressourcen abnimmt. Insgesamt (und im Gegensatz zu der Annahme der social displacement-Hypothese) verändert sich der Wert der sozialen Ressourcen nicht, da nach und nach alle sozialen Kontakte (auch) online gepflegt werden. Die theoretische Fundierung der Dimensionen sowie Subdimensionen und die Prüfung der hier aufgeworfenen These könnte ein erstes gemeinsames Projekt beider Disziplinen werden.

8.3.2 Implikationen für die empirische Forschung

Obwohl die Forschung zum Zusammenhang von Online-Mediennutzung und wahrgenommenen sozialen Ressourcen ein wichtiges Thema geworden ist, fehlt bis heute eine systematische Herangehensweise, die aufdeckt, welche Bedeutung unterschiedliche Variablen für die empirische Forschung zu diesem Thema haben. Hier wird daher die Implikation der erzielten Resultate dieser Arbeit für die zukünftige empirische Erforschung im vorliegenden Forschungsbereich diskutiert. Insbesondere sollen dabei die Rolle von Online-Medien (Kap. 8.3.2.1), Online-Mediennutzung (Kap. 8.3.2.2), wahrgenommene soziale Ressourcen (Kap. 8.3.2.3) sowie Studien- und Samplecharakteristika (Kap. 8.3.2.4) betrachtet werden.

8.3.2.1 Die konzeptionelle Trennung verschiedener Online-Medien

Die theoretische Unterscheidung vom Internet als technische Infrastruktur in eine Vielzahl von unterschiedlichen Online-Medien, wie sie von verschiedenen Kommunikationswissenschaftlern und -wissenschaftlerinnen gefordert wurde

(z. B. Beck, 2006, 2010; Neuberger, 2007; Rössler, 2003; Wirth & Schweiger, 1999), wird im vorliegenden Forschungsfeld empirisch bislang nicht immer so umgesetzt. In immerhin einem Drittel aller in der Metaanalyse analysierten Fälle wird allgemeine Internetnutzung untersucht. Auch ist eine einseitige Beschäftigung mit bestimmten Online-Medien erkennbar: Während SNS und allgemeine Internetnutzung quasi überforscht sind, werden andere Online-Medien kaum untersucht, wie z. B. Foto-, Musik- oder Videocommunitys, die – nicht nur, aber insbesondere – bei jüngeren Alterskohorten eine herausgehobene Rolle spielen (Eimeren & Frees, 2014; Moore, 2011). Das heißt auch, dass ein Großteil unseres Wissens über den Zusammenhang von Online-Mediennutzung und den wahrgenommenen sozialen Ressourcen der Individuen auf die Untersuchung von allgemeiner Internetnutzung und SNS basiert.

Während zunehmend Forderungen laut werden, nicht mehr allgemeine, sondern zunehmend spezifische Online-Medien zu untersuchen (Valkenburg & Peter, 2013), ist die empirische Realität anders. Zwei Drittel aller Fälle für die Metaanalyse beschäftigen sich mit allgemeiner Mediennutzung. Wenn ein spezifisches Online-Medium betrachtet wird, ist es in der Hälfte der Fälle Facebook.

Als ein interdisziplinär orientiertes Fach mit dem Fokus auf Medien, gilt es jetzt insbesondere für die Kommunikationswissenschaft, die Rolle der Online-Medien und der unterschiedlichen Arten, Online-Mediennutzung zu messen, für die soziale Eingebundenheit der Nutzenden herauszuarbeiten. Die hier erzielten Resultate zeigen, dass verschiedene Online-Medien unterschiedliche Beziehungen mit der Relation von Interesse zeigen. Für die Dimension online gilt, dass sowohl die Nutzung von Blogs, Chat, Foren und SNS einen positiven Zusammenhang mit der untersuchten Relation aufweisen. Diese dimensionsspezifischen Effekte von verschiedenen Online-Medien weisen darauf hin, dass es keine generellen Effekte gibt, sondern immer zwischen Online-Medium und Dimension von sozialer Ressource unterschieden werden muss.

Onlinespiele haben keinen Effekt im Basismodell (vgl. Tabelle 16), aber einen negativen Zusammenhang mit der untersuchten Relation, wenn man diejenigen Fälle betrachtet, in denen nicht nach den Dimensionen online und offline differenziert wird (unbestimmt) (vgl. Tabelle 18). Mögliche negative Effekte von digitalen Onlinespielen werden insbesondere in der öffentlichen Diskussion und Forschungsliteratur häufig thematisiert (Griffiths & Hunt, 1998; Domahidi & Quandt, 2015; Wan & Chiou, 2006). Die Resultate der Arbeit zeigen, dass dieser Effekt klein ist und nur in einem ganz spezifischen Kontext entsteht. In diesem spezifischen Kontext zeigt aber auch die Nutzung von Chats einen negativen Zusammenhang mit der untersuchten Relation. Hier ist weitere empirische Forschung, aber auch Theoriearbeit nötig, um herauszuarbeiten, warum gerade diese Online-Medien für die Dimension unbestimmt eine negative Auswirkung zeigen.

Soziale Netzwerkseiten haben einen positiven Zusammenhang mit der untersuchten Relation in allen Modellen. Weitere Forschung ist von Nöten um festzustellen, inwiefern sich diese Online-Medien von den anderen unterscheiden und welche ihrer Eigenschaften zu dieser herausgehobenen Rolle führt. Weiterhin gilt es zu fragen, ob das für SNS im Allgemeinen gilt oder ob das spezifische Medium Facebook besonders förderlich für die soziale Eingebundenheit der Nutzenden ist. Dazu ist auch Forschung zu anderen sozialen Netzwerken abseits von Facebook nötig, denn aufgrund der geringen Varianz in den Daten konnte diese Frage in der vorliegenden Untersuchung nicht geprüft werden.

Für Studien, die zukünftig eine permanente Online-Mediennutzung messen müssen, geht es fortan darum, die Vielfalt dieser Medien und die parallele Nutzung durch die Individuen zu erfassen. An diesen Studien mangelt es bis heute, doch gerade diese Analyse der Rolle von einzelnen Online-Medien im Kommunikationsrepertoire der Nutzenden (Hasebrink, 2015) insgesamt verspricht zukünftig interessante Ergebnisse für das komplexe Thema soziale Ressourcen zu liefern.

8.3.2.2 Die standardisierte Messung von Online-Mediennutzung

Die hier erzielten Resultate zeigen, dass zwischen der unterschiedlichen Messung der Nutzung von Online-Medien differenziert werden muss. Die Arbeit erweitert damit den Blick auf die Rolle des Beobachtungsinstruments bei der Ermittlung der Ergebnisse in dem Forschungsfeld. Die Ergebnisse dieser Arbeit zeigen für die Messung der Online-Mediennutzung durch Nutzungsfrequenz (für soziale Unterstützung) und die Intensitätsskala (für Sozialkapital) einen positiven Zusammenhang mit der untersuchten Relation, während es für die anderen Messarten keinen signifikanten Zusammenhang gibt. Die besondere Rolle der Messart Intensität deutet darauf hin, dass eventuell nicht Mediennutzung im Sinne von exposure die entscheidende Kategorie ist, sondern wie emotional involviert das Individuum ist und mit wie vielen Personen es kommuniziert. Es zeigt sich in der vorliegenden Arbeit allerdings auch, dass der Einsatz bspw. der Intensitätsskala ohne eine grundlegende theoretische Einbettung, eher neue Fragen aufwirft als die gestellten beantwortet.

Eine modifizierte Messung von Mediennutzung dürfte zukünftig an Bedeutung gewinnen: Neuere Technologien, die gerade im Entwicklungsstadium sind, aber in weiterentwickelten Form in den nächsten Jahren noch eine große Rolle spielen könnten, wie Google Glass[29] oder Apple Watch[30], könnten die Online-Mediennutzung weiter verändern. Vermutlich gibt es zukünftig immer weniger Momente, in denen keine Online-Mediennutzung stattfindet. Das heißt aber auch, dass diese Kategorie – die Messung der Online-Mediennutzung als exposure (vgl. Kap. 4) – zunehmend nutzlos wird, da keine Varianz zwischen den Nutzenden damit aufgeklärt werden kann. D. h. auch die Messung der Online-Mediennutzung muss sich verändern.

Reichhaltigere subjektive Messarten wie die Intensitätsskala könnten zunehmend wichtig werden, denn sie sagen auch etwas über die Relevanz der Online-Medien für die Rezipierenden aus. Gleichzeitig muss eine theoretische Diskussion darüber entstehen, was es nun heißt, wenn mittels subjektiver Messarten eine permanente Nutzung gemessen werden soll (Valkenburg & Peter, 2013) oder reichhaltigere Messmethoden eingeführt werden. Diese theoretische Diskussion ist z. B. bei der Intensitätsskala (Ellison et al., 2007) bislang ausgeblieben. In dieser Arbeit wurde aber deutlich, dass die Verwendung einer solchen Skala die Ergebnisse von Primärstudien stark beeinflussen kann. Ohne eine entsprechende theoretische Fundierung bleibt allerdings unklar, wie diese ermittelten Effekte einzuordnen sind.

Die Einordnung der verschiedenen subjektiven Messverfahren für Online-Mediennutzung kann dabei nach dem Schema, das in dieser Arbeit in Anlehnung an Burton-Jones und Straub (2006) entwickelt wurde (vgl. Kap. 4), erfolgen. Dafür wurde eine Typologie der subjektiven Mediennutzungsmessung entwickelt, die 1) zwischen allgemeiner Internetnutzung und unterschiedlichen Online-Medien, 2) zwischen allgemeinen und spezifischen Online-Medien, 3) zwischen der allgemeinen Nutzung dieser Online-Medien (ob allgemein oder spezifisch), ihren Funktion(en) und Nutzungsart(en) sowie 4) zwischen den unterschiedlichen Messarten der Online-Mediennutzung unterscheidet (vgl. Abbildung 4). Eine Erkenntnis aus der vorliegenden Untersuchung ist nun auch, dass empirische Studien häufig nicht so genau bei der Messung der Online-Mediennutzung differenzieren. Die Ermittlung der Internetnutzung dominiert zusammen mit SNS das Feld, es werden zumeist allgemeine Online-Medien betrachtet. Gut die Hälfte aller Fälle dreht sich allgemein um die Betrachtung der Mediennutzung. Nur ein Viertel analysiert eine bestimmte Nutzungsart, während ca. ein Achtel eine bestimmte Funktion eines allgemeinen oder spezifischen Online-Mediums untersucht. Zukünftige Studien sollten die Messung der Online-Mediennutzung daher besser differenzieren.

[29] Weitere Informationen hier: http://www.google.de/glass/start/
[30] Weitere Informationen hier: https://www.apple.com/watch/

Neben der Modifizierung der Nutzungs-Messung ist die Entwicklung und Validierung von Online-Mediennutzungs-Maßen ein wichtiges Projekt für die Kommunikationswissenschaft. Bei der Erhebung der Variable wahrgenommene soziale Ressourcen werden oftmals etablierte Skalen verwendet. Für die Messung der Online-Mediennutzung sind hingegen zumeist nicht validierte eigene Messverfahren in Benutzung. Unterschiedliche Operationalisierungen für Online-Mediennutzung können aber beim Zustandekommen von Ergebnissen eine große Rolle spielen (Fishbein & Hornik, 2008; Prior, 2009; Scharkow, 2014; Valkenburg & Peter, 2013) Umso wichtiger ist eine mittelfristige Standardisierung der Messung von Online-Mediennutzung: „An important cause of the small and sometimes inconsistent media effects that has been identified frequently is the difficulty of measuring media exposure in a reliable and valid way" (Valkenburg & Peter, 2013, S. 200).

Valkenburg und Peter (2013) machen auf ein weiteres Problem aufmerksam: Die subjektive Messung von Mediennutzung, wie sie im Forschungsfeld zum Zusammenhang von Online-Mediennutzung und wahrgenommenen sozialen Ressourcen fast ausschließlich verwendet wird, kann zu spezifischen Problemen führen. Nutzende können sich z. B. nur schlecht an ihre Nutzungszeit erinnern (Scharkow, 2014), sind permanent online (Vorderer & Kohring, 2013), nutzen mehrere Medien gleichzeitig (Moreno et al., 2012) oder wollen sozial erwünschte Antworten liefern. Diese Probleme subjektiver Messverfahren konnten in der Arbeit nur diskutiert, jedoch nicht empirisch bearbeitet werden.

Objektive Messverfahren für Online-Mediennutzung werden zukünftig an Bedeutung gewinnen. Durch das automatische Erfassen der Nutzung ist es schon heute möglich, das Nutzungsverhalten der Individuen genauer, detaillierter und verlässlicher zu messen als es mit der subjektiven Methode möglich ist. Erste Studien (z. B. Gilbert & Karahalios, 2009; Golder, Wilkinson, & Huberman, 2007; Scharkow, 2014; Ugander et al., 2011) zeigen die neuen Erhebungs- und Auswertungsmöglichkeiten auf. Doch ohne eine fundierte Theorie werden die Ergebnisse der Studien, die diese neuen Verfahren einsetzen, wenig nützlich und aussagekräftig sein (Günther & Quandt, 2015; Mahrt & Scharkow, 2013; Zamith & Lewis 2015). Im Moment hinkt diese zwingend notwendige theoretische Fundierung allerdings der technologischen Weiterentwicklung bei den Erhebungs- und Auswertungsmöglichkeiten noch hinterher.

8.3.2.3 Unterschiedlichen Dimensionen der wahrgenommenen sozialen Ressourcen

Die erzielten Ergebnisse zeigen zwar Differenzen in den Forschungsfeldern Sozialkapital und soziale Unterstützung, aber letztlich sehr ähnliche Zusammenhänge zwischen den Variablen von Interesse. Vermutlich lassen sich die Unterschiede vor allem darauf zurückführen, dass eine jeweils unterschiedliche Forschungspraxis herrscht und sowohl die Konzepte selbst als auch bspw. Online-Mediennutzung unterschiedlich gemessen werden. Die in der Arbeit erzielten Resultate zeigen, dass weniger die Unterscheidung zwischen den beiden Forschungsfeldern wichtig ist als vielmehr die Differenzierung auf Ebene der Dimensionen der wahrgenommenen sozialen Ressourcen.

In den Primärstudien wird aber zumeist – nämlich in gut der Hälfte der Fälle – keine Unterscheidung zwischen online oder offline getroffen. Vor allem gilt das im Bereich sozialer Unterstützung. Im Feld wahrgenommenes Sozialkapital ist die Disziplin zur Standardisierung (eine einheitliche Skala) und Differenzierung (online vs. offline, bridging vs. bonding) größer. Leider ist das Feld soziale Unterstützung von einer Vielzahl an Skalen und Subdimensionen geprägt, zusätzlich wird hier weitaus seltener zwischen online und offline unterschieden. Das liegt höchstwahrscheinlich daran, dass das Konzept aus der Zeit vor der Online-Forschung stammt und seither nicht nennenswert weiterentwickelt wurde.

In der vorliegenden Arbeit wurde für diese nicht differenzierten Fälle eine Hilfskonstruktion – die Dimension unbestimmt – eingeführt, die jedoch nicht zuverlässig interpretiert werden kann. Was die Rezipierenden darunter verstehen, wird vermutlich von ihrer Art zu kommunizieren abhängen; ob sie von sich aus überhaupt noch einen expliziten Unterschied zwischen online und offline machen bleibt ebenfalls unklar.

Trotz aller theoretischer Bedenken bezüglich der Online-/Offline-Dichotomie (vgl. Kap 8.3.2.1) führt die Analyse der unterschiedlichen Dimensionen zu sich widersprechenden Ergebnissen. Betrachtet man die Dimension online, zeigen sowohl die Online-Medien Blog, Chat, Forum und SNS signifikante positive Zusammenhänge mit der Beziehung der zwei Variablen von Interesse. Das ist in Einklang mit der bisherigen Forschungsliteratur, die vor allen Dingen den Zusammenhang von Online-Mediennutzung und der Dimension online von wahrgenommenen sozialen Ressourcen postuliert hat (z. B. Ellison et al. 2007; Steinfield et al., 2008, Williams, 2006).

Die Dimension unbestimmt kann unterschiedliche Bedeutungen haben. Es liegt nahe anzunehmen, dass, wenn in den Studien nicht zwischen online und offline differenziert wird, eigentlich offline gemeint ist. In diesem Fall stellt sich, wie weiter oben ausgeführt wurde, die Frage, ob offline soziale Ressourcen heutzutage eigentlich noch ein adäquates Mittel sind, um die soziale Realität der Individuen zu beschreiben. Beschränken Forschende den Blickwinkel auf Offline-Ressourcen, so werden sie insbesondere der Lebenswelt der jüngeren Nutzenden, der sogenannten d*igital natives* (Prensky, 2001), nicht gerecht. Viele Spieler und Spielerinnen von digitalen Spielen kommunizieren beispielsweise verstärkt online und könnten aus diesem Grund weniger soziale Ressourcen offline haben. Das muss aber nicht heißen, dass sie insgesamt weniger soziale Ressourcen besitzen, sondern vielleicht nur, dass sie mit ihrem Netzwerk vorrangig über Online-Medien kommunizieren. Wenn mit der Dimension unbestimmt allerdings die online und offline umfassenden sozialen Ressourcen gemeint sind bzw. von den Befragten gemeint waren, dann ist tatsächlich eine substantielle wenn auch geringe negative Wirkung von Onlinespielen auf den betrachteten Zusammenhang zu befürchten.

Damit wird deutlich, wie wichtig es ist, in zukünftigen Primärstudien zwischen verschiedenen Dimensionen der wahrgenommenen sozialen Ressourcen zu differenzieren. Eine differenziertere empirische Untersuchung hängt aber entscheidend von der theoretischen Weiterentwicklung der zunehmend unrealistischen Online-/Offline-Dichotomie ab (Kap 8.3.1.2). Die hier entwickelte social media shift-Hypothese postuliert veränderte Kommunikationsgewohnheiten der Individuen mit ihren sozialen Netzwerken. Eine dementsprechende empirische Untersuchung sollte daher nicht mehr allgemein auf online und offline abzielen, sondern die Rolle der einzelnen Online-Medien im Kommunikationsrepertoire der Individuen mit den unterschiedlichen Gruppen aus ihren sozialen Netzwerke betrachten.

8.3.2.4 Die Bedeutung von Drittvariablen

In den vorigen Kapiteln wurde diskutiert, inwiefern die Differenzierung der Online-Medien, die Auswahl des Messverfahrens von Online-Mediennutzung sowie der Fokus der Studie auf die Dimensionen online und offline der sozialen Ressourcen die Ergebnisse im Forschungsfeld beeinflussen. Im Gegensatz zu den Ergebnissen der bisherigen Forschungsliteratur (vgl. Kap. 2) konnten die Studien- und Sampleeigenschaften in der vorliegenden Arbeit keine Varianz in den Daten aufklären. Naturgemäß macht es Sinn, für eine Metaanalyse vor allem Eigenschaften zu codieren, die voraussichtlich in allen Primärstudien erhoben werden (Card, 2012). Doch diese (z. B. Publikationsjahr sowie Alter und Geschlecht) stellen sich in der vorliegenden Arbeit als keine signifikanten Prädiktoren für den Zusammenhang von Online-Mediennutzung und wahrgenommenen sozialen Ressourcen heraus. Auch bei der Betrachtung der zugrundeliegenden Populationen und der Ziehung der Stichprobe in den einzelnen Studien konnten keine signifikanten Ergebnisse erzielt werden.

Neuere Studien, die sich mit dem Themenbereich beschäftigen, fokussieren sich oftmals auf spezielle Populationen, wie z. B. schüchterne Personen. Die sogenannten sozialen Fähigkeiten (Kowert et al., 2014) spielen offenbar eine große Rolle und sind weit stärkere Prädikatoren für das Sozialkapital der Nutzenden als die Nutzungszeit an sich. Insbesondere im Umfeld der Forschung zu sozialer Unterstützung wurde der Einfluss von Online-Medien auf Populationen, die unter physischen (z. B. Donovan et al., 2014; Fogel et al., 2002; Leserman et al., 2000; Mo & Coulson, 2010a, 2010b) oder psychischen Krankheiten (z. B. Oh, Ozkaya, & LaRose, 2014; Shaw & Gant, 2002) leiden, betrachtet und zumeist positive Zusammenhänge berichtet. In der vorliegenden Metaanalyse konnte kein Effekt für diese spezifischen Populationen mit einer Krankheit herausgestellt werden.

Folglich sollte in zukünftigen Studien überprüft werden, ob Studien, die z. B. spezifische Populationen untersuchen, Medien mit ähnlichen Funktionen für die Nutzenden im Blick haben und die positiven Effekte aufgrund der untersuchten Medien zustande kommen. Weiterhin ist eine deutlich detailliertere Codierung dieser Variablen von Nöten, um hier Unterschiede zwischen den einzelnen Studien aufzudecken. Physische und psychische Krankheiten sollten getrennt analysiert sowie nach den einzelnen Krankheitsbildern aufgeschlüsselt werden. Gerade die Codierung von Variablen, die nur in einzelnen Studien vorkommen, ist im Rahmen einer Metaanalyse eine sehr zeit- und kostenintensive Angelegenheit (ein gelungenes Beispiel für eine solche aufwendige Codierung ist die Arbeit von Wagner & Weiß, 2003). Eine solche Codierung könnte jedoch relevante Variablen entdecken und sie zumindest mit einem Teilsample der Fälle testen.

Trotzdem gilt für die zukünftige Forschung, dass die Betrachtung von wichtigen Drittvariablen vor allem gewinnbringend ist, wenn die Hauptkonzepte Online-Mediennutzung und wahrgenommene soziale Ressourcen über die Studien hinweg konstant gemessen werden. Nur dann lässt sich der Einfluss von Drittvariablen über die Studien hinweg reproduzieren und gewinnbringend interpretieren.

8.3.3 Entwicklung eines Modells und Thesen für die zukünftige Forschung

Die hier erzielten Resultate zeigen, dass es keine einheitlichen Effekte bezüglich des Zusammenhangs von Online-Mediennutzung und den wahrgenommenen sozialen Ressourcen der Nutzenden gibt, sondern unterschiedliche Beziehungen, je nach betrachteten Online-Medien, nach der Art ihrer Messung und nach der Differenzierung der Dimensionen von sozialen Ressourcen. Die Ergebnisse sind damit weitgehend in Einklang mit der vorherrschenden Forschungsliteratur und heben die Wichtigkeit der zielgerichteten Herangehensweise nicht nur von Systematisierungen wie der vorliegenden Arbeit, sondern auch von Primärstudien, hervor.

Das erweiterte Modell, welches für diese Arbeit postuliert wird (vgl. Abbildung 6), zeigt insbesondere die Wichtigkeit der Betrachtung der Messart der Konzepte und kehrt damit den Blick zurück auf die Wissenschaftlerin und den Wissenschaftler sowie die Praxis der Forschung. Die fehlende Systematisierung in den Sozialwissenschaften zu beklagen, ist ein müßiges Unterfangen. Weitaus besser ist es, Wege aufzuzeigen, wie Wissen systematisiert werden kann, Forschungslücken zu benennen und Perspektiven für zukünftige Studien zu entwickeln. Auch damit kann sich die vorliegende Arbeit in die Tradition der bisherigen Forschungsliteratur zum Zusammenhang von Online-Mediennutzung und wahrgenommenen sozialen Ressourcen einordnen. Die frühe Online-Forschung hat herausgearbeitet, dass zwischen den unterschiedlichen Nutzenden differenziert werden muss. Die vorliegende Arbeit postuliert auf Basis ihrer Befunde, dass zwingend auch die Unterschiede zwischen den einzelnen Online-Medien und den verschiedenen Messarten ihrer Nutzung in die Analysen eingeschlossen werden müssen. Die Erweiterung um die Betrachtung der Messung der Konzepte muss daher in das neue Modell zum Zusammenhang von Online-Mediennutzung und wahrgenommenen sozialen Ressourcen aufgenommen werden. Nach der theoretischen Aufarbeitung der Konzepte gilt, dass die Frage nach Sozialkapital und sozialer Unterstützung eigentlich die Frage nach wahrgenommenen sozialen Ressourcen und ihren verschiedenen Dimensionen ist. Die Mediennutzung der Individuen kann auch kaum separat gemessen werden, vielmehr sollten sich Forschende daher auf das Kommunikationsrepertoire (Hasebrink, 2015) der Nutzenden und die Rolle der einzelnen Online-Medien in diesem fokussieren. Dieses Modell wird in Abbildung 20 visualisiert

.

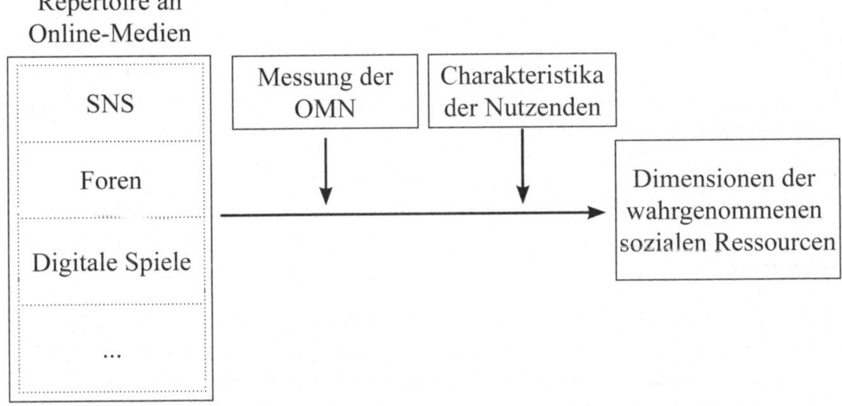

Abbildung 20: Forschungsmodell auf Basis der erzielten Resultate

Abschließend sollen nun die zentralen Befunde und Erkenntnisse der vorliegenden Arbeit thesenhaft zusammengefasst werden:

I. Unmittelbare Ergebnisse der Arbeit für das Forschungsfeld und den Zusammenhang von Online-Mediennutzung und wahrgenommenen sozialen Ressourcen.

These 1: Das Forschungsfeld zum Zusammenhang von Online-Mediennutzung und wahrgenommenen sozialen Ressourcen ist bezogen auf die Messung ihrer Hauptkonzepte heterogen.

These 2: Die Entscheidung, welches Online-Medium untersucht, wie die Nutzung gemessen und welche Dimension der sozialen Ressourcen betrachtet wird, beeinflusst die erzielten Ergebnisse der Primärstudien.

These 3: Der Zusammenhang zwischen Online-Mediennutzung und den wahrgenommenen sozialen Ressourcen der Individuen ist über die Primärstudien hinweg positiv und impliziert einen positiven Medieneffekt.

These 4: Da der Zusammenhang jedoch klein ist, sind die Hoffnungen auf und die Sorgen um eine starke Veränderung der wahrgenommenen sozialen Ressourcen durch Online-Mediennutzung unbegründet und die Rolle von Drittvariablen muss genauer beleuchtet werden.

II. Folgerungen für die Theoriebildung

These 5: Bis heute fehlt die theoretische Einordnung der wahrgenommenen sozialen Ressourcen vor dem Hintergrund der aktuellen gesellschaftlichen und technologischen Entwicklungen, die meist unter dem Stichwort digitale Gesellschaft zusammengefasst werden.

These 6: Zukünftig werden die reinen Offline-Ressourcen der Rezipierenden an Relevanz verlieren, während die Bedeutung der Online- (und Multimedialen-)Ressourcen zunimmt. Insgesamt nimmt die Qualität der wahrgenommenen sozialen Ressourcen jedoch nicht ab (social media shift-Hypothese).

These 7: Die massive Verbreitung des Internets, die Ausdifferenzierung der Online-Medien und der Erfolg der mobilen Geräte verweisen auf eine vielfältige, parallele und permanente Online-Mediennutzung die noch theoretisch eingeordnet werden muss.

These 8: Die theoretische Vorarbeit aus dem Bereich Sozialkapital kann herangezogen werden um die simple Online-/Offline-Dichotomie zu erweitern und die Verbindungen zwischen den Akteuren und Akteurinnen und den unterschiedlichen Online-Medien zu erfassen.

III. Folgerungen für die zukünftige empirische Forschung

These 9: Die Hinwendung zu Drittvariablen, die einen wichtigen Einfluss auf den Zusammenhang von Online-Mediennutzung und wahrgenommenen sozialen Ressourcen haben, ist sinnvoll. Vor allem, wenn die Operationalisierung der Hauptkonzepte systematisiert und standardisiert wird.

These 10: Es bestehen eklatante Forschungslücken bezogen auf andere Online-Medien als allgemeine Internetnutzung und SNS (Facebook), die dringend bearbeitet werden müssen.

These 11: Die Kommunikationswissenschaft kann in diesem Forschungsfeld insbesondere die verbesserte, differenzierte und standardisierte Messung der (permanenten, parallelen und vielfältigen) Online-Mediennutzung vorantreiben.

These 12: Wichtiger als die Fokussierung auf die zwei Forschungsfelder wahrgenommenes Sozialkapital und wahrgenommene soziale Unterstützung ist die Analyse und Erweiterung der unterschiedlichen Dimensionen der wahrgenommenen sozialen Ressourcen.

8.4 Ausblick

Eine Arbeit, die sich vorgenommen hat, ein diffuses und umstrittenes Forschungsfeld zu kartographieren und mittels einer Metaanalyse eine ihrer drängendsten Forschungsfragen – den Zusammenhang von Online-Mediennutzung und wahrgenommenen sozialen Ressourcen – neu zu beantworten, sieht sich naturgemäß mit vielen Problemen und Chancen konfrontiert. Die theoretische Einordnung des Phänomens muss umfassend und allgemein erfolgen, da es nicht darum geht, eine Primärstudie zu einem eng gefassten Thema zu konzipieren, sondern ein wissenschaftliches Gebiet in seiner Gesamtheit abzudecken. Ebenso gilt es, ein Instrument zu erstellen, welches umfassend ist, allgemein auf möglichst alle relevanten Werke angewendet werden kann und gleichzeitig die wichtigsten Spezifika der Primärstudien erfasst.

Dazu ist es erforderlich, sowohl auf theoretischer als auch auf empirischer Ebene mit der vielfach beklagten Uneinheitlichkeit der Forschungsliteratur zu arbeiten und ihr eine Struktur abzuringen. Bei Erfolg winkt als Belohnung eben diese Struktur: Eine Systematik, die die bisherige Forschungsleistung beschreiben sowie einordnen kann und die bei fortbestehender Beliebtheit des Forschungsfeldes vielen als Orientierung bei der Erstellung von Primärstudien nützlich sein kann. Gleichzeitig kann die Forschungsfrage nach der Beziehung von Online-Mediennutzung und den wahrgenommenen sozialen Ressourcen genauer – also auf einer deutlich breiteren Datenbasis fußend – beantwortet werden, als das in einer Primärstudie möglich wäre.

Trotz der oben genannten Probleme und weiterhin offenen Fragen hat diese Arbeit das Verständnis des Zusammenhangs von Online-Mediennutzung und wahrgenommenen sozialen Ressourcen entscheidend erweitert. Sie zeichnet insgesamt das Bild eines disparaten Forschungsfeldes und zeigt auf, wie sehr diese Uneinheitlichkeit in der Messung der Konzepte den postulierten Zusammenhang von Online-Mediennutzung und wahrgenommenen sozialen Ressourcen beeinflussen kann. Zukünftige Studien sollten nicht mehr nur nach der Art der Nutzung fragen, sondern auch danach, wie etwas gemessen wird. Gleichzeitig bietet die Arbeit eine Heuristik dafür, wie z. B. Online-Mediennutzung in diesen Studien zukünftig differenziert und eingeordnet werden kann. Es wird auch deutlich, dass die beiden Forschungsgebiete Sozialkapital und soziale Unterstützung unterschiedliche Stärken und Schwächen haben und viel voneinander lernen könnten – wenn sie sich endlich beachten würden. Die vorliegende Arbeit ist nur ein erster Schritt dazu.

In Bezug auf das Verhältnis von Online-Mediennutzung und wahrgenommenen sozialen Ressourcen wird ein kleiner und positiver Zusammenhang über die Studien hinweg behandelt. Das bedeutet, dass es insgesamt wenig Anlass zur Sorge gibt, Online-Medien würden sich negativ auf die soziale Eingebundenheit der Nutzenden auswirken. Da der gefundene Effekt klein ist, besteht auch nicht allzu viel Anlass zur Hoffnung, dass Online-Medien die wahrgenommenen sozialen Ressourcen der Nutzenden radikal hin zum Positiven ändern könnten. Die Resultate zeigen allerdings auch, dass es keine einfache Antwort auf die Debatte um die Beschaffenheit der Beziehung von Online-Mediennutzung und der sozialen Eingebundenheit der Nutzenden geben kann. Während schon in der frühen Forschung entdeckt wird, dass die Antwort davon abhängt, wer was wie nutzt – also Drittvariablen in Bezug auf die unterschiedlichen Nutzenden eingeführt werden müssen – kann die vorliegende Arbeit ein weiteres Puzzleteil hinzufügen, indem sie enthüllt, dass das Ergebnis auch davon abhängt, wie die Nutzung gemessen wird. Damit wird sowohl auf Seiten der Variablen Online-Mediennutzung als auch wahrgenommene soziale Ressourcen verdeutlicht, welche Entscheidungen die einzelnen Forschenden sorgsam treffen sollten. Uneinheitlichkeit und mangelnde Standardisierung sind nicht ungewöhnlich in einem sozialwissenschaftlich geprägten Forschungsfeld. Die vorliegende Arbeit zeigt, dass eine Systematisierung der vorliegenden Forschungsliteratur von großer Bedeutung ist, denn nur so können unterschiedliche Herangehensweisen aufgedeckt und berücksichtigt, divergierende Ergebnisse erklärt sowie Forschungslücken identifiziert werden.

Literatur

Albrecht, T. L., & Adelman, M. B. (1987). *Communicating social support.* Sage Publications.

Andrade, C. (2011). How to write a good abstract for a scientific paper or conference presentation. *Indian Journal of Psychiatry*, *53*(2), 172-175. doi:10.4103/0019-5545.82558

Appel, L., Dadlani, P., Dwyer, M., Hampton, K., Kitzie, V., Matni, Z. A., … Teodoro, R. (2014). Testing the validity of social capital measures in the study of information and communication technologies. *Information, Communication & Society*, 17(4), 398–416. doi:10.1080/1369118X.2014.884612

Bargh, J. A., & McKenna, K. Y. (2004). The Internet and social life. *Annual Review of Psychology, 55*, 573-590. doi:10.1146/annurev.psych.55.090902.141922

Bargh, J. A., McKenna, K. Y., & Fitzsimons, G. M. (2002). Can you see the real me? Activation and expression of the "true self" on the Internet. *Journal of Social Issues*, *58*(1), 33-48. doi:10.1111/1540-4560.00247

Barker, V. (2009). Older adolescents' motivations for social network site use: The influence of gender, group identity, and collective self-esteem. *CyberPsychology & Behavior*, *12*(2), 209-213. doi:10.1089/cpb.2008.0228

Barlösius, E. (2006). *Pierre Bourdieu*. Campus Verlag.

Barrera Jr, M. (1986). Distinctions between social support concepts, measures, and models. *American Journal of Community Psychology*, *14*(4), 413-445. doi:10.1007/BF00922627

Baym, N. K., & Ledbetter, A. (2009). Tunes that bind? *Information, Communication & Society*, *12*(3), 408-427. doi:10.1080/13691180802635430

Beck, K. (2006). *Computervermittelte Kommunikation im Internet*. Oldenbourg Verlag.

Beck, K. (2010). Soziologie der Online-Kommunikation. In K. Beck & Schweiger W. (Hrsg.), *Handbuch Online Kommunikation* (S.15-36). Springer.

Benbasat, I., & Zmud, R. W. (2003). The identity crisis within the IS discipline: Defining and communicating the discipline's core properties. *MIS Quarterly*, 183-194.

Bernhard, S. (2008). Netzwerkanalyse und Feldtheorie. Grundriss einer Integration im Rahmen von Bourdieus Sozialtheorie. In C. Stegbauer (Hrsg.), *Netzwerkanalyse und Netzwerktheorie* (S. 121-130). Springer.

Berning, C. C., & Weiß, B. (2015). Publication bias in the German social sciences: an application of the caliper test to three top-tier German social science journals. *Quality & Quantity*. Online first. doi:10.1007/s11135-015-0182-4

Bessière, K., Kiesler, S., Kraut, R., & Boneva, B. S. (2008). Effects of Internet use and social resources on changes in depression. *Information, Communication & Society*, *11*(1), 47-70. doi:10.1080/13691180701858851

Bjur, J., Schrøder, K. C., Hasebrink, U., Courtois, C., Adoni, H., Nossek, H. (2014). Cross-media use – Unfolding complexities in contemporary audiencehood. In N. Carpentier, K.C. Schrøder, L. Hallett (Hrsg.). *Audience transformations. Shifting audience positions in late modernity* (S. 15-29). Routledge.

Bliese, P. (2013a). *Multilevel modeling in R (2.5). A brief introduction to R, the multilevel package and the nlme package.* Abgerufen von http://cran.r-project.org/doc/contrib/Bliese_Multilevel.pdf

Bliese, P. (2013b). *Package 'multilevel'.* Abgerufen von http://cran.r-project.org

/web/packages/multilevel/multilevel.pdf
Boase, J., & Wellman, B. (2006). Personal relationships: On and off the Internet. In D. Perlman & A. L. Vangelisti (Hrsg.), *The Cambridge handbook of personal relationships* (S. 709-26). Cambridge University Press.
Bonfadelli, H. (2002). The Internet and knowledge gaps. A theoretical and empirical investigation. *European Journal of Communication*, *17*(1), 65-84. doi:10.1177/0267323102017001607
Bonfadelli, H., & Meier, W. (1984). Meta-Forschung in der Publizistikwissenschaft. Zur Problematik der Synthese von empirischer Forschung. *Rundfunk und Fernsehen*, *32*(4), 537-550.
Borenstein, M., Hedges, L. V., Higgins, J. P., & Rothstein, H. R. (2009). *Introduction to meta-analysis*. Wiley.
Boulianne, S. (2009). Does Internet use affect engagement? A meta-analysis of research. *Political Communication*, *26*(2), 193-211. doi:10.1080/10584600902854363
Bourdieu, P. (1979). *Entwurf einer Theorie der Praxis auf der ethnologischen Grundlage der kabylischen Gesellschaft*. Suhrkamp.
Bourdieu, P. (1983). Ökonomisches Kapital, kulturelles Kapital, soziales Kapital. *Soziale Ungleichheiten*, *2*, 183-198.
Bourdieu, P. (1987a). *Die feinen Unterschiede: Kritik der gesellschaftlichen Urteilskraft*. Suhrkamp.
Bourdieu, P. (1987b). *Sozialer Sinn: Kritik der theoretischen Vernunft*. Suhrkamp.
Boyd, D., & Ellison, N. B. (2007). Social network sites: Definition, history, and scholarship. *Journal of Computer-Mediated Communication*, *13*(1), 210-230. doi:10.1111/j.1083-6101.2007.00393.x
Brandt, P. A., & Weinert, C. (1981). The PRQ-A social support measure. *Nursing Research*, *30*(5), 277-280.
Brenner, J., & Smith, A. (2013). *72% of online adults are social networking site users*. (The Pew Internet and American Life Project Commentary). Abgerufen von http://www.pewinternet.org /2013/08/05/72-of-online-adults-are-social-networking-site-users/
Brooks, B., Hogan, B., Ellison, N., Lampe, C., & Vitak, J. (2014). Assessing structural correlates to social capital in Facebook ego networks. *Social Networks*, *38*, 1-15. doi:10.1016/j.socnet.2014.01.002
Burke, M., Kraut, R., & Marlow, C. (2011). Social capital on Facebook: Differentiating uses and users. *Proceedings of the SIGCHI conference on human factors in computing systems* (S. 571-580). ACM. doi:10.1145/1978942.1979023
Burke, M., Marlow, C., & Lento, T. (2010). Social network activity and social well-being. *Proceedings of the SIGCHI conference on human factors in computing systems* (S. 1909-1912). ACM. doi:10.1145/1753326.1753613
Burton-Jones, A., & Straub, D. (2003). Reconceptualizing system usage. *Computer Information Systems Department Working Paper No. CIS 03-01, Georgia State University*. Abgerufen von http://www.cis.gsu.edu/dstraub/Present/2006/usagepaper.pdf
Burton-Jones, A., & Straub Jr, D. W. (2006). Reconceptualizing system usage: An approach and empirical test. *Information Systems Research*, *17*(3), 228-246. doi: 10.1287/isre.1060.0096
Burt, R. S. (1984). Network items and the General Social Survey. *Social Networks*, *6*(4), 293-339.
Burt, R. S. (1997). The contingent value of social capital. *Administrative Science Quarterly*, *42*(2), 339-365.
Burt, R. S. (2000). The network structure of social capital. *Research in Organizational Behavior*, *22*, 345-423.
Busemann, K. (2013). Wer nutzt was im Social Web? *Media Perspektiven*, *7-8*, 391-399.
Busemann, K., & Gscheidle, C. (2009). Web 2.0: Communitys bei jungen Nutzern beliebt. *Media Perspektiven*, *7*, 356-364.
Busemann, K., & Gscheidle, C. (2011). Web 2.0: Aktive Mitwirkung verbleibt auf niedrigem Niveau. *Media Perspektiven*, *7-8*, 360-369.
Campbell, A. J., Cumming, S. R., & Hughes, I. (2006). Internet use by the socially fearful: Addic-

tion or therapy? *CyberPsychology & Behavior*, *9*(1), 69-81. doi:10.1089/cpb.2006.9.69

Campbell, D. T., & Fiske, D. W. (1959). Convergent and discriminant validation by the multitrait-multimethod matrix. *Psychological Bulletin*, *56*(2), 81-105.

Campbell, B., Rosenberg, J., Schulzrinne, H., Huitema, C., & Gurle, D. (2002). *Session Initiation Protocol (SIP) extension for instant messaging.* Abgerufen von http://tools.ietf.org/html/rfc3428.txt

Card, N. A. (2012). *Applied meta-analysis for social science research*. Guilford Press.

Chaffee, S. H., & Schleuder, J. (1986). Measurement and effects of attention to media news. *Human Communication Research*, *13*(1), 76-107.

Chang, Y. P., & Zhu, D. H. (2012). The role of perceived social capital and flow experience in building users' continuance intention to social networking sites in China. *Computers in Human Behavior*, *28*(3), 995-1001. doi:10.1016/j.chb.2012.01.001

Cheung M. (2014). metaSEM: An R Package for Meta-Analysis using Structural Equation Modeling. *Frontiers in Psychology 5,* 1521-1538. doi:10.3389/fpsyg.2014.01521

Cheung, M. W.-L. (2013). Modeling dependent effect sizes with three-level Metaanalyses: A Structural Equation Modeling Approach. *Psychological Methods, 19*(2), 211-229. doi:10.1037/a0032968

Choi, M., Kong, S., & Jung, D. (2012). Computer and Internet interventions for loneliness and depression in older adults: A meta-analysis. *Healthcare Informatics Research*, 18(3), 191-198. doi:10.4258/hir.2012.18.3.191

Chu, S.-C., & Choi, S. M. (2010). Social capital and self-presentation on social networking sites: A comparative study of Chinese and American young generations. *Chinese Journal of Communication*, *3*(4), 402-420. doi:10.1080/17544750.2010.516575

Cobb, S. (1976). Presidential Address 1976. Social support as a moderator of life stress. *Psychosomatic Medicine*, *38*(5), 300-314.

Cohen, S. E., & Syme, S. (1985). *Social support and health.* Academic Press. Abgerufen von http://psycnet.apa.org/psycinfo/1985-97489-000

Cohen, S., & Hoberman, H. M. (1983). Positive events and social supports as buffers of life change stress. *Journal of Applied Social Psychology*, *13*(2), 99-125.

Cohen, S., Mermelstein, R., Kamarck, T., & Hoberman, H. M. (1985). Measuring the functional components of social support. In I. G. Sarason & B. R. Sarason (Hrsg.), *Social support: Theory, research and applications* (S. 73-94). Springer.

Cole, H., & Griffiths, M. D. (2007). Social interactions in massively multiplayer online role-playing gamers. *CyberPsychology & Behavior*, *10*(4), 575-583. doi:10.1089/cpb.2007.9988.

Coleman, J. S. (1988). Social capital in the creation of human capital. *American Journal of Sociology, 94,* 95-S120.

Coleman, J. S. (1994). *Foundations of Social Theory*. Harvard University Press.

Collins, E., & Freeman, J. (2013). Do problematic and non-problematic video game players differ in extraversion, trait empathy, social capital and prosocial tendencies? *Computers in Human Behavior*, *29*(5), 1933-1940. doi:10.1016/j.chb.2013.03.002

Colman, A.M., Norris, C.E., & Preston C.C. (1997). Comparing rating scales of different lengths: Equivalence of scores from 5-point and 7-point scales. *Psychological Reports*, 80, 355-362.

Cooper, H. (2009). *Research synthesis and meta-analysis: A step-by-step approach.* Sage Publications.

Cutrona, C. E., & Russell, D. W. (1987). The provisions of social relationships and adaptation to stress. *Advances in Personal Relationships*, *1*(1), 37-67.

Da Cunha Recuero, R. (2008). Information flows and social capital in weblogs: A case study in the Brazilian blogosphere. P*roceedings of the nineteenth ACM conference on hypertext and hypermedia* (S. 97-106). ACM. Abgerufen von http://dl.acm.org/citation.cfm?id=1379113

Day, R., & Gastel, B. (2012). *How to write and publish a scientific paper*. Cambridge University Press.

De Schutter, B. (2010). Never too old to play: The appeal of digital games to an older audience. *Games and Culture, 6*(2), 155-170. doi:10.1177/1555412010364978

Dickersin, K. (2005). Publication bias: Recognizing the problem, understanding its origins and scope, and preventing harm. H. R. Rothstein, A. J. Sutton, & M. Borenstein (Hrsg.), *Publication bias in meta-analysis: Prevention, assessment and adjustments* (S. 11-33). Wiley.

Di Gennaro, C., & Dutton, W. H. (2007). Reconfiguring friendships: Social relationships and the Internet. *Information, Communication & Society, 10*(5), 591-618. doi:10.1080/13691180701657949

Dillard, J. P., Weber, K. M., & Vail, R. G. (2007). The relationship between the perceived and actual effectiveness of persuasive messages: A meta-analysis with implications for formative campaign research. *Journal of Communication, 57*(4), 613-631. doi:10.1111/j.1460-2466.2007.00360.x

Domahidi, E., Festl, R., & Quandt, T. (2014). To dwell among gamers: Investigating the relationship between social online game use and gaming-related friendships. *Computers in Human Behavior, 35*, 107-115. doi:10.1016/j.chb.2014.02.023.

Domahidi, E., Breuer, J., Kowert, R., Festl, R., & Quandt T. (2016). A longitudinal analysis of gaming- and non-gaming-related friendships and social support among social online game players. Präsentiert auf der ICA Jahrestagung, Fukuoka, 9.-13.06.2016.

Domahidi, E., & Quandt, T. (2015). "And all of a sudden my life was gone...": A biographical analysis of highly engaged adult gamers. *New Media & Society.*, 17(7), 1154-1169. doi:10.1177/1461444814521791

Donovan, E. E., LeFebvre, L., Tardif, S., Brown, L. E., & Love, B. (2014). Patterns of social support communicated in response to expressions of uncertainty in an online community of young adults with cancer. *Journal of Applied Communication Research, 42*(4), 1-24. doi:10.1080/00909882.2014.929725

Döring, N. (2003). *Sozialpsychologie des Internet: Die Bedeutung des Internet für Kommunikationsprozesse, Identitäten, soziale Beziehungen und Gruppen*. Hogrefe, Verlag für Psychologie.

Ducheneaut, N., Yee, N., Nickell, E., & Moore, R. J. (2006). Alone together?: Exploring the social dynamics of massively multiplayer online games. *Proceedings of the SIGCHI conference on human factors in computing systems* (S. 407-416). ACM. Abgerufen von http://dl.acm.org/citation.cfm?id=1124834

Duggan, M., & Smith, A. (2013). *Social media update 2013*. (The Pew Internet and American Life Project Commentary). Abgerufen von http://www.pewinternet.org/2013/12/30/social-media-update-2013/

Dunkel-Schetter, C., Feinstein, L., & Call, J. (1986). UCLA social support inventory. Unpublished manuscript. University of California, Los Angeles. Abgerufen von http://health.psych.ucla.edu/CDS/files/UCLA%20SSI%201986.doc

Eimeren, B., & Frees, B. (2014). 79 Prozent der Deutschen online - Zuwachs bei mobiler Internetnutzung und Bewegtbild. *Media Perspektiven, 7-8*, 378-396.

Ellison, N. B., Steinfield, C., & Lampe, C. (2007). The benefits of Facebook "friends": Social capital and college students' use of online social network sites. *Journal of Computer-Mediated Communication, 12*(4), 1143-1168. doi:10.1111/j.1083-6101.2007.00367.x

Ellison, N. B., Steinfield, C., & Lampe, C. (2011). Connection strategies: Social capital implications of Facebook-enabled communication practices. *New Media & Society, 13*(6), 873-892. doi:10.1177/1461444810385389

Evans, J. R., & Mathur, A. (2005). The value of online surveys. *Internet Research, 15*(2), 195-219. doi:10.1108/10662240510590360

Eveland Jr, W. P., Hutchens, M. J., & Shen, F. (2009). Exposure, attention, or "use" of news? Assessing aspects of the reliability and validity of a central concept in political communication research. *Communication Methods and Measures, 3*(4), 223-244. doi:10.1080/19312450903378925

Fayard, A.-L., & DeSanctis, G. (2010). Enacting language games: The development of a sense of "we-ness" in online forums. *Information Systems Journal*, *20*(4), 383-416. doi:10.1111/j.1365-2575.2009.00335.x

Festl, R., Scharkow, M., & Quandt, T. (2015). The individual or the group: a multilevel analysis of cyberbullying in school classes. *Human Communication Research 41*(4), 535-556, doi: 10.1111/hcre.12056.

Field, A. P., & Gillett, R. (2010). How to do a meta-analysis. *British Journal of Mathematical and Statistical Psychology*, *63*(3), 665-694. doi:10.1348/000711010X502733

Fischer, C. S. (1982). *To dwell among friends: Personal networks in town and city*. University of Chicago Press.

Fishbein, M., & Hornik, R. (2008). Measuring media exposure: An introduction to the special issue. *Communication Methods and Measures*, *2*(1-2), 1-5. doi:10.1080/19312450802095943

Flap, H. (1994). No man is an island: The research program of a social capital theory. Präsentation gehalten auf der World Congress of Sociology, Bielefeld, Deutschland. Zitiert nach Lin (2002).

Fogel, J., Albert, S. M., Schnabel, F., Ditkoff, B. A., & Neugut, A. I. (2002). Internet use and social support in women with breast cancer. *Health Psychology*, *21*(4), 398. doi:10.2196/jmir.4.2.e9

Fox, S., & Purcell, K. (2010). Social media and health. (The Pew Internet and American Life Project Commentary). Abgerufen von http://www.pewinternet.org/2010/03/24/social-media-and-health/

Franzen, A. (2000). Does the Internet make us lonely? *European Sociological Review*, *16*(4), 427-438. doi:10.1093/esr/16.4.427

Friemel, T. N. (2014). The digital divide has grown old: Determinants of a digital divide among seniors. *New Media & Society*, online first. doi: 10.1177/1461444814538648

Friemel, T. N. (2013). *Sozialpsychologie der Mediennutzung: Motive, Charakteristiken und Wirkungen interpersonaler Kommunikation über massenmediale Inhalte.* UVK-Verlag.

Friemel, T. N. (2008). Anatomie von Kommunikationsrollen. *KZfSS Kölner Zeitschrift für Soziologie und Sozialpsychologie*, *60*(3), 473-499. doi:10.1007/s11577-008-0024-7

Friemel, T. (2005). Die Netzwerkanalyse in der Publizistikwissenschaft. In U. Serdült (Hrsg.). *Anwendungen sozialer Netzwerkanalyse* (S. 26-36). Universität Zürich.

Fulkerson, G. M., & Thompson, G. H. (2008). The evolution of a contested concept: A meta-analysis of social capital definitions and trends (1988-2006). *Sociological Inquiry*, *78*(4), 536-557. doi:10.1111/j.1475-682X.2008.00260.x

Gamer, M., Lemon, J., & Singh, I. (2014). *Package 'irr'*. Abgerufen von http://cran.r-project.org/web/packages/irr/irr.pdf

Gilbert, E., & Karahalios, K. (2009). Predicting tie strength with social media. *Proceedings of the SIGCHI conference on human factors in computing systems* (S. 211-220). Abgerufen von http://dl.acm.org/citation.cfm?id=1518736

Glass, G. V. (1976). Primary, secondary, and meta-analysis of research. *Educational Researcher*, *5*(10), 3-8. doi:10.3102/0013189X005010003

Golder, S. A., Wilkinson, D. M., & Huberman, B. A. (2007). Rhythms of social interaction: Messaging within a massive online network. In C. Steinfield, B.T. Pentland, M. Ackerman, & N. Contractor (Hrsg.), *Communities and technologies 2007* (S. 41-66). Springer.

Granovetter, M. (1973). The strength of weak ties. *American Journal of Sociology, 78*(6), 1360-1380.

Granovetter, M. (1983). The strength of weak ties: A network theory revisited. *Sociological Theory*, *1*(1), 201-233.

Griffiths, M. D., & Hunt, N. (1998). Dependence on computer games by adolescents. *Psychological Reports*, *82*(2), 475-480. doi:10.2466/pr0.1998.82.2.475

Günther, E. & Domahidi, E. (2016). *The changing research landscape of our field: A topic model of 80 years in communication science journals.* Präsentiert auf der ICA Jahrestagung, Fukuoka, 9.-13.06.2016.

Günther, E. & Quandt, T. (2015) Word counts and topic models. An overview of automated text analysis methods for journalism research. *Digital Journalism, 4*(1), 75-88. doi: 10.1080/21670811.2015.1093270

Hampton, K. N. (2007). Neighborhoods in the network society. The e-neighbors study. *Information, Communication & Society, 10*(5), 714-748. doi:10.1080/13691180701658061

Hampton, K., & Wellman, B. (2003). Neighboring in Netville: How the Internet supports community and social capital in a wired suburb. *City & Community, 2*(4), 277-311. doi:10.1046/j.1535-6841.2003.00057.x

Han, H.-R., & Belcher, A. E. (2001). Computer-mediated support group use among parents of children with cancer – An exploratory study. *Computers in Nursing, 19*(1), 27-33.

Hanitzsch, T. (2011). Die Modellierung hierarchischer Datenstrukturen in der Kommunikations- und Medienwissenschaft. Ein Vergleich von OLS-Regression und Mehrebenenanalyse an einem Beispiel aus der Journalismusforschung. In O. Jandura, T. Quandt, & J. Vogelgesang (Hrsg.), *Methoden der Journalismusforschung* (S. 317-334). VS Verlag für Sozialwissenschaften.

Harter, S. (1985). *Manual for the social support scale for children*. University of Denver.

Hasebrink, U. (2015). *Kommunikationsrepertoires und digitale Öffentlichkeiten.* (Arbeitspapier Nr. 8.) Abgerufen von http://www.kommunikative-figurationen.de/fileadmin/redak_kofi/Arbeitspapiere/CoFi_EWP_No-8_Hasebrink.pdf

Haug, S. (2007). *Soziales Kapital: Ein kritischer Überblick über den aktuellen Forschungsstand.* (Arbeitspapier Mannheimer Zentrum für Europäische Sozialforschung) Abgerufen von http://www.mzes.uni-mannheim.de/publications/wp/wp2-15.pdf

Hayes, A. F. (2006). A primer on multilevel modeling. *Human Communication Research, 32*(4), 385-410.

Haythornthwaite, C. (2002). Strong, weak, and latent ties and the impact of new media. *The Information Society, 18*(5), 385-401. doi:10.1080/01972240290108195

Haythornthwaite, C. (2005). Social networks and Internet connectivity effects. *Information, Community & Society, 8*(2), 125-147. doi:10.1080/13691180500146185

Haythornthwaite, C., & Kendall, L. (2010). Internet and community. *American Behavioral Scientist, 53*(8). doi:10.1177/0002764209356242

Hetsroni, A. (2007). Four decades of violent content on prime-time network programming: A longitudinal meta-analytic review. *Journal of Communication, 57*(4), 759-784. doi:10.1111/j.1460-2466.2007.00367.x

Hillard, D., Purpura, S., & Wilkerson, J. (2008). Computer-assisted topic classification for mixed-methods social science research. *Journal of Information Technology & Politics, 4*(4), 31-46. doi:10.1080/19331680801975367

Hofer, M., & Aubert, V. (2013). Perceived bridging and bonding social capital on Twitter: Differentiating between followers and followees. *Computers in Human Behavior, 29*(6), 2134-2142. doi:10.1016/j.chb.2013.04.038

House, J. S. (1981). *Work stress and social support*. Reading.

House, J. S., Kahn, R. L., McLeod, J. D., & Williams, D. (1985). *Measures and concepts of social support.* In S. Cohen & S. L. Syme (Hrsg.), Social support and health (S. 83-108). Academic Press.

House, J. S., Umberson, D., & Landis, K. R. (1988). Structures and processes of social support. *Annual Review of Sociology, 14*, 293-318.

Huang, C. (2010). Internet use and psychological well-being: A meta-analysis. Cyberpsychology, *Behavior and Social Networking, 13*(3), 241-249. doi:10.1089/cyber.2009.0217

Humphreys, L., von Pape, T., & Karnowski, V. (2013). Evolving mobile media ecology: Uses and conceptualizations of the mobile Internet by American and German college students. *Journal of Computer-Mediated Communication, 18*(4), 491-507.

Israel, B. A., & Rounds, K. A. (1987). Social networks and social support: A synthesis for health educators. *Advances in Health Education and Promotion, 2*, 311-351.

Jansen, D. (2003). *Einführung in die Netzwerkanalyse: Grundlagen, Methoden, Anwendungen*. Leske+ Budrich.

Jeong, S.-H., Cho, H., & Hwang, Y. (2012). Media literacy interventions: A meta-analytic review. *Journal of Communication, 62*(3), 454-472. doi:10.1111/j.1460-2466.2012.01643.x

Jurka, T. P., Collingwood, L., Boydstun, A. E., Grossman, E., & van Atteveldt, W. (2011). *RTextTools: A supervised learning package for text classification*. Abgerufen von http://rjournal.github.io/archive/2013-1/collingwood-jurka-boydstun-etal.pdf

Jurka, T. P., Collingwood, L., Boydstun, A., Grossman, E., & van Atteveldt, W. (2012). *RTextTools: Automatic text classification via supervised learning. R package version 1.3, 9*. Abgerufen von http://stat.ethz.ch/CRAN/web/packages/RTextTools/

Katz, J. E., & Aspden, P. (1997). A nation of strangers? *Communications of the ACM, 40*(12), 81-86.

Katz, J. E., Rice, R. E., & Aspden, P. (2001). The Internet, 1995-2000. Access, civic involvement, and social interaction. *American Behavioral Scientist, 45*(3), 405-419. doi:10.1177/00027642010450003004

Kiesler, S. (1986). Hidden messages in computer networks. *Harvard Business Review, 64*(1), 46-60.

Kikuchi, M., & Coleman, C.-L. (2012). Explicating and measuring social relationships in social capital research. *Communication Theory, 22*(2), 187-203. doi:10.1111/j.1468-2885.2012.01401.x

Klingler, W., Vlasic, A., & Widmayer, F. (2012). Communitys bei Zwölf-bis 29-Jährigen: Private Kommunikation und öffentliche Interaktion. *Media Perspektiven, 9*, 433-444.

Konstantopoulos, S. (2011). Fixed effects and variance components estimation in three-level meta-analysis. *Research Synthesis Methods, 2*(1), 61-76. doi:10.1002/jrsm.35

Kowert, R., Domahidi, E., & Quandt, T. (im Druck). Networking and other social aspects of technology use: Past, present, and future considerations. In M. Potenza, K. Faust, & D. Faust (Eds.), *Oxford handbook of digital technologies and mental health.* Oxford University Press.

Kowert, R., Domahidi, E., & Quandt, T. (2014). The relationship between online video game involvement and gaming-related friendships among emotionally sensitive individuals. *Cyberpsychology, Behavior, and Social Networking, 17*(7), 447-453. doi:10.1089/cyber.2013.0656.

Kowert, R., Vogelgesang, J., Festl, R., & Quandt, T. (2015). Psychosocial causes and consequences of online video game play. *Computers in Human Behavior, 45*, 51-58. doi: 10.1016/j.chb.2014.11.074

Kraut, R., Kiesler, S., Boneva, B., Cummings, J., Helgeson, V., & Crawford, A. (2002). Internet paradox revisited. *Journal of Social Issues, 58*(1), 49-74. doi:10.1111/1540-4560.00248

Kraut, R., Patterson, M., Lundmark, V., Kiesler, S., Mukophadhyay, T., & Scherlis, W. (1998). Internet paradox. *American Psychologist, 53*(9), 1017-1031. doi: 10.1037/0003-066X.53.9.1017

Kubicek, H. (1997). Das Internet auf dem Weg zum Massenmedium? Ein Versuch, Lehren aus der Geschichte alter und anderer neuer Medien zu ziehen. In R. Werle, & C. Lang (Hrsg.). *Modell Internet? Entwicklungsperspektiven neuer Kommunikationsnetze* (S. 213-239). Campus.

Kubicek, H., & Welling, S. (2000). Vor einer digitalen Spaltung in Deutschland? Annäherung an ein verdecktes Problem von wirtschafts- und gesellschaftspolitischer Brisanz. *Medien und Kommunikationswissenschaft, 48*(3), 497-517.

LaCour, M. J., & Vavreck, L. (2014). Improving media measurement: Evidence from the field. *Political Communication, 31*(3), 408-420. doi:10.1080/10584609.2014.921258

Lakey, B., & Cohen, S. (2000). Social support theory and measurement. In S. Cohen, L. G. Underwood, & B. H. Gottlieb (Hrsg.), *Social support measurement and intervention: A guide for health and social scientists* (S.29-52). Oxford University Press.

Langford, C. P. H., Bowsher, J., Maloney, J. P., & Lillis, P. P. (1997). Social support: A conceptual analysis. *Journal of Advanced Nursing*, *25*(1), 95-100. doi:10.1046/j.1365-2648.1997.1997025095.x

LaRose, R., Eastin, M. S., & Gregg, J. (2001). Reformulating the Internet paradox: Social cognitive explanations of Internet use and depression. *Journal of Online Behavior, 1*(2), 35-48.

Lazarsfeld, P. F., & Robinson, W. S. (1940). The quantification of case studies. *Journal of Applied Psychology*, *24*(6), 817-825. doi:10.1037/h0058384

Leavy, R. L. (1983). Social support and psychological disorder: A review. *Journal of Community Psychology*, *11*(1), 3-21.

Lebo, H. (2000). *The UCLA Internet report "surveying the digital future"*. Los Angeles, CA: UCLA Center for Communication Policy. Abgerufen von http://www.worldinternetproject.net/_files/_Published/_oldis/ucla-internet1.pdf

Lee, H. (2005). Behavioral strategies for dealing with flaming in an online forum. *The Sociological Quarterly, 46*(2), 385-403. doi:10.1111/j.1533-8525.2005.00017.x

Lee, S.-J., Detels, R., Rotheram-Borus, M. J., & Duan, N. (2007). The effect of social support on mental and behavioral outcomes among adolescents with parents with HIV/AIDS. *Journal Information*, *97*(10), 1820-1826. doi: 10.2105/AJPH.2005.084871

Lenhart. A. (2012). *Teens & online video.* (The Pew Internet and American Life Project Commentary). Abgerufen von http://www.pewinternet.org/2012/05/03/teens-online-video/

Lenhart, A., Jones, S., & Macgill, A. (2011). *Adults and video games*. (The Pew Internet and American Life Project Commentary) Abgerufen von http://www.pewinternet.org/2008/12/07/adults-and-video-games/

Lenhart, A., Kahne, J., Middaugh, E., Macgill, A., Evans, C., & Vitak, J. (2008). *Teens, video games and civics.* (The Pew Internet and American Life Project Commentary). Abgerufen von http://www.pewinternet.org/2008/09/16/teens-video-games-and-civics/

Leserman, J., Petitto, J. M., Golden, R. N., Gaynes, B. N., Gu, H., Perkins, D. O., … Evans, D. L. (2000). Impact of stressful life events, depression, social support, coping, and cortisol on progression to AIDS. *American Journal of Psychiatry*, *157*(8), 1221-1228.

Lindner, R. (2008). *Politischer Wandel durch digitale Netzwerkkommunikation?* Springer.

Lin, N. (1999). Building a network theory of social capital. *Connections*, *22*(1), 28-51.

Lin, N. (2002). *Social capital: A theory of social structure and action*. Cambridge University Press.

Lin, N., Fu, Y., & Hsung, R.-M. (2001). The position generator: Measurement techniques for investigations of social capital. In N. Lin, K. S. Cook, & R. S. Burt (Hrsg.), *Social capital: Theory and research* (S. 57-81). Transaction Publishers.

Lobinger, K. (2012). Visuelle Kommunikationsforschung in der Entwicklung kommunikations- und medienwissenschaftlicher Publikationen: Eine Metaanalyse. In K. Lobinger (Hrsg.), *Visuelle Kommunikationsforschung* (S. 171-218). VS Verlag für Sozialwissenschaften.

Madden, M. (2013). *Teens haven't abandoned Facebook (yet).* (The Pew Internet and American Life Project Commentary). Abgerufen von http://www.pewinternet.org/2013/08/15/teens-havent-abandoned-facebook-yet/

Mahrt, M., & Scharkow, M. (2013). The value of big data in digital media research. *Journal of Broadcasting & Electronic Media*, 57(1), 20-33.

Malecki, C. K., Demaray, M. K., Elliott, S. N., & Nolten, P. W. (2000). *The child and adolescent social support scale.* DeKalb, IL: Northern Illinois University.

McDaniel, B. T., Coyne, S. M., & Holmes, E. K. (2012). New mothers and media use: Associations between blogging, social networking, and maternal well-being. *Maternal and Child Health Journal*, *16*(7), 1509-1517. doi:10.1007/s10995-011-0918-2.

McKenna, K. Y., Green, A. S., & Gleason, M. E. (2002). Relationship formation on the Internet: What's the big attraction? *Journal of Social Issues*, *58*(1), 9-31. doi:10.1111/1540-4560.00246

McPherson, M., Smith-Lovin, L., & Brashears, M. E. (2006). Social isolation in America: Changes in core discussion networks over two decades. *American Sociological Review*, *71*(3), 353-375. doi:10.1177/000312240607100301

Mesch, G. S., & Talmud, I. (2010). Internet connectivity, community participation, and place attachment: A longitudinal study. *American Behavioral Scientist, 53*(8), 1095-1110. doi: 10.1177/0002764209356243

Mesch, G., & Talmud, I. (2006). The quality of online and offline relationships: The role of multiplexity and duration of social relationships. *The Information Society*, *22*(3), 137-148. doi:10.1080/01972240600677805

Meyen, M. (2004). *Mediennutzung*. UTB.

Miyata, K., & Kobayashi, T. (2008). Causal relationship between Internet use and social capital in Japan. *Asian Journal of Social Psychology*, *11*(1), 42-52. doi:10.1111/j.1467-839X.2007.00242.x

Monge, P. R., & Contractor, N. S. (2003). *Theories of communication networks*. Oxford University Press.

Moore, K. (2011). *71% of online adults now use video-sharing sites*. (The Pew Internet and American Life Project Commentary). Abgerufen von http://www.pewinternet.org/2011/07/26/71-of-online-adults-now-use-video-sharing-sites/

Mo, P. K., & Coulson, N. S. (2010a). Empowering processes in online support groups among people living with HIV/AIDS: A comparative analysis of 'lurkers' and 'posters'. *Computers in Human Behavior*, *26*(5), 1183-1193. doi:10.1016/j.chb.2010.03.028

Mo, P. K. H., & Coulson, N. S. (2010b). Living with HIV/AIDS and Use of Online Support Groups. *Journal of Health Psychology*, *15*(3), 339-350. doi:10.1177/1359105309348808

Morahan-Martin, J., & Schumacher, P. (2003). Loneliness and social uses of the Internet. *Computers in Human Behavior*, *19*(6), 659-671. doi:10.1016/S0747-5632(03)00040-2

Moreno, M. A., Jelenchick, L., Koff, R., Eikoff, J., Diermyer, C., & Christakis, D. A. (2012). Internet use and multitasking among older adolescents: An experience sampling approach. *Computers in Human Behavior, 28*, 1097-1102. doi:10.1016/j.chb.2012.01.016

Morris, M., & Ogan, C. (1996). The Internet as mass medium. *Journal of Communication*, *46*(1), 39-50. doi:10.1111/j.1460-2466.1996.tb01460.x

Nguyen, M., Bin, Y. S., & Campbell, A. (2012). Comparing online and offline self-disclosure: A systematic review. *Cyberpsychology, Behavior, and Social Networking*, 15(2), 103-111. doi:10.1089/cyber.2011.0277.

Neuberger, C. (2007). Interaktivität, Interaktion, Internet. *Publizistik*, *52*(1), 33-50. doi:10.1007/s11616-007-0004-3

Nie, N. H. (2001). Sociability, interpersonal relations, and the Internet. Reconciling conflicting findings. *American Behavioral Scientist*, *45*(3), 420-435. doi:10.1177/00027640121957277

Nie, N. H., & Erbring, L. (2000). Internet and society. *Stanford Institute for the Quantitative Study of Society*. Abgerufen von http://www.2009.timeuse.org/information/studies/data/ downloads/usa/1999/PreliminaryReport.pdf

Nie, N. H., & Hillygus, D. S. (2002). The impact of Internet use on sociability: Time-diary findings. *It & Society*, *1*(1), 1-20.

Nie, N. H., Hillygus, D. S., & Erbring, L. (2002). Internet use, interpersonal relations, and sociability. In C. Haythornthwaite & B. Wellman (Hrsg.), *The Internet in everyday life* (S. 215-243). Wiley-Blackwell.

Oh, H. J., Ozkaya, E., & LaRose, R. (2014). How does online social networking enhance life satisfaction? The relationships among online supportive interaction, affect, perceived social support, sense of community, and life satisfaction. *Computers in Human Behavior*, *30*, 69-78. doi:10.1016/j.chb.2013.07.053

Olkin, I. (1994). Invited Commentary: Re: „A critical look at some popular meta-analytic methods". *American Journal of Epidemology*, *140*, 297-299.

Onyx, J., & Bullen, P. (2000). Measuring social capital in five communities. *The Journal of Applied Behavioral Science*, *36*(1), 23-42. doi:10.1177/0021886300361002

O'Reilly, T. (2007). What is Web 2.0: Design patterns and business models for the next generation of software. *Communications & Strategies 1*, 17-38.

Papacharissi, Z. (2009). The virtual geographies of social networks: A comparative analysis of Facebook, LinkedIn and ASmallWorld. *New Media & Society*, *11*(1-2), 199-220. doi:10.1177/1461444808099577

Pfeil, U., Arjan, R., & Zaphiris, P. (2009). Age differences in online social networking – A study of user profiles and the social capital divide among teenagers and older users in MySpace. *Computers in Human Behavior*, *25*(3), 643-654. doi:10.1016/j.chb.2008.08.015

Pierce, G. R. (1994). The quality of relationships inventory: Assessing the interpersonal context of social support. In B. R. Burleson, T. L. Albrecht, & I. G. Sarason (Hrsg.), *The communication of social support: Messages, interactions, relationships and community* (S. 247-26). Sage Publications.

Pinheiro, J., Bates, D., DebRoy, S., Sarkar, D., & R Core Team (2015). *nlme: Linear and nonlinear mixed effects models.* R package version 3.1-120. Abgerufen von http://CRAN.R-project.org/package=nlme.

Porter, M. (2001). *Snowball: A language for stemming algorithms*. Abgerufen von http://snowball.tartarus.org/texts/introduction.html

Portes, A. (1998). Social capital: Its origins and applications in modern sociology. *Annual Review of Sociology*, *24*(1), 1-24. doi:10.1146/annurev.soc.24.1.1

Prensky, M. (2001). Digital natives, digital immigrants part 1. *On the Horizon, 9*(5), 1–6.

Preiss, R. W. (2007). *Mass media effects research: Advances through meta-analysis.* Psychology Press.

Prior, M. (2009). Improving media effects research through better measurement of news exposure. *The Journal of Politics*, *71*(03), 893-908. doi:10.1017/S0022381609090781

Purcell, K. (2011). *Search and email still top the list of most popular online activities*. (The Pew Internet and American Life Project Commentary). Abgerufen von http://www.pewinternet.org/ 2011/08/09/search-and-email-still-top-the-list-of-most-popular-online-activities/

Putnam, R. D. (2001). *Bowling alone: The collapse and revival of American community*. Simon & Schuster.

Quandt, T., Breuer, J., Festl, R., & Scharkow, M. (2013). Digitale Spiele: Stabile Nutzung in einem dynamischen Markt. *Media Perspektiven*, *10*, 483-492.

Quandt, T., Scharkow, M., & Festl, R. (2010). Digitales Spielen als mediale Unterhaltung: Eine Repräsentativstudie zur Nutzung von Computer- und Videospielen in Deutschland. *Media Perspektiven*, *11*, 515-522.

Quitney, J., & Rainie, L. (2010). *The future of social relations*. (The Pew Internet and American Life Project Commentary). Abgerufen von http://www.pewinternet.org/ 2010/07/02/the-future-of-social-relations-2/

Rainie, L., Fox, S., Horrigan, J., Lenhart, A., & Spooner, T. (2000). *Tracking online life: How women use the Internet to cultivate relationships with family and friends.* (The Pew Internet and American Life Project). Abgerufen von http://www.pewinternet.org/ 2000/ 05/10/tracking-online-life-how-women-use-the-internet-to-cultivate-relationships-with-family-and-friends/

Rainie, L., & Zickuhr, K. (2010). *Video calling and video chat*. (The Pew Internet and American Life Project). Abgerufen von http://www.pewinternet.org/2010/10/13/video-calling-and-video-chat/

Ramirez, A., & Wang, Z. (2008). When online meets offline: An expectancy violations theory perspective on modality switching. *Journal of Communication*, *58*(1), 20-39. doi:10.1111/j.1460-2466.2007.00372.x

Ramirez, A., & Zhang, S. (2007). When online meets offline: The effect of modality switching on relational communication. *Communication Monographs*, *74*(3), 287-310. doi:10.1080/03637750701543493

Robinson, W. P., & Giles, H. (2001). *The new handbook of language and social psychology*. Wiley.

Rothstein, H. R., Sutton, A. J., & Borenstein, M. (2006). *Publication bias in meta-analysis: Prevention, assessment and adjustments*. Wiley.

Romantan, A., Hornik, R., Price, V., Cappella, J., & Viswanath, K. (2008). A comparative analysis of the performance of alternative measures of exposure. *Communication Methods and Measures*, *2*(1-2), 80-99. doi:10.1080/19312450802062539

Rössler, P. (2003). Online-Kommunikation. In G. Bentele, H.-B. Brosius, & O. Jarren (Hrsg.), *Öffentliche Kommunikation* (S. 504-522). VS Verlag für Sozialwissenschaften.

Rössler, P. (2011). *Skalenhandbuch Kommunikationswissenschaft*. VS Verlag für Sozialwissenschaften.

Sarason, I. G., Levine, H. M., Basham, R. B., & Sarason, B. R. (1983). Assessing social support: The Social Support Questionnaire. *Journal of Personality and Social Psychology*, *44*(1), 127 139. doi:10.1037/0022-3514.44.1.127

Schäfer, M. S. (2010). Taking stock: A meta-analysis of studies on the media's coverage of science. *Public Understanding of Science, 21*(6), 650-663. doi: 10.1177/0963662510387559

Scharkow, M. (2012). *Automatische Inhaltsanalyse und maschinelles Lernen.* epubli.

Scharkow, M. (2014). *The accuracy of self-reported Internet use. A validation study using client log data.* Präsentiert auf der ICA Jahrestagung, Seattle, 22.-26.05.2014.

Scharkow, M. & Domahidi, E. (2014). *Die Kombination von manueller und automatischer Codierung für die Auswahl von relevanten Studien für Metaanalysen.* Präsentiert auf der 16. Tagung der Fachgruppe Methoden der Publizistik- und Kommunikationswissenschaft, 9.-11.10.2014.

Schenk, M. (2007). *Medienwirkungsforschung*. Mohr Siebeck.

Scheu, A. M. (2012). *Adornos Erben in der Kommunikationswissenschaft: Eine Verdrängungsgeschichte?*. Herbert von Halem Verlag.

Schmidt, J. (2008). Was ist neu am Social Web? Soziologische und kommunikationswissenschaftliche Grundlagen. In A. Zerfaß, M. Welker, & J. Schmidt (Hrsg.), *Kommunikation, Partizipation und Wirkungen im Social Web. Vol. 1: Grundlagen und Methoden: Von der Gesellschaft zum Individuum* (S. 18-40). Herbert von Halem Verlag.

Scholl, A. (2009). *Die Befragung*. UVK Konstanz. Abgerufen von http://tocs.ulb.tu-darmstadt.de/109168267.pdf

Schulz, U., & Schwarzer, R. (2003). Social support in coping with illness: The Berlin Social Support Scales (BSSS). *Diagnostica*, *49*(2), 73-82. doi:10.13072/midss.490

Schweiger, W. (2007). *Theorien der Mediennutzung. Eine Einführung.* VS Verlag für Sozialwissenschaften.

Swickert, R. J., Hittner, J. B., Harris, J. L., & Herring, J. A. (2002). Relationships among Internet use, personality, and social support. *Computers in Human Behavior*, 18(4), 437-451. doi:10.1016/S0747-5632(01)00054-1

Schwingel, M. (2003). *Pierre Bourdieu zur Einführung*. Junius Verlag GmbH.

Shaw, L. H., & Gant, L. M. (2002). In defense of the Internet: The relationship between Internet communication and depression, loneliness, self-esteem, and perceived social support. *CyberPsychology & Behavior*, *5*(2), 157-171. doi:10.1089/109493102753770552

Shen, C., & Williams, D. (2011). Unpacking time online: Connecting Internet and massively multiplayer online game use with psychosocial well-being. *Communication Research*, *38*(1), 123-149. doi:10.1177/0093650210377196

Shen, F., Wang, N., Guo, Z., & Guo, L. (2009). Online network size, efficacy, and opinion expression: Assessing the impacts of Internet use in China. *International Journal of Public Opinion Research*, *21*(4), 451-476. doi:10.1093/ijpor/edp046

Sherbourne, C. D., & Stewart, A. L. (1991). The MOS social support survey. *Social Science & Medicine*, *32*(6), 705-714. doi:10.1016/0277-9536(91)90150-B

Shumaker, S. A., & Brownell, A. (1984). Toward a theory of social support: Closing conceptual gaps. *Journal of Social Issues*, *40*(4), 11-36. doi:10.1111/j.1540-4560.1984.tb01105.x

Siisiainen, M. (2003). Two concepts of social capital: Bourdieu vs. Putnam. *International Journal of Contemporary Sociology*, *40*(2), 183-204.

Simmons, J. P., Nelson, L. D., & Simonsohn, U. (2011). False-positive psychology undisclosed flexibility in data collection and analysis allows presenting anything as significant. *Psychological Science*, *22*(11), 1359-1366. doi:10.1177/0956797611417632

Skoric, M. M., & Kwan, G. C. E. (2011). Platforms for mediated sociability and online social capital: The role of Facebook and massively multiplayer online games. *Asian Journal of Communication*, *21*(5), 467-484. doi:10.1080/01292986.2011.587014

Smith, A., & Brenner, J. (2012). *Twitter use 2012*. (The Pew Internet and American Life Project Commentary). Abgerufen von http://www.pewinternet.org/2012/05/31/twitter-use-2012/

Smith, E. R., & Mackie, D. M. (2007). *Social Psychology*. Psychology Press.

Smith, M. L., & Glass, G. V. (1977). Meta-analysis of psychotherapy outcome studies. *American Psychologist*, *32*(9), 752.

Snijders, T. A. B., & Bosker, R. (2011). *Multilevel analysis: An introduction to basic and advanced multilevel modeling.* Los Angeles: Sage Publications.

Spears, R., Lea, M., & Postmes, T. (2001). Social psychological theories of computer-mediated communication: Social pain or social gain. In W. P. Robinson & H. Giles (Hrsg.), *The new handbook of language and social psychology* (S. 601-623). Wiley

Sproull, L., & Kiesler, S. (1986). Reducing social context cues: Electronic mail in organizational communication. *Management Science*, *32*(11), 1492-1512. doi: 10.1287/mnsc.32.11.1492

Stegbauer, C. (2010). Weak und Strong Ties. Freundschaft aus netzwerktheoretischer Perspektive. In C. Stegbauer (Hrsg.) *Netzwerkanalyse und Netzwerktheorie*, 105-119.

Stegbauer, C., & Jäckel, M. (2008). Social Software – Herausforderungen für die mediensoziologische Forschung. In C. Stegbauer & M. Jäckel (Hrsg.), *Social Software. Formen der Kooperation in computerbasierten Netzwerken* (S. 7-10). Springer.

Steinfield, C., Ellison, N. B., & Lampe, C. (2008). Social capital, self-esteem, and use of online social network sites: A longitudinal analysis. *Journal of Applied Developmental Psychology*, *29*(6), 434-445. doi:10.1016/j.appdev.2008.07.002

Steinkuehler, C. A., & Williams, D. (2006). Where everybody knows your (screen) name: Online games as "third places". *Journal of Computer-Mediated Communication*, *11*(4), 885-909. doi:10.1111/j.1083-6101.2006.00300.x

Stewart, M. J. (1989). Social support: Diverse theoretical perspectives. *Social Science & Medicine*, *28*(12), 1275-1282.

Straub, D., Limayem, M., & Karahanna-Evaristo, E. (1995). Measuring system usage: Implications for IS Theory Testing. *Management Science*, *41*(8), 1328-1342. doi:10.1287/mnsc.41.8.1328

Teten, D., & Allen, S. (2005). *The virtual handshake: Opening doors and closing deals online*. Amacom Books.

Treibel, A. (1997). *Einführung in soziologische Theorien der Gegenwart*. VS Verlag für Sozialwissenschaften.

Trepte, S., Reinecke, L., & Juechems, K. (2012). The social side of gaming: How playing online computer games creates online and offline social support. *Computers in Human Behavior*, *28*(3), 832-839. doi:10.1016/j.chb.2011.12.003

Trepte, S., & Scharkow, M. (2016). Friends and live-savers: How social capital and social support received in media environments add to well-being. In L. Reinecke & M.B. Oliver (Hrsg.), *The Routledge handbook of media use and well-being: International perspectives on theory and research on positive media effects.* Routledge.

Ugander, J., Karrer, B., Backstrom, L., & Marlow, C. (2011). *The anatomy of the Facebook social graph*. arXiv:1111.4503. Abgerufen von http://arxiv.org/abs/1111.4503

Utz, S., & Muscanell, N. (2015). Social media and social capital: Introduction to the special issue. *Societies, 5*(2), 420-424. doi: 10.3390/soc5020420

Valkenburg, P. M., & Peter, J. (2013). Five challenges for the future of media-effects research. *International Journal of Communication, 7*, 197-215.

Valkenburg, P. M., & Peter, J. (2009). Social consequences of the Internet for adolescents. A decade of research. *Current Directions in Psychological Science, 18*(1), 1-5. doi:10.1111/j.1467-8721.2009.01595.x

Valkenburg, P. M., Peter, J., & Schouten, A. P. (2006). Friend networking sites and their relationship to adolescents' well-being and social self-esteem. *CyberPsychology & Behavior, 9*(5), 584-590. doi:10.1089/cpb.2006.9.584

Van Eimeren, B., & Frees, B. (2013). Rasanter Anstieg des Internetkonsums – Onliner fast drei Stunden täglich im Netz. Ergebnisse der ARD/ZDF-Onlinestudie 2013. *Media Perspektiven, 7*, 358-372.

Veiel, H. O. (1985). Dimensions of social support: A conceptual framework for research. *Social Psychiatry, 20*(4), 156-162. doi:10.1007/BF00583293

Venkatesh, V., Brown, S. A., Maruping, L. M., & Bala, H. (2008). Predicting different conceptualizations of system use: The competing roles of behavioral intention, facilitating conditions, and behavioral expectation. *Management Information Systems Quarterly, 32*(3), 483-502. doi :10.1287/isre.14.2.189.16018

Venkatesh, V., Morris, M. G., Davis, G. B., & Davis, F. D. (2003). User acceptance of information technology: Toward a unified view. *Management Information Systems Quarterly, 27*(3), 425-478. doi:10.2307/30036540

Viechtbauer, W. (2010). Conducting meta-analyses in R with the metafor package. *Journal of Statistical Software, 36*(3), 1-48.

Viechtbauer, W. (2014). *Package metafor: Meta-analysis package for R.* Abgerufen von http://cran.r-project.org/web/packages/metafor/metafor.pdf

Vitak, J. (2012). The impact of context collapse and privacy on social network site disclosures. *Journal of Broadcasting & Electronic Media, 56*(4), 451-470. doi:10.1080/08838151.2012.732140

Vitak, J., & Ellison, N. B. (2012). 'There's a network out there you might as well tap': Exploring the benefits of and barriers to exchanging informational and support-based resources on Facebook. *New Media & Society,* 15(2), 243-259. doi:10.1177/1461444812451566

Vitak, J., Ellison, N., & Steinfield, C. (2011). The ties that bond: Re-examining the relationship between Facebook use and bonding social capital. *Proceedings of the 44th Annual Hawaii International Conference on System Sciences.* Abgerufen von http://vitak.files.wordpress.com/2009/02/hicss-social-provisions-revised-final.pdf

Vogelgesang, J., & Scharkow, M. (2012). Reliabilitätstests in Inhaltsanalysen. *Publizistik, 57*(3), 333-345. doi: 10.1007/s11616-012-0154-9

von Pape, T., Quandt, T., Scharkow, M., & Vogelgesang, J. (2012). Nachrichtengeographie des Zuschauerinteresses. Eine Mehrebenenanalyse des Länderinteresses deutscher Fernsehzuschauer. *Medien & Kommunikationswissenschaft, Sonderheft 2012*, 159-182.

Vorderer, P. D. P., Klimmt, C., Rieger, D. Baumann, E., Hefner, D., Knop, K., …, Wessler, H. (2015). Der mediatisierte Lebenswandel. Permanently online, permanently connected. *Publizistik, 60*(3), 259–276. http://doi.org/10.1007/s11616-015-0239-3

Vorderer, P., & Kohring, M. (2013). Permanently online: A challenge for media and communication research. *International Journal of Communication, 7,* 188-196.

Wagner, M., & Weiß, B. (2003). Bilanz der deutschen Scheidungsforschung. Versuch einer Meta-Analyse. *Zeitschrift für Soziologie, 32*(1), 29-49.

Walther, J. B. (1992). Interpersonal effects in computer-mediated interaction a relational perspective. *Communication Research*, *19*(1), 52-90. doi:10.1177/009365092019001003

Wan, C.-S., & Chiou, W.-B. (2006). Psychological motives and online games addiction: A test of flow theory and humanistic needs theory for Taiwanese adolescents. *CyberPsychology & Behavior*, *9*(3), 317-324. doi:10.1089/cpb.2006.9.317

Wang, H., & Wellman, B. (2010). Social connectivity in America: Changes in adult friendship network size from 2002 to 2007. *American Behavioral Scientist*, *53*(8), 1148-1169. doi:10.1177/0002764209356247

Weiss, B., & Aloe, A. M. (2014). *Introductory, intermediate, and advanced meta-analysis techniques*. GESIS Materialien.

Weiss, B., & Wagner, M. (2011). The identification and prevention of publication bias in the social sciences and economics. *Journal of Economics and Statistics*, *231*(5-6), 661-684.

Weisband, S., & Kiesler, S. (1996). Self disclosure on computer forms: Meta-analysis and implications. *In proceedings of the SIGCHI conference on human factors in computing systems (S. 3-10)*. ACM. Abgerufen von http://dl.acm.org/citation.cfm?id=238387

Weissensteiner, E., & Leiner, D. (2011). Facebook in der Wissenschaft. Forschung zu sozialen Onlinenetzwerken. *Medien und Kommunikationswissenschaft*, *59*(4), 526-544.

Wellman, B., Haase, A. Q., Witte, J., & Hampton, K. (2001). Does the Internet increase, decrease, or supplement social capital? Social networks, participation, and community commitment. *American Behavioral Scientist*, *45*(3), 436-455. doi:10.1177/00027640121957286.

White, H. D. (2009). Scientific communication and literature retrieval. In H. Cooper, L. V. Hedges, & J. C. Velentine (Hrsg.), *The handbook of research synthesis and meta-analysis* (S. 51-71). Russell Sage Foundation.

Wickham, H. (2011). The split-apply-combine strategy for data analysis. *Journal of Statistical Software*, *40*(1), 1-29.

Wiedemann, T., & Meyen, M. (2013). *Pierre Bourdieu und die Kommunikationswissenschaft. Internationale Perspektiven.* Herbert von Halem Verlag.

Williams, D. (2006). On and off the'net: Scales for social capital in an online era. *Journal of Computer-Mediated Communication*, *11*(2), 593-628. doi:10.1111/j.1083-6101.2006.00029.x

Williams, D. (2007). The impact of time online: Social capital and cyberbalkanization. *CyberPsychology & Behavior*, *10*(3), 398-406. doi:10.1089/cpb.2006.9939.

Williams, D., Ducheneaut, N., Xiong, L., Zhang, Y., Yee, N., & Nickell, E. (2006). From tree house to barracks. The social life of guilds in World of Warcraft. *Games and Culture*, *1*(4), 338-361. doi:10.1177/1555412006292616

Wills, T. A. (1985). Supportive functions of interpersonal relationships. In S. Cohen & L. Syme (Hrsg.), *Social support and health* (S. 61-82). Academic Press.

Wilson, Robert E., Gosling, S. D., & Graham, L. T. (2012). A review of Facebook research in the social sciences. *Perspectives on Psychological Science*, *7*(3), 203-220. doi:10.1177/1745691612442904

Wirth, W., & Schweiger, W. (1999). Selektion neu betrachtet: Auswahlentscheidungen im Internet. In W. Wirth & W. Schweiger (Hrsg.), *Selektion im Internet* (S. 43-74). Springer.

Wonneberger, A., Schönbach, K., & van Meurs, L. (2013). Dimensionality of TV-news exposure: Mapping news viewing behavior with people-meter data. *International Journal of Public Opinion Research*, *25*(1), 87-107. doi:10.1093/ijpor/eds004

Wormald, B. (2014). *Internet use over time*. (The Pew Internet and American Life Project Commentary). Abgerufen von http://www.pewinternet.org/data-trend/internet-use/internet-use-over-time/

Wright, K. B. (2005). Researching Internet-based populations: Advantages and disadvantages of online survey research, online questionnaire authoring software packages, and web survey services. *Journal of Computer-Mediated Communication*, *10*(3), 00-00. doi:10.1111/j.1083-6101.2005.tb00259.x

Yee, N. (2006). Motivations for play in online games. *CyberPsychology & Behavior, 9*(6), 772–775. doi:10.1089/cpb.2006.9.772

Yee, N., Bailenson, J. N., Urbanek, M., Chang, F., & Merget, D. (2007). The unbearable likeness of being digital: The persistence of nonverbal social norms in online virtual environments. *CyberPsychology & Behavior*, *10*(1), 115-121.

Yoder, C., & Stutzman, F. (2011). Identifying social capital in the Facebook interface. *Proceedings of the SIGCHI Conference on Human Factors in Computing Systems* (S. 585-588). ACM. Abgerufen von http://dl.acm.org/citation.cfm?id=1979025

Zamith, R., & Lewis, S.C. (2015). Content analysis and the algorithmic coder: What computational social science means for traditional modes of media analysis. *The Annals of the American Academy of Political and Social Science, 659*(1), 307-318.

Zhong, Z.-J. (2011). The effects of collective MMORPG (Massively multiplayer online role-playing games) play on gamers' online and offline social capital. *Computers in Human Behavior, 27*(6), 2352-2363. doi:10.1016/j.chb.2011.07.014

Zimet, G. D., Dahlem, N. W., Zimet, S. G., & Farley, G. K. (1988). The multidimensional scale of perceived social support. *Journal of Personality Assessment*, *52*(1), 30-41. doi:10.1207/s15327752jpa5201_2

Zou, X. (2010). *Social networks and subjective well-being: Regulatory fit between self-regulation and network structure.* Abgerufen von http://www8.gsb.columbia.edu/programs-admissions/sites/programs-admissions/files/abstracts/Zou._Xi_Thesis.pdf

Anhang

1. Primärstudien[1, 2]

Ahn, J. (2012).[1] Teenagers' experiences with social network sites: Relationships to bridging and
Ahn, J. (2012).[1] Teenagers' experiences with social network sites: Relationships to bridging and
bonding social capital. *The Information Society*, *28*(2), 99-109. doi:10.1080/01972243.2011.649394

Appel, M., Holtz, P., Stiglbauer, B., & Batinic, B. (2012).[1,2] Parents as a resource: Communication quality affects the relationship between adolescents' Internet use and loneliness. *Journal of Adolescence*, *35*(6), 1641-1648. doi:10.1016/j.adolescence.2012.08.003

Appel, M., Stiglbauer, B., Batinic, B., & Holtz, P. (2014).[1,2] Internet use and verbal aggression: The moderating role of parents and peers. *Computers in Human Behavior*, *33*, 235-241. doi:10.1016/j.chb.2014.01.007

Aubrey, J. S., & Rill, L. (2013).[1,2] Investigating relations between Facebook use and social capital among college undergraduates. *Communication Quarterly*, *61*(4), 479-496. doi:10.1080/01463373.2013.801869

Baker, J. R., & Moore, S. M. (2008).[1,2] Blogging as a social tool: A psychosocial examination of the effects of blogging. *CyberPsychology & Behavior*, *11*(6), 747-749. doi:10.1089/cpb.2008.0053

Baker, L. R., & Oswald, D. L. (2010).[1,2] Shyness and online social networking services. *Journal of Social and Personal Relationships*, *27*(7), 873-889. doi:10.1177/0265407510375261

Beatty, L., & Scott, K. (2013).[1,2] Examining eHealth use as a coping strategy for cancer-adjustment: An application of the Chronic Illness Model. *Sensoria: A Journal of Mind, Brain & Culture*, *9*(1), 9-18. doi:10.7790/ejap.v9i1.349

Beaudoin, C. E. (2011).[1] News effects on bonding and bridging social capital: An empirical study relevant to ethnicity in the United States. *Communication Research, 38*(2), 155-178. doi:10.1177/0093650210381598

Beaudoin, C. E., & Tao, C.-C. (2007).[1] Benefiting from social capital in online support groups: An empirical study of cancer patients. *CyberPsychology & Behavior*, *10*(4), 587-590. doi:10.1089/cpb.2007.9986

Beesley, V. L., Janda, M., Eakin, E. G., Auster, J. F., Chambers, S. K., Aitken, J. F., … Battistutta, D. (2010).[1,2] Gynecological cancer survivors and community support services: Referral, awareness, utilization and satisfaction. *Psycho-Oncology*, *19*(1), 54-61. doi:10.1002/pon.1528

Bessière, K., Kiesler, S., Kraut, R., & Boneva, B. S. (2008).[1,2] Effects of Internet use and social resources on changes in depression. *Information, Community & Society*, *11*(1), 47-70. doi:10.1080/13691180701858851

Boies, S. C., Cooper, A., & Osborne, C. S. (2004).[2] Variations in Internet-related problems and psychosocial functioning in online sexual activities: Implications for social and sexual devel-

1 Mittelwerte für OMN und/oder WSR sind angegeben oder konnten ermittelt werden.

2 Korrelationskoeffizient ist angegeben oder konnte ermittelt werden.

opment of young adults. *CyberPsychology & Behavior*, *7*(2), 207-230. doi:10.1089/109493104323024474

Brandtzæg, P. B. (2012).[2] Social networking sites: Their users and social implications–A longitudinal study. *Journal of Computer-Mediated Communication, 17*(4), 467-488. doi:10.1111/j.1083-6101.2012.01580.x

Bunde, M., Suls, J., Martin, R., & Barnett, K. (2006).[1,2] Hystersisters online: Social support and social comparison among hysterectomy patients on the Internet. *Annals of Behavioral Medicine, 31*(3), 271-278. doi:10.1207/s15324796abm3103_9

Chiu, Y.-L., Tsai, C.-C., & Fan Chiang, C.-Y. (2013).[1] The relationships among nurses' job characteristics and attitudes toward web-based continuing learning. *Nurse Education Today*, *33*(4), 327-333. doi:10.1016/j.nedt.2013.01.011

Choi, S. M., Kim, Y., Sung, Y., & Sohn, D. (2011).[1] Bridging or bonding? A cross-cultural study of social relationships in social networking sites. *Information, Communication & Society*, *14*(1), 107-129. doi:10.1080/13691181003792624

Chu, S.-C. & Choi, S. M. (2010). [1] Social capital and self-presentation on social networking sites: a comparative study of Chinese and American young generations. *Chinese Journal of Communication, 3*(4), 402-420. doi:10.1080/17544750.2010.516575

DiChiara, C. A. (2010).[1,2] *A comparison of social capital and the problematic use of massively multiplayer online games*. Abgerufen von http://gradworks.umi.com/34/15/3415697.html

Eastin, M. S., & LaRose, R. (2005).[1,2] Alt. support: Modeling social support online. *Computers in Human Behavior*, *21*(6), 977-992. doi:10.1016/j.chb.2004.02.024

Ellison, N. B., Steinfield, C., & Lampe, C. (2007).[1,2] The benefits of Facebook "friends": Social capital and college students' use of online social network sites. *Journal of Computer-Mediated Communication*, *12*(4), 1143-1168. doi:10.1111/j.1083-6101.2007.00367.x

Ellison, N. B., Steinfield, C., & Lampe, C. (2011).[1,2] Connection strategies: Social capital implications of Facebook-enabled communication practices. *New Media & Society*, *13*(6), 873-892. doi:10.1177/1461444810385389

Ellison, N. B., Vitak, J., Gray, R., & Lampe, C. (2014).[1] Cultivating social resources on social network sites: Facebook relationship maintenance behaviors and their role in social capital processes. *Journal of Computer-Mediated Communication,* *19*(4), 855-870. doi:10.1111/jcc4.12078

Erickson, J., & Johnson, G. M. (2011).[1,2] Internet use and psychological wellness during late adulthood. *Canadian Journal on Aging/La Revue Canadienne du Vieillissement*, *30*(02), 197-209. doi:10.1017/S0714980811000109

Fogel, J., Albert, S. M., Schnabel, F., Ann Ditkoff, B., & Neugut, A. I. (2003).[1,2] Racial/ethnic differences and potential psychological benefits in use of the Internet by women with breast cancer. *Psycho-Oncology*, *12*(2), 107-117. doi:10.1002/pon.617

Fogel, J., Albert, S. M., Schnabel, F., Ditkoff, B. A., & Neugut, A. I. (2002).[1] Internet use and social support in women with breast cancer. *Health Psychology*, *21*(4), 398. doi:10.1037/0278-6133.21.4.398

Goldner, K. R. (2008). [1,2] *Self disclosure on social networking Websites and relationship quality in late adolescence.* Abgerufen von http://digitalcommons.pace.edu/dissertations/AAI3287856/

Ho, S. M., & Lee, T. (2001). [1,2] Computer usage and its relationship with adolescent lifestyle in Hong Kong. *Journal of Adolescent Health*, *29*(4), 258-266. doi:10.1016/S1054-139X(01)00261-0

Hofer, M., & Aubert, V. (2013). [1,2] Perceived bridging and bonding social capital on Twitter: Differentiating between followers and followees. *Computers in Human Behavior*, *29*(6), 2134-2142. doi:10.1016/j.chb.2013.04.038

Howard, M. C. (2014). [1,2] An epidemiological assessment of online groups and a test of a typology: What are the (dis)similarities of the online group types? *Computers in Human Behavior*, *31*, 123-133. doi:10.1016/j.chb.2013.10.021

Ji, Y. G., Hwangbo, H., Yi, J. S., Rau, P. P., Fang, X., & Ling, C. (2010). [1,2] The influence of cultural differences on the use of social network services and the formation of social capital. *International Journal of Human–Computer Interaction*, *26*(11-12), 1100-1121. doi:10.1080/10447318.2010.516727

Johnston, K., Tanner, M., Lalla, N., & Kawalski, D. (2013). [1] Social capital: the benefit of Facebook 'friends'. *Behaviour & Information Technology, 32*(1), 24–36. doi: 10.1080/0144929X.2010.550063

Johnston, A. C., Worrell, J. L., Di Gangi, P. M., & Wasko, M. (2013).[2] Online health communities: An assessment of the influence of participation on patient empowerment outcomes. *Information Technology & People*, *26*(2), 213-235. doi: 10.1108/ITP-02-2013-0040

Jung, Y., Song, H., & Vorderer, P. (2012). [1,2] Why do people post and read personal messages in public? The motivation of using personal blogs and its effects on users' loneliness, belonging, and well-being. *Computers in Human Behavior*, *28*(5), 1626-1633. doi:10.1016/j.chb.2012.04.001

Kalichman, S. C., Benotsch, E. G., Weinhardt, L., Austin, J., Luke, W., & Cherry, C. (2003).[2] Health-related Internet use, coping, social support, and health indicators in people living with HIV/AIDS: Preliminary results from a community survey. *Health Psychology*, *22*(1), 111-116. doi:10.1037/0278-6133.22.1.111

Kang, S. (2007).[1] Disembodiment in online social interaction: Impact of online chat on social support and psychosocial well-being. *CyberPsychology & Behavior*, *10*(3), 475-477. doi:10.1089/cpb.2006.9929

Kim, J., & Tussyadiah, I. P. (2013).[1] Social networking and social support in tourism experience: The moderating role of online self-presentation strategies. *Journal of Travel & Tourism Marketing, 30*(1-2), 78–92.doi:10.1080/10548408.2013.751220

Kruger, L. J., Macklem, G., Burgess, D. M., Maital, S. L., Shriberg, D., & Kalinsky, R. (2001).[1,2] Sense of community among school psychologists on an Internet site. *Professional Psychology: Research and Practice*, *32*(6), 642-649. doi:10.1037/0735-7028.32.6.642

Kwon, M.-W., D'Angelo, J., & McLeod, D. M. (2013).[1] Facebook use and social capital: To bond, to bridge, or to escape. *Bulletin of Science, Technology & Society*, *33*(1-2), 35-43. doi:10.1177/0270467613496767

Lee, D. Y. (2013).[1] The role of attachment style in building social capital from a social networking site: The interplay of anxiety and avoidance. *Computers in Human Behavior*, *29*(4), 1499-1509. doi:10.1016/j.chb.2013.01.012

Lee, E., Kim, Y. J., & Ahn, J. (2014).[1,2] How do people use Facebook features to manage social capital? *Computers in Human Behavior*, *36*, 440-445. doi:10.1016/j.chb.2014.04.007

Leung, L., & Lee, P. S. (2005).[2] Multiple determinants of life quality: The roles of Internet activities, use of new media, social support, and leisure activities. *Telematics and Informatics*, *22*(3), 161-180. doi:10.1016/j.tele.2004.04.003

Li, X., & Chen, W. (2014).[1,2] Facebook or Renren? A comparative study of social networking site use and social capital among Chinese international students in the United States. *Computers in Human Behavior*, *35*, 116-123. doi:10.1016/j.chb.2014.02.012

Liang, T.-P., Ho, Y.-T., Li, Y.-W., & Turban, E. (2011).[1] What drives social commerce: The role of social support and relationship quality. *International Journal of Electronic Commerce*, *16*(2), 69-90. doi:10.2753/JEC1086-4415160204

Lin, J.-H., Peng, W., Kim, M., Kim, S. Y., & LaRose, R. (2012).[1,2] Social networking and adjustments among international students. *New Media & Society*, *14*(3), 421-440. doi:10.1177/1461444811418627

Liu, H., Shi, J., Liu, Y., & Sheng, Z. (2013).[2] The moderating role of attachment anxiety on social network site use intensity and social capital. *Psychological Reports*, *112*(1), 252-265. doi:10.2466/21.02.17.PR0.112.1.252-265

Liu, X., & LaRose, R. (2008).[1,2] Does using the Internet make people more satisfied with their lives? The effects of the Internet on college students' school life satisfaction. *CyberPsychology & Behavior, 11*(3), 310-320. doi:10.1089/cpb.2007.0040

Littau, J. (2009). [1,2] *The virtual social capital of online communities: Media use and motivations as predictors of online and offline engagement via six measures of community strength*. Abgerufen von https://mospace.library.umsystem.edu/xmlui/handle/10355/7026

Longman, H., O'Connor, E., & Obst, P. (2009).[2] The effect of social support derived from World of Warcraft on negative psychological symptoms. *CyberPsychology & Behavior, 12*(5), 563-566. doi:10.1089/cpb.2009.0001

Lynch, J. G. (2012).[1] *Perceived stress and the buffering effect of perceived social support on Facebook.* Abgerufen von http://gradworks.umi.com/35/31/3531117.html

Magro, M. J., Ryan, S. D., & Prybutok, V. R. (2013).[1] The Social Network Application Post-Adoptive Use Model (SNAPUM): A model examining social capital and other critical factors affecting the post-adoptive use of Facebook. *Informing Science: The International Journal of an Emerging Transdiscipline, 16,* 37-69.

Maksl, A., & Young, R. (2013).[2] Affording to exchange: Social capital and online information sharing. *Cyberpsychology, Behavior, and Social Networking, 16*(8), 588-592. doi:10.1089/cyber.2012.0430

Manago, A. M., Taylor, T., & Greenfield, P. M. (2012).[2] Me and my 400 friends: The anatomy of college students' Facebook networks, their communication patterns, and well-being. *Developmental Psychology, 48*(2), 369. doi:10.1037/a0026338

McDaniel, B. T., Coyne, S. M., & Holmes, E. K. (2012).[1,2] New mothers and media use: Associations between blogging, social networking, and maternal well-being. *Maternal and Child Health Journal, 16*(7), 1509-1517. doi:10.1007/s10995-011-0918-2

Mesch, G. S. (2012).[1] Minority status and the use of computer-mediated communication. A test of the social diversification hypothesis. *Communication Research, 39*(3), 317-337. doi:10.1177/0093650211398865

Mikal, J. P., & Grace, K. (2011).[1,2] Against abstinence-only education abroad: Viewing Internet use during study abroad as a possible experience enhancement. *Journal of Studies in International Education, 16*(3), 287-306. doi:10.1177/1028315311423108

Miller, A. N. (2011).[1] *Sharing in workplace friendship: A model of disclosure in white-collar workplace relationships*. Abgerufen von http://gradworks.umi.com/34/55/3455258.html

Miller, S. M. (2008).[1,2] The effect of frequency and type of Internet use on perceived social support and sense of well-being in individuals with spinal cord injury. *Rehabilitation Counseling Bulletin, 51*(3), 148-158. doi:10.1177/0034355207311315

Miyata, K., & Kobayashi, T. (2008).[1,2] Causal relationship between Internet use and social capital in Japan. *Asian Journal of Social Psychology, 11*(1), 42-52. doi:10.1111/j.1467-839X.2007.00242.x

Mo, P. K., & Coulson, N. S. (2010).[1] Empowering processes in online support groups among people living with HIV/AIDS: A comparative analysis of 'lurkers' and 'posters'. *Computers in Human Behavior, 26*(5), 1183-1193. doi:10.1016/j.chb.2010.03.028

Mo, P. K., & Coulson, N. S. (2012).[1,2] Developing a model for online support group use, empowering processes and psychosocial outcomes for individuals living with HIV/AIDS. *Psychology & Health, 27*(4), 445-459. doi:10.1080/08870446.2011.592981

Mo, P. K., & Coulson, N. S. (2013).[1,2] Online support group use and psychological health for individuals living with HIV/AIDS. *Patient Education and Counseling, 93*(3), 426-432. doi:10.1016/j.pec.2013.04.004

Morgan, C., & Cotten, S. R. (2003).[1,2] The relationship between Internet activities and depressive symptoms in a sample of college freshmen. *CyberPsychology & Behavior, 6*(2), 133-142. doi:10.1089/109493103321640329

Mou, Y. (2012).[1,2] *Social media and risk communication: The role of social networking sites in food-safety communication*. Abgerufen von http://gradworks.umi.com/35/29/3529448.html

Nabi, R. L., Prestin, A., & So, J. (2013).[1] Facebook friends with (health) benefits? Exploring social network site use and perceptions of social support, stress, and well-being. *Cyberpsychology, Behavior, and Social Networking, 16*(10), 721-727. doi:10.1089/cyber.2012.0521

Noel, J. G., & Epstein, J. (2003).[1] Social support and health among senior Internet users: Results of an online survey. *Journal of Technology in Human Services, 21*(3), 35-54. doi:10.1300/J017v21n03_03

Norris, T. L. (2010).[1] *Adolescent academic achievement, bullying behavior, and the frequency of Internet use*. Abgerufen von https://etd.ohiolink.edu/ !etd.send_file?accession=kent1270316819 &disposition=inline

Obst, P., & Stafurik, J. (2010).[2] Online we are all able bodied: Online psychological sense of community and social support found through membership of disability-specific websites promotes well-being for people living with a physical disability. *Journal of Community & Applied Social Psychology, 20*(6), 525-531. doi:10.1002/casp.1067

Oh, H. J., Lauckner, C., Boehmer, J., Fewins-Bliss, R., & Li, K. (2013).[1,2] Facebooking for health: An examination into the solicitation and effects of health-related social support on social networking sites. *Computers in Human Behavior, 29*(5), 2072-2080. doi:10.1016/j.chb.2013.04.017

Oh, H. J., & Lee, B. (2012).[1,2] The effect of computer-mediated social support in online communities on patient empowerment and doctor–patient communication. *Health Communication, 27*(1), 30-41. doi:10.1080/10410236.2011.567449

Oh, H. J., Ozkaya, E., & LaRose, R. (2014).[1,2] How does online social networking enhance life satisfaction? The relationships among online supportive interaction, affect, perceived social support, sense of community, and life satisfaction. *Computers in Human Behavior, 30*, 69-78. doi:10.1016/j.chb.2013.07.053

Phua, J. (2013).[1,2] Participating in health issue-specific social networking sites to quit smoking: How does online social interconnectedness influence smoking cessation self-efficacy? *Journal of Communication, 63*(5), 933-952. doi:10.1111/jcom.12054

Phua, J., & Jin, S.-A. A. (2011).[2] 'Finding a home away from home': The use of social networking sites by Asia-Pacific students in the United States for bridging and bonding social capital. *Asian Journal of Communication, 21*(5), 504-519. doi:10.1080/01292986.2011.587015

Quiñones-García, C., & Korak-Kakabadse, N. (2014).[1] Compulsive Internet use in adults: A study of prevalence and drivers within the current economic climate in the UK. *Computers in Human Behavior, 30*, 171-180. doi:10.1016/j.chb.2013.08.004

Rains, S. A., & Keating, D. M. (2011).[1,2] The social dimension of blogging about health: Health blogging, social support, and well-being. *Communication Monographs, 78*(4), 511-534. doi:10.1080/03637751.2011.618142

Reer, F., & Krämer, N. C. (2014).[1,2] Underlying factors of social capital acquisition in the context of online-gaming: Comparing World of Warcraft and Counter-Strike. *Computers in Human Behavior, 36*, 179-189. doi:10.1016/j.chb.2014.03.057

Rohall, D. E., Cotten, S. R., & Morgan, C. (2002).[1,2] Internet use and the self concept: Linking specific uses to global self-esteem. *Current Research in Social Psychology, 8*(1), 1-19.

Sarkadi, A., & Bremberg, S. (2005).[1] Socially unbiased parenting support on the Internet: A cross-sectional study of users of a large Swedish parenting website. *Child: Care, Health and Development, 31*(1), 43-52. doi:10.1111/j.1365-2214.2005.00475.x

Seçkin, G. (2011).[1] I am proud and hopeful: Age-based comparisons in positive coping affect among women who use online peer-support. *Journal of Psychosocial Oncology, 29*(5), 573-591. doi:10.1080/07347332.2011.599361

Setoyama, Y., Yamazaki, Y., & Nakayama, K. (2011).[1] Comparing support to breast cancer patients from online communities and face-to-face support groups. *Patient Education and Counseling, 85*(2), 95-100. doi:10.1016/j.pec.2010.11.008

Setoyama, Y., Yamazaki, Y., & Namayama, K. (2011).[1] Benefits of peer support in online Japanese breast cancer communities: Differences between lurkers and posters. *Journal of Medical Internet Research, 13*(4). doi:10.2196/jmir.1696

Skoric, M. M., & Kwan, G. C. E. (2011).[1,2] Platforms for mediated sociability and online social capital: The role of Facebook and massively multiplayer online games. *Asian Journal of Communication, 21*(5), 467-484. doi:10.1080/01292986.2011.587014

Skoric, M. M., Ying, D., & Ng, Y. (2009). [1,2] Bowling online, not alone: Online social capital and political participation in Singapore. *Journal of Computer-Mediated Communication, 14*(2), 414-433. doi:10.1111/j.1083-6101.2009.01447.x

Smedema, S. M., & McKenzie, A. R. (2010).[1,2] The relationship among frequency and type of Internet use, perceived social support, and sense of well-being in individuals with visual impairments. *Disability & Rehabilitation, 32*(4), 317-325. doi:10.3109/09638280903095908

Song, H., Cramer, E. M., McRoy, S., & May, A. (2013).[1,2] Information needs, seeking behaviors, and support among low-income expectant women. *Women & Health, 53*(8), 824-842.

Steinfield, C., Ellison, N. B., & Lampe, C. (2008). [1] Social capital, self-esteem, and use of online social network sites: A longitudinal analysis. *Journal of Applied Developmental Psychology, 29*(6), 434–445. doi:10.1016/j.appdev.2008.07.002

Subrahmanyam, K., & Lin, G. (2007).[1] Adolescents on the net: Internet use and well-being. *Adolescence, 42*(168), 659-667. doi:10.1080/03630242.2013.831019

Swickert, R. J., Hittner, J. B., Harris, J. L., & Herring, J. A. (2002).[1,2] Relationships among Internet use, personality, and social support. *Computers in Human Behavior, 18*(4), 437-451. doi:10.1016/S0747-5632(01)00054-1

Trepte, S., & Reinecke, L. (2013).[1,2] The reciprocal effects of social network site use and the disposition for self-disclosure: A longitudinal study. *Computers in Human Behavior, 29*(3), 1102-1112. doi:10.1016/j.chb.2012.10.002

Turner, J. W., Grube, J. A., & Meyers, J. (2001).[1,2] Developing an optimal match within online communities: An exploration of CMC support communities and traditional support. *Journal of Communication, 51*(2), 231-251. doi:10.1111/j.1460-2466.2001.tb02879.x

Vanderwerker, L. C., & Prigerson, H. G. (2004).[1] Social support and technological connectedness as protective factors in bereavement. *Journal of Loss and Trauma, 9*(1), 45–57.

Velezmoro, R., Negy, C., & Livia, J. (2012).[1] Online sexual activity: Cross-national comparison between United States and Peruvian college students. *Archives of Sexual Behavior, 41*(4), 1015-1025. doi:10.1007/s10508-011-9862-x

Vergeer, M., & Pelzer, B. (2009).[1,2] Consequences of media and Internet use for offline and online network capital and well-being. A causal model approach. *Journal of Computer-Mediated Communication, 15*(1), 189-210. doi:10.1111/j.1083-6101.2009.01499.x

Wangberg, S. C., Andreassen, H. K., Prokosch, H.-U., Santana, S. M. V., Sørensen, T., & Chronaki, C. E. (2008).[2] Relations between Internet use, socio-economic status (SES), social support and subjective health. *Health Promotion International, 23*(1), 70-77. doi:10.1093/heapro/dam039

Welbourne, J. L., Blanchard, A. L., & Wadsworth, M. B. (2013).[1,2] Motivations in virtual health communities and their relationship to community, connectedness and stress. *Computers in Human Behavior, 29*(1), 129-139. doi:10.1016/j.chb.2012.07.024

Williams, D. (2007).[1,2] The impact of time online: Social capital and cyberbalkanization. *CyberPsychology & Behavior, 10*(3), 398-406. doi:10.1089/cpb.2006.9939

Wohn, D. Y., Ellison, N. B., Khan, M. L., Fewins-Bliss, R., & Gray, R. (2013).[1] The role of social media in shaping first-generation high school students' college aspirations: A social capital lens. *Computers & Education, 63*, 424-436. doi:10.1016/j.compedu.2013.01.004

Wright, K. (2012).[1] Similarity, network convergence, and availability of emotional support as predictors of strong-tie/weak-tie support network preference on Facebook. *Southern Communication Journal*, *77*(5), 389-402. doi:10.1080/1041794X.2012.681003

Wright, K. B. (1999).[1,2] Computer-mediated support groups: An examination of relationships among social support, perceived stress, and coping strategies. *Communication Quarterly*, *47*(4), 402-414. doi:10.1080/01463379909385570

Wu, S.-Y., Wang, S.-T., Liu, F., Hu, D.-C., & Hwang, W.-Y. (2012).[1] The influences of social self-efficacy on social trust and social capital–A case study of Facebook. *Turkish Online Journal of Educational Technology-TOJET*, *11*(2), 246-254.

Ye, J. (2006).[1,2] An examination of acculturative stress, interpersonal social support, and use of online ethnic social groups among Chinese international students. *The Howard Journal of Communications*, *17*(1), 1-20. doi:10.1080/10646170500487764

Zhong, Z.-J. (2011).[1] The effects of collective MMORPG (Massively Multiplayer Online Role-Playing Games) play on gamers' online and offline social capital. *Computers in Human Behavior*, *27*(6), 2352-2363. doi:10.1016/j.chb.2011.07.014

2. Suchbegriffe

AB((social N1 capital) OR (social* N1 support*) OR (emotion* N1 support*) OR (instrument* N1 support*) OR (informat* N1 support*) OR (tangi* N1 support*) OR (apprais* N1 support*) OR (cognit* N1 support*) OR (materi* N1 support*) OR (psychosocial* N1 support*) OR (econom* N1 support*) OR (esteem* N1 support*) OR (social* N1 embed*) OR (enact* N1 support*)) AND AB((Internet OR WWW OR web* OR online OR digital OR cyber OR (network N1 site*) OR facebook OR myspace OR "google+" OR linkedin OR (video N1 shar*) OR (music N1 shar*) OR (photo N1 shar*) OR (image N1 shar*) OR youtube OR vimeo OR flickr OR last.fm OR spotify OR (video N1 gam*) OR (computer N1 gam*) OR (console N1 gam*) OR (browser N1 gam*) OR gamer OR gaming OR forum OR fora OR (bulletin N1 board*) OR newsgroup OR portal OR (message N1 board*) OR MUD OR Usenet OR blog OR twitter OR tumblr)) OR TI((social N1 capital) OR (social* N1 support*) OR (emotion* N1 support*) OR (instrument* N1 support*) OR (informat* N1 support*) OR (tangi* N1 support*) OR (apprais* N1 support*) OR (cognit* N1 support*) OR (materi* N1 support*) OR (psychosocial* N1 support*) OR (econom* N1 support*) OR (esteem* N1 support*) OR (social* N1 embed*) OR (enact* N1 support*)) AND TI((Internet OR WWW OR web* OR online OR digital OR cyber OR (network N1 site*) OR facebook OR myspace OR "google+" OR linkedin OR (video N1 shar*) OR (music N1 shar*) OR (photo N1 shar*) OR (image N1 shar*) OR youtube OR vimeo OR flickr OR last.fm OR spotify OR (video N1 gam*) OR (computer N1 gam*) OR (console N1 gam*) OR (browser N1 gam*) OR gamer OR gaming OR forum OR fora OR (bulletin N1 board*) OR newsgroup OR portal OR (message N1 board*) OR MUD OR Usenet OR blog OR twitter OR tumblr)) OR TI((social N1 capital) OR (social* N1 support*) OR (emotion* N1 support*) OR (instrument* N1 support*) OR (informat* N1 support*) OR (tangi* N1 support*) OR (apprais* N1 support*) OR (cognit* N1 support*) OR (materi* N1 support*) OR (psychosocial* N1 support*) OR (econom* N1 support*) OR (esteem* N1 support*) OR (social* N1 embed*) OR (enact* N1 support*)) AND AB((Internet OR WWW OR web* OR online OR digital OR cyber OR (network N1 site*) OR facebook OR myspace OR "google+" OR linkedin OR (video N1 shar*) OR (music N1 shar*) OR (photo N1 shar*) OR (image N1 shar*) OR youtube OR vimeo OR flickr OR last.fm OR spotify OR (video N1 gam*) OR (computer N1 gam*) OR (console N1 gam*) OR (browser N1 gam*) OR gamer OR gaming OR forum OR fora OR (bulletin N1 board*) OR newsgroup OR portal OR (message N1 board*) OR MUD OR Usenet OR blog OR twitter OR tumblr)) OR AB((social N1 capital) OR (social* N1 support*) OR (emotion* N1 support*) OR (instrument* N1 support*) OR (informat* N1 support*) OR (tangi* N1 support*) OR (apprais* N1 support*) OR (cognit* N1 support*) OR (materi* N1 support*) OR (psychosocial* N1 support*) OR (econom* N1 support*) OR (esteem* N1 support*) OR (social* N1 embed*) OR (enact* N1 support*)) AND TI((Internet OR WWW OR web* OR online OR digital OR cyber OR (network N1 site*) OR facebook OR myspace OR "google+" OR linkedin OR (video N1 shar*) OR (music N1 shar*) OR (photo N1 shar*) OR (image N1 shar*) OR youtube OR vimeo OR flickr OR last.fm OR spotify OR (video N1 gam*) OR (computer N1 gam*) OR (console N1 gam*) OR (browser N1 gam*) OR gamer OR gaming OR forum OR fora OR (bulletin N1 board*) OR newsgroup OR portal OR (message N1 board*) OR MUD OR Usenet OR blog OR twitter OR tumblr))